本书系教育部人文社会科学研究一般项目
"汉英新词语生成理据的特征及和谐英译研究"
（13YJA740043）的最终成果

汉语新词语构造理据与和谐英译研究

任开兴 著

浙江工商大学出版社 杭州
ZHEJIANG GONGSHANG UNIVERSITY PRESS

图书在版编目(CIP)数据

汉语新词语构造理据与和谐英译研究 / 任开兴
著. — 杭州 : 浙江工商大学出版社,2022.12
ISBN 978-7-5178-5189-9

Ⅰ.①汉… Ⅱ.①任… Ⅲ.①汉语－新词语－英语－
翻译－研究 Ⅳ.①H136②H315.9

中国版本图书馆CIP数据核字(2022)第212265号

汉语新词语构造理据与和谐英译研究
HANYU XINCIYU GOUZAO LIJU YU HEXIE YINGYI YANJIU
任开兴 著

责任编辑	王 英
责任校对	鲁燕青
封面设计	朱嘉怡
责任印制	包建辉
出版发行	浙江工商大学出版社
	(杭州市教工路198号 邮政编码310012)
	(E-mail:zjgsupress@163.com)
	(网址:http://www.zjgsupress.com)
	电话:0571-88904980,88831806(传真)
排　　版	杭州彩地电脑图文有限公司
印　　刷	杭州宏雅印刷有限公司
开　　本	710mm×1000mm 1/16
印　　张	17.25
字　　数	244千
版 印 次	2022年12月第1版 2022年12月第1次印刷
书　　号	ISBN 978-7-5178-5189-9
定　　价	68.00元

前　言

Preface

英国著名文艺批评家I. A. Richards曾说过："翻译很可能是迄今为止在整个宇宙进化过程中最复杂的一种活动。"（Gentzler，2001：14）在这种复杂的活动中，词语翻译是第一道门槛。作为翻译的最小单位，词语的翻译错综复杂，译者时有"剪不断，理还乱"之感，甚至翻译大家也感慨良多。严复先生在翻译《天演论》时频频为新译名的确立而绞尽脑汁，不禁喟然长叹："一名之立，旬月踟蹰！"（介子平，2018：93）鲁迅先生也谈道："我向来总以为翻译比创作容易，因为至少是无须构想。但到真的一译，就会遇着难关，譬如一个名词或动词，写不出，创作时候可以回避，翻译上却不成，也还得想，一直弄到头昏眼花，好像在脑子里面摸一个急于要开箱子的钥匙，却没有。"（2014：379）

相比既有词语的翻译，新词语翻译的难度只会有过之而无不及。杨全红教授认为：汉英新词翻译具有创造性、时效性、不易求证等特征，而这一切叠加在一起，大大地增加了汉英新词翻译的难度；有些新词不说一次性翻译不好，就是假以更多时日并配以精兵强将也未必能拿出理想的译文。他因此发出这样的感叹：汉英新词翻译是一项费力难讨好的活儿。（2003b：70-73）

网络时代的来临进一步加剧了新词语的产生和嬗变。新词语的翻译，无论在过去、现在、还是将来，都是译界绕不过去的话题。

此一难题，如何面对？翻译期刊囿于版面，只能探讨代表性的译例；汉英词典出版周期过长，难解燃眉之急；网络论坛固然可以成为译者的"救命稻草"，但回帖的译文鱼目混珠，良莠不齐，有的虽然叫好，却未必能拿来即用，还要解决语境适应性等问题。其实，索要现成的答案只能解决一时之需。只有知晓英汉两大民族的思维模式、文化习惯及其语言的表达方式，并在理论和实践上掌握有普遍启迪作用的方法和规律，才是解决问题的最终出路。获取现成的"面包"固然紧要，但只有掌握了制作"面包"的技术，才能"有恃无恐"。

为了便于读者学习和掌握制作"面包"的技术，笔者凭借自身努力进而在脑子里摸到一个解开疑团的钥匙，并根据自己多年从事新词语翻译的研究所得、所思及所感，试着撰此拙著。

本书共分7章，每章既相互独立，又互相关联。

第1章梳理了国内外关于新词语的定义，从时间和范畴两个方面界定新词语，提出自己的定义，并确定本书关于新词语研究的对象。

第2章从语言模因论视角探讨新词语传播的过程和方式，并指出汉英新词语模因变异的异同现象，以揭示新词语进化的规律。

第3章探讨理据定义及其与内部形式和任意性的关系、新词语理据分类、理据在词语翻译中所起的作用。

第4章介绍翻译和谐说与和合翻译学的主要理论内容，阐释选择翻译和谐说作为本书的理论指导的原因，探讨翻译和谐说在词语翻译中的种种体现。

第5章是本书的主要内容，主张以思维和谐转换作为新词语翻译的核心手段，将重视中国话语构建、注重经济简约、提防"假朋友"、保持译名统一、杜绝拼写错误等作为主要原则。

第6章讨论如何充分利用在线词典、搜索引擎、语料库等技术手段探索新词语的和谐求译。

第7章收录"枪手""土豪""托儿""学区（房）""'副+名'构式"等案例翻译，从不同视角进行和谐求译的探索；所录案例在现在看来虽然有点过时，但颇具代表性，对其他新词语翻译具有一定的借鉴作用。

　　由于新、旧词语的界限并非泾渭分明，而且两者的翻译方法没有实质性的区别，因此本书部分章节收录的译例也会涉及少数旧词语。

　　本书可供翻译研究者、汉英词典编纂者、英语教师和英语学习者参考。

　　由于笔者学识浅薄，本书难免存在观点偏差、措辞不当、翻译欠缺、论证不周等问题，恳请读者诸君不吝赐教。

目 录

Contents

1 新词语界定和研究对象

在人类语言历史的长河中，发生最大变化的莫过于词汇。一方面，旧词语悄然退出历史舞台；另一方面，新词语纷至沓来，不断地为语言增添新鲜的血液。在我国历史上，不同时代都催生大批新词语，印记历史前行的轨迹。特别是改革开放以来，随着人们思想的解放、社会的进步、科技的发展和经济的腾飞，新思想、新观念、新风尚、新事物、新现象不断地涌现，促使人们对语言进行重新包装，导致新的表达方式不断地问世。"据有关专家估算，当代汉语每年出现1000个左右的语文性新词语。也就是说，平均每天都有3个新鲜词语'呱呱坠地'。"（周洪波，2010：62）它们作为时代的"晴雨表"，蕴含着丰富、鲜明的社会和时代特征，"像气象仪一样，标志着社会风云的变化；像血压一样，反映着时代脉搏的跳动；像里程碑一样，记录着历史前进的脚步"（武占坤、王勒，1983：394），为现代汉语语汇库注入不竭的源泉，为语言的发展增添新的活力。"如果没有新词语的产生，就意味着社会发展的停滞，思想交流的凝滞，新思想、新思考的匮乏。"（刘玉梅，2015：11）

对于翻译工作者来说，如何捕捉现代汉语语汇的新信息，准确、到位地再现源信息，弘扬祖国先进、优秀的文化，做好对外宣传，塑造自身良好的国际形象，成为一项重大而又艰巨的课题。

1.1 新词语界定

那么，什么叫作新词语？学界众说纷纭，我们可从以下两个方面进行界定。

1.1.1 时间界定

国内外学者给新词语下定义时大多没有涉及新词语的时间范围。Newmark 将新词语定义为"新构造的词语或获得新义的固有词语"（2001a：140）。

符淮青认为："新词语就是新创造的词语。它或者指示的对象是新的，或者代表的概念是新的，同时它的形式也是新的。"（2004：172）

无论是从前者还是从后者看，我们都得不到任何有关时间界定的信息。

也有学者对新词语的界定以时限为参照系。李振杰认为词汇的新旧之分应当有一个时间界限，"但词汇的新旧交替非常复杂，一个词语的产生与衰亡，很难确定是在哪年哪月，所谓时间界限也只能是大致的，如对汉语词汇的新旧划分，可以以1949年新中国的成立或1978年党的十一届三中全会的召开这两个历史转折点为时间界限，也可以以最近三五年或十年作为一个时间范围"（1987：82）。

杨华主张建立广义新词语与狭义新词语的概念。"所谓广义新词语，是指时间范围广泛的新词语，是体现社会历史年代特征的新词语，从这种意义上说，'五四'以后出现的词语都可看作广义新词语……所谓狭义新词语，是体现语言的词汇特征的新词语……它的时间范围的确定应以词语的语言学上的新旧转化所需的时间为依据……是应该体现时段特征的新词语，它的时间范围可以定为二十年左右……"（2002：5-6）

王红梅则认为："只要是刚刚出现于近二三十年内的普通话词汇系统当中，并且有一定的复现性，就可以认定它的新词语的资格。"（2013：9）

可见，三者对新词语时间范围的划定各执己见，在时间期限问题上有分歧，时间跨度长达几十年。有意思的是，即使同一学者有时也会给出不同的年限。刘叔新在《汉语描写词汇学》一书中说："一般一个词语不仅从无到有地出现，而且得到人们普遍认可，广泛地使用了开来，在语言词汇中立稳了脚跟，就可以认为是新的。而这样的词语，存在超过一定的期，比如说15—20年，大家都很熟识了，新鲜的性质消失净尽，它就退出新词语的范围，转为普通的词语。"（1990：249）在重排本中他又改口说："……比如说20—30年……"（2005：283）

出现这样界定不一致的情况，可能是因为在作者心目中是以1978年这一历史转折点为基准的。成果发表时间与该节点越近，给出的时限就越短；离该节点越远，划定的时限就越长。1990年发表的成果，可能时限定在10年左右，到2000年变成20年左右，至2010年就自然延长到30年左右了。

其实，研究者的兴趣、爱好、风格及研究的对象对新词语时间界限的划定也有着一定的影响。"擅长思辨的学者往往注重理论性，他们会把新词语放在历史的长河中进行理性的思考，这样往往会把新词语出现的时间界定得久远一些；而注重语料的学者则更多地关注生活中具体出现的一个一个新词语，他们对新词语有着特殊的敏感，每当有新词语出现，他们就会凭着职业的敏感捕捉它们，考察它们的意义、用法、对词汇系统的影响，等等，这样界定的新词语往往是出现时间非常短暂的那些词语。"（宗守云，2007：4）因此，对于《100年汉语新词新语大辞典（1912年—2011年）》（宋子然，2014）的编者而言，其收词范围可以划定在1912—2011年，能够持续100年；对于新词语编年本的编者来说，其收词范围只能局限于当年的新词语，让新词语"新鲜欲滴"；对于《现代汉语词典》的编者而言，他们考虑的是上一版本尚未收入的新词语，让新词语"新鲜"得名副其实。总之，新词语的新鲜度是相对的，是因人因事而异的。

对于新词语的甄别，李宇明采用了一种简单的方法："一些新词语词典收录而中国社会科学院语言研究所词典编辑室编的《现代汉语词典》

（1979）和《现代汉语词典 补编》（1989）未收者，即作为新词语对待。"（2002：1）采用这种方法似乎对新词语词典存有疑虑，故利用《现代汉语词典》及《现代汉语词典 补编》加以验证，以确保新词语的身份，这是值得肯定的。但问题是，他将这两部词典与同时代出版的《现代汉语新词词典》（1994，收录了1978—1990年的新词语）进行对照，这样的做法完全排挤了《现代汉语词典 补编》收录的新词语，其中也包含《现代汉语词典 补编》收录而《现代汉语新词词典》未收录的新词语。

也有学者，如姚汉铭（1998：13）、张健（2012：14）等，主张以1978年版《现代汉语词典》为参照基准，这可能意味着之后新版本收录的词语自然成为新词语。但逐一比对1978年版《现代汉语词典》与第5、6、7版《现代汉语词典》的词条，发现完全按照这一基准进行判断，有时也让人无所适从，因为随后各版本收录了许多古语的词条，如"藩国""伏羲""朝珠""改醮""神农""台驾""团丁""惊堂木""简牍""俗曲""外藩""王蔧""未亡人""西元""札子"等；而各版本新增的词条也不见得都是新词语，如"半数""编委""别看""不可胜数""出自""此致""低等""短篇""赶上""干啥""看来""乱来""秋装""顺便""五彩缤纷""议论文""中专""总是"等；同时删除的也不一定是淘汰的词语，如"除草剂""春播""电钻""高唱""高喊""混入""服务站""校长""生物制品""生长期""适应症""顺导""舞艺""梦见""色差""细别""想不开""熊掌""有钱""遇到""展览品""自我表现""棕色""纳新"等。因此，光是拿到《现代汉语词典》新版本入场券的未必都是新词语，还必须验明"持券者"的身份和年龄。

可见，新词语的时间界定具有一定的模糊性和弹性，很难划出一条泾渭分明的界线。新词语的时间界定归根结底是研究者根据自己的研究目的设定的，一般以促成社会重大转折的历史事件（如五四运动、中华人民共和国成立、改革开放等）或标志性年代（如2000年）作为标识新词语的时间节点。根据本书研究的目的，研究对象基本上框定在改革开放之后出现的新词语上，不过第5章列举的例子不一定局限于这个范围。

1.1.2 范畴界定

人们常常对哪些是新词语，哪些不是新词语争论不休。争论的焦点集中在旧词新义和旧词复出上。我们先不妨根据词形、意义和用法对它们进行分类，如表1-1：

表1-1 广义新词语的分类表

类别	词形	意义	用法	例词
1	新	新	新	冰屏、博客、超文本、彩信、蓝牙、新冠肺炎
2	新	旧	新	咸猪手、失足女、阿尔茨海默病、美发厅
3	旧	新（与旧词无联系）	新	强人、触电、托福、达人、料理、土豪
4	旧	新（与旧词有联系）	新	龙头、走钢丝、来电、二传手、烧香、人梯
5	旧	旧	新（频繁）	枪手、惊艳、撕票、股票、期货、保镖、碰瓷

第1—3 类属于新词语是毋庸置疑的。至于第4、5类是否属于新词语，学界的看法不甚相同。

符淮青明确指出："语言不断产生新词，原有的词有一部分会产生出新义，因为词的形式是旧的，新义和旧义有明显的联系，这样的词就不叫新词。"（2004：174）曹炜倾向于符淮青的观点，认为上述第4类词语"实际上属于多义词，二者是同一个词，就不宜看作新词，而只能视作原词新派生的意义"（2004：77）。他还补充说："至于形式、意义全旧的，就更不能看作新词语了。"

沈孟璎认为，凡是赋予原词语以新义的，不管新义与旧义有无联系，统统看作新词语。（1987：3）王红梅主张将旧词新用看成是新词语，理由是：

"旧词新用代表着新时代的新意义，增添了时代的流行色彩。他们虽然是旧词，但代表的是新生的事物，因而使人们乐于接受和理解，它们的产生是旧词语与新事物在人们思维意识中共同回荡和组合的结果。"（2013：12）

Newmark将新词语分为以下几类：旧词新义（old words with new senses）、新生词（new coinages）、派生词（derived words）、缩写词（abbreviations）、搭配词（collocations）、名祖（eponyms）[①]、短语词（phrasal words）、外来词（transferred words）、首字母缩略词（acronyms）和伪新词（pseudo-neologisms）。（2001a：141–148）

Virginia Apgar医生将"心率""呼吸用力""肌张力""对刺激的反应""肤色"这五个生命体征作为判断新生儿健康状况的标准。Allan Metcalf 受到启发，拟出新词语词典收录的FUDGE标准，分别为：使用频繁性（frequency of use）、非突兀性（unobtrusiveness）、用户和场合的广泛性（diversity of users and situations）、形式和意义的衍生性（generation of other forms and meanings）、概念的延续性（endurance of the concept）。（2002：152）

从上述两位国外专家对新词语的分类及其标准来看，旧词新义和意义的衍生归属于新词语的范畴。

笔者主张将上述第4、5类也纳入新词语的范畴，理由是：

①改革开放以来，许多固有词语通过专业术语泛化、修辞等手段增加了新义项。《现代汉语词典》各版本都做了编写说明，第6版"增收新词语和其他词语近3000条，增补新义400多项"[中国社会科学院语言研究所词典编辑室（以下简称"中编室"），2012：5]，第7版"增收近几年涌现的新词语400多条，增补新义近100项"（中编室，2016：5）。虽然两个版本增补新义项累计只有500多项，对于整部词典而言微不足道，但对于新增补的内容来说，占比较大，不可小觑。

---

① 指由专有名词（指人名、地名和商标名称）演化而成的词汇。

　　事实上，有些学者已经认识到对旧词新义研究的重要性。"从理论上说，既然旧词新义不是严格意义上的新词语，那么新词语的研究和新词语词典的编写就都不应以它为对象。可是从实践上看，旧词新义是改革开放后汉语词汇发展变化的重要现象，而且在新出现的词汇形式中占有相当比重，对于这样一种重要的词汇现象弃之不管，是绝对错误的。我们不仅要搜集、整理旧词新义，分析新义与旧义的语义关系、产生途径，还要尽量描写新义的使用环境、规范化要求，所以，新词语的研究和新词语词典的编写尽可以旧词新义作为重要内容。"（杨华，2002：18）

　　同时，许多旧词语在历史上曾经出现过，后来由于时代原因被雪藏，现在被重新发掘出来使用，久违的"老朋友"能给人们带来陌生感和距离美。更何况，旧词新用往往与新的历史背景相结合，可能会产生新的用法。譬如，"惊艳"本来属于古词语，清代小说《八仙得道》第十回有"鳏夫惊艳，田螺报恩"。它本来是不及物动词，原意是"因艳而惊"，现被重新挖掘出来得到广泛使用，产生使动用法，意为"因事物美妙而让人感到惊奇"，如"G20峰会文艺晚会'最忆是杭州'：中西合璧惊艳世界"①。

　　而且许多所谓的新词语本来就是旧词，只不过转移或扩大了使用区域，对一部分人而言是旧词，对另一部分人来说是新词。港台地区的一些旧词语传入大陆变成了新词语，如"埋单""炒鱿鱼""房车""体认""背书"等；大陆有的旧词进入港台地区变成新词语，如"劳模""演播""窝心"等。

　　②语言的范畴有时不是想象中那么"黑白分明"的，而是"扑朔迷离"的。为了更好地考察新词语的全貌，我们不妨遵从吕叔湘先生提出的"与其失之于严，毋宁失之于宽"原则（1984a：14），把一些有着紧密联系而又不好截然分开的有争议的范畴或形式包罗进来，以便更客观地揭示汉民族构造新词语的认知规律，为现代汉语词汇的研究提供更广阔的思路。

---

①例句源自：https://view.inews.qq.com/wxn/WXN2016090500611007?。

③本书的最终目的是探讨新词语的英译，从翻译角度来看，旧词新义和旧词新用都应该纳入新词语的范畴，因为英汉比喻义不一定沿着同一轨道延伸，旧词衍生的新义或旧词出现新的用法都有可能导致译文出现差异。例如，上述第4类"来电"一词本来可以用incoming telegram/phone来表达，但是在句子"不管介绍人怎么撮合，他们俩就是不来电"中，"来电"无论如何也不能使用telegram了，须用另外的词语来替换，全句可译为：There is no chemistry between them no matter how the matchmaker tries to bring them together。在此句"来电"的翻译中，新词义的归类所发挥的作用也功不可没。

在成员构造来看，新词语并不限于词，还包括短语，甚至是一些特殊结构，如"副词+名词"构式、"被+不及物动词/名词/形容词"构式等，但前提为不是生造、偶发的词语，能被普通话吸收，而且具有复现性。

基于上述讨论，我们不妨将新词语定义为：在特定一段时间新出现的词语或短语，在词形、意义、用法等任何一个方面表现出新的变化，能为普通话吸收，具有复呈性。在具体界定时，"应注意其地区性、时间性、广用性、频用性和稳定性"（邹嘉彦、游汝杰，2008：60）。

1.2 新词语研究对象

本书重点探讨新词语的构造理据和翻译，研究对象主要是从1978年到2022年期间产生的新词语，语料源自四个方面：

①亢世勇、刘海润主编的《新词语大词典（1978—2002）》《新世纪新词语大词典（2000年—2015年）》。我们仅考察这两部词典的正文部分，不包括附录里的网络用语和数字字母词。选取这两部词典基于以下两个方面的考量：

一是这两部词典自成一体，而且基本上是连续的，重复收录的词语不多。

　　二是编者特别在以下几个方面下了功夫：充分利用计算机语料库技术，改进词典编纂的手段；既保证收词全面又保证收词规范的原则；准确标注词性；尽力使释义准确；精心选例。

　　②《现代汉语词典》第3版至第7版新增的新词语及新义项。

　　③上述词典没有收录的比较流行的网络新词语。

2　新词语模因传播[①]

　　"模因"这一概念最早见于英国生物学家Richard Dawkins的《自私的基因》（*The Selfish Gene*）一书。他以George C. Williams的《适应与自然选择》（*Adaptation and Natural Selection*）中的主要理论为基础，探讨基因自我复制以及相互竞争促进生物进化等问题，并大胆地构想出存在人类社会文化传递的一种新型复制因子。他根据希腊语mimeme和英语gene创造出meme一词，使之听起来与memory有联系，也与法语mème（同样的）有关联，读起来还与cream押韵。他将meme定义为"a unit of cultural transmission, or a unit of imitation"，认为它能够通过模仿和复制在人的大脑之间相互传染而进行传播。（Dawkins，1976：192）

　　在《自私的基因》三十周年纪念版的前言中，Dawkins坦承该书名不能很好地体现书中的内容，本应该采纳Tom Maschler的建议，称为《不朽的基因》（*The Immortal Gene*）（Dawkins，2006）。2017年7月，在纪念皇家学会科学图书奖三十周年的民意调查中，该书被列为史上最具有影响力的科学图书。（Armitstead，2017）

　　meme诞生不久就被Oxford Dictionaries Online收录，该词典在2019年改版为LEXICO[②]，改版前被解释为"an element of a culture or system of

①本章部分内容发表在《中国科技翻译》2010年第3期，题目为：《语言模因论观照下词语的变异与翻译》。
②本书全部采用LEXICO的网址。

behaviour passed from one individual to another by imitation or other non-genetic means"，后来新增一条释义 "an image, video, piece of text, etc., typically humorous in nature, that is copied and spread rapidly by Internet users, often with slight variations"；改版后调整了这两条释义的顺序，并提供其动词的含义（create an internet meme from）①。

"一个模因要生存下来，就必须战胜同类对手，也就是说赢得新的拥趸，得到更广泛的接受。"（Chesterman，2016：2） meme的汉译名也同样经历了这一历程。自从meme概念传入国内，学术界出现不同译名，有音译的，如"觅母""幂母""密母""敏因""谜米""糜母""幂姆"等；也有意译的，如"理念因子""模仿因子""仿因""文化基因""拟子"等。最终，朱志方在《社会决策论》中提出的"模因"这一译名（1998：275），由于音意兼备得到认同，打败了其他所有译名。

作为文化的传播要素，模因的表现形式是多种多样的，可以是"音乐曲调、思想观念、谚语、服饰、房屋建筑式样、连锁信、电子邮件病毒、宗教等"（Blackmore，1999：6）。就语言而言，任何一种语言信息，只要有人带头创新，得到他人的响应、模仿、复制和传播，就可成为语言模因。"语言模因的传播是动态的，每一种模因既是对以前模因的复制和继承，又是在复制和传播的过程中发生变异，在变异中求得发展。"（何自然，2005：58）语言就是通过模因的不断传播、演变和新的组合而丰富发展起来的。

一个模因是否具有生命力在很大程度上取决于它所指事物的存活力，两者的关系宛如跳蚤与狗的关系。狗活着，跳蚤亦活着；狗死亡，跳蚤如果没有寄生到另一只狗上，也会死亡。例如，BP机曾是红极一时的无线寻呼系统被叫用户接收机，但随着移动电话的普及，悄然退出历史舞台，该名称也随之被人淡忘。皮之不存，毛将焉附？当然，跳蚤也有可能"移情别恋"，从一只狗寄生到另一只狗上，导致前者受到冷落。例如，"基友"本来寄生在

---

①释义源自：https://www.lexico.com/definition/meme。

"从事买卖基金活动的人"身上，可它"见异思迁""另有新欢"——"男性同性恋者"，直接导致前者"坐上冷板凳"。

语言模因的传播可以是跨国界的。对于生物种群来说，物种的进化是通过基因库中基因的准确复制和有益突变的积累来实现的；对于一种文化来说，其进步也需要通过本身模因的复制和先进外来模因的突变来实现。（张莹，2003：109）要保证本国语言文化的进步性，必须引入先进的异国模因，翻译则充当外来模因复制和传播的重要手段。

2.1 新词语模因传播方式和过程

一个新词语，也就是一个语言模因，要通过特定的方式和过程才能到达参考频率的峰值。

2.1.1 传播方式

在生物界，有基因型（genotype）和表现型（phenotype）之说。基因型是指某一生物个体全部基因组合的总称，它反映生物体的遗传构成；表现型是指有机体可被观察到的结构和功能方面的特性，是特定的基因型在一定环境条件下的表现形式。[1]基因型不同的个体，可以呈现出同样的表现型；基因型相同的个体，在不同的条件下，也可以显示出不同的表现型。新词语模因的复制和传播也有类似基因型和表现型之分。根据何自然教授的观点，前者表现为"内容相同形式各异"，后者呈现为"形式相同内容各异"。（2005：59）

---

①参考了百度百科的"基因型"和"表现型"词条，网址分别为"https://baike.baidu.com/item/基因型/2574789?fr=aladdin"和"https://baike.baidu.com/item/表现型/5106257?fr=aladdin"。

2.1.1.1 基因型传播

基因型传播是以纵向递进方式进行的，即相同的信息以不同的形式来传递。尽管在复制的过程中出现形式变异，甚至与原始形式大相径庭，但并不影响原始信息的传递，复制出来的依然是原来的内容。这是人类求新求异的心态使然，也是促使词汇发展的社会动力。

改革开放带来思想观念的更新，加上互联网的便利条件，人们不再囿于原有语言使用的程式，而是力求创造出标新立异的新词语，展示自己的独特之处，以吸引人们的眼球，而且大家你追我赶，不断推陈出新。例如，同样都是"理发店"，其称呼不断地迭变和升格，从"发屋（廊）"到"美发厅""剪吧""理容城""发艺工作室""形象设计室""造型沙龙""造型设计会所"等。英语也不例外，从barber shop，不断嬗变为beauty shop（parlor）、hair（hairdressing/beauty/styling）salon、tonsorium等。尽管这些名称在复制、传播的过程中变得越来越时尚，越来越中听，但其实质并没有因此而发生改变，依然是"理发室"和barber shop。

在现代汉语中，大部分新词语都是通过这样改头换面、换汤不换药的形式生成的，从而丰富发展了现代汉语词汇，体现出语言发展中对词语的选择和优化。如：

办公楼—写字楼

贬低—唱衰

大家—大咖[①]

获奖—捧杯

减肥—瘦身

结账付款—买单/埋单

男青年—小鲜肉

缺点—短板

---

①原为港台用语，其中"咖"是英语casting的音译，本意为"大角色"，引申为"在某个领域里比较成功的人"。

长相—颜值

制造/创造—打造

小部分通过音译或借译（直译）方式重新包装，以更加简洁、形象的形式呈现。如：

搭档—拍档（partner）

聚会—派对（party）

空中工作者—蜘蛛人（spiderman）

潜水员—蛙人（frogman）

洗发水—香波（shampoo）

樱桃—车厘子（cherry）

在网络语言中，网民利用汉字谐音的便利，采用留音换字的方式，创造异形同音词来代替原词，表达与原词一样的含义，以含蓄、诙谐、调侃、自嘲的方式达到特殊的表达效果。如：

版主—斑竹

海归—海龟

和谐—河蟹

警察叔叔—警察蜀黍

俊男—菌男

旅友—驴友

什么—神马

微博—围脖

戏剧—洗具

主页—竹叶

尽管其中有些谐音词甚至登上纸质媒体，但就总体而言，它们都难登大雅之堂，与汉语规范化要求格格不入，故在正式文体中应该规避。

2.1.1.2 表现型传播

表现型传播是以横向并联的形式进行的，可以表现为突变（mutation）

和重组（recombination）。

1.模因突变

模因突变是因为模因在传播过程中发生偏差，以至于出现信息衰减、增值或剧变的过程。它们可以是因社会变化或客观交际需要而"变味"或"染色"。如：

搭车：趁便乘坐顺路的车辆→借做某事的便利做另外的事，从而得到好处

第三者：当事双方以外的人或团体→介入别人婚姻家庭之人

呵护：保佑→爱护/保护

花会：一种民间歌舞活动→花卉展销大会

回帖：收款后回复汇款人的单据→在互联网上回复他人发表的帖子

杀青：写定著作→完成前期的拍摄工作

雪藏：冷藏→有意掩藏或保留→搁置不用

也可以是为适应上下文而衍生出"浮现意义"（emergent meaning）。如：

> 连日来，北大荒股份新华分公司外请授课"教员"，系统开展公司经营、市场营销、领导模式、团队协作等方面的企业管理培训，利用集体学习时间组织党员干部"补脑充电"，进一步提升干部素质能力，使其应对企业发展新时期新挑战。[①]

这里的"补脑"不是"补充大脑营养"，"充电"也不是"补充电能"，而是模因宿主依据语境赋予它新的含义：补充业务知识，提高技能。

行业术语的借用成为模因突变的强力推手，许多专业术语都是因借用而变义。如：

把脉：诊脉→进行调查研究并做出分析判断

---

①例句源自：https://bdh.dbw.cn/system/2018/12/03/001310563.shtml。

二传手：第二次传球并组织进攻的排球队员→在中间起中介作用的人

含金量：物体内黄金的百分比含量→事物所包含的实际价值

软着陆：在天体上进行不损坏飞行器的着陆→采取稳妥的措施和缓地解决某些重大问题

生长点：植物根和茎顶端不断进行细胞分裂，生长旺盛的部位→迅速增长，蓬勃发展的部分

透支：支出超过可供支用的金额→精神、体力过度消耗

2.模因重组

模因重组指的是模因宿主将新模因和人们熟悉的模因组合在一起，形成新的模因复合体。复合体含有熟悉的模因，有助于人们破解复合体的内涵，从熟悉中感悟出新意。例如，近几年流行"裸"字文化，一批与"裸"有关的生动形象的模因复合体应运而生，如"裸报""裸奔""裸奔车""裸博""裸潮""裸辞""裸官""裸归""裸婚""裸婚族""裸机""裸镜""裸捐""裸考""裸聊""裸卖""裸跑""裸拼""裸晒""裸时代""裸实习""裸睡""裸体扫描""裸体烟""裸替""裸退""裸戏""裸映""裸泳""裸油价""裸账"等。我们可从中感悟到"裸"字含义的不断嬗变，由"没有遮盖的"不断演变到"未经包装的""没有附加成分的""彻底的"等含义，逐渐剔除原有情色的色彩，趋向中性甚至褒义。

在当代汉语词汇中，很多新词语就是通过模因重组产生的。在重组的过程中，逐渐形成一种"词语模"现象。"词语模是具有新造词语功能的各式各样的框架。这种框架由'模标'和'模槽'两部分构成。模标指词语模中不变的词语，模槽指词语模中的空位。"（李宇明，2002：2）"大多数新产生的词语，都有一个现成的框架背景，这一框架就像是造词模子一样，能批量生产新词语，并使其所生产的新词语形成词语簇。"（李宇明，2002：1）

模因重组是利用语言有限的规则创造出无限新词语的最便捷手段。有些活跃的语素或词语，如"～吧""～霸""被～""～产业""超～""超级～""炒～""～城""～虫""次～""～达人""～大使""～党""电子～""多～""二

手～""放心～""非～""非常～""～概念""高端～""～哥""～工程""～花"
"～姐""～卡""～客""快餐～""零～""～领""另类～""裸～""绿色～"
"～妹""～门""～迷""迷你～""～模式""～男""～奴""～女""～热"
"～嫂""数字～""套餐～""～屋""～效应""形象～""休闲～""～秀""虚
拟～""阳光～""～爷""一次性～""～一哥""～一姐""～一族""银
色～""隐性～""～友""～指数""中端～""～专业户""～族"等，成为"模
标"的主力军，具有极高的能产性。例如，光是"族"字，在《新词语大词
典（1978—2002）》（亓世勇、刘海润，2003）和《新世纪新词语大词典（2000
年—2015年）》（亓世勇、刘海润，2015）中就能找到267个，没有收入词
典的更是不计其数。

在网络语言中，模因重组也可以通过同音异义的方式进行重构，即利
用谐音变换原有的词语，使语义发生改变，让人从熟悉的语音中感受到新
意。如：

必胜客—毕剩客（指一毕业就失业的应届毕业生）

逗你玩—豆你玩（对豆类价格疯涨现象的戏称）

将你军—姜你军（对生姜价格疯涨现象的戏称）

算你狠—蒜你狠（对大蒜价格疯涨现象的戏称）

2.1.2 传播过程

Francis Heylighen（1998）将语言模因的复制生命周期分为四个阶段。

1.同化（Assimilation）

同化就是新词语"感染"宿主的过程。新词语模因要想成功地传播，首
先要感染宿主，能被宿主注意、理解和接受。只有完成最后一步，才有可能
传递给宿主，被宿主记忆和储存。

2.停留（Retention）

停留指的是新词语模因在宿主的大脑里储存。停留的时间越长，感染宿

主并进一步传播的可能性越大。与同化过程一样，这个过程具有很强的选择性，只有少数模因能够停留下来，这取决于模因的重要性和接触的频率。

3.表达（Expression）

宿主要想与其他人交流，必须将新词语模因从记忆存储中提取出来，转换成有形的形式，便于他人感知。最常见的表达方式是言语、文本、图片、视频等。宿主倾向于表达那些他认为有趣或重要的模因。

4.传播（Transmission）

新词语模因的传播需要足够稳定的有形载体或媒介，防止信息流失或变形。模因载体可以是网络、电视、报纸、书本、光盘等。载体的能量大小直接影响到模因的传播，这从"洪荒之力"的传播可见一斑。它最早出现于小说《花千骨》中，指的是一种神力，拥有者可以称霸天下。当时，该词语只是驻留在小说读者的脑海中，直到小说以电视剧的方式呈现时，才传播给众多观众。在2016年里约热内卢奥运会上，游泳运动员傅园慧在接受记者采访时以夸张的肢体动作和面部表情回答说"我已经用了洪荒之力啦！"，使其一夜间传遍各大媒体，成为2016年流行语。

对于翻译传播而言，原作中的新词语就是语言模因的传播因子。当译者通过解读原作新词语受到感化时，新词语模因就成功地驻留在译者的记忆中，译者便成为受感染的宿主。要想源语的新词语模因在异域中得到传播，译者必须对其有效地编码，才有可能传染给更多的人。新词语模因通过翻译的传播过程如图2-1所示：

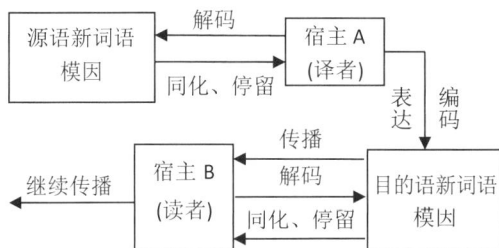

图2-1　语言模因的翻译传播图

在这一传播的过程中，译者扮演着重要的角色，"既是异国模因的解码者和被感染者，又是它的重要传播者"（张莹，2003：110）。如果译者所编码的模因新载体不为读者所接受，如上述提到的"觅母""幂母""密母""敏因""谜米""縻母""幂姆"等，就无法感染新宿主，最终中断传播而夭折。因此，如何对源语的模因进行巧妙的编码，使之在异国他乡得到高保真地传播和复制，是翻译工作者面临的重要课题。

2.2　汉英模因变异之异同现象

汉语和英语是两种截然不同的语言，其操控者的思维方式和语言的表达习惯千差万别。汉英模因变异既有共性，也有个性，总体上个性大于共性。

1.趋向雷同现象

这种现象多见于音译（transliteration），通常是由于目的语没有与源语相对应的模因，只能通过音译再造一个对等的模因。这个模因一旦得到大众的接受，其等值关系便会确立起来，接下来的传递就沿着等义进行，如Coca-Cola（可口可乐）、Pepsi-Cola（百事可乐）等。现在，能兼顾音、形、义的翻译方法大受欢迎，让很多旧词都换上了新面孔，大大地促进了模因跨文化传播。如：clone（无性繁殖—克隆）、cool（妙极的—酷）、copy（复制—拷贝）、fans（迷—粉丝）、talk show（访谈节目—脱口秀）、tips（提示—贴士）等。当然，缺乏创意的词语也会被人们弃用，如telephone（德律风—电话）、violin（梵哑铃—小提琴）、check（乞克—支票）、camera（开麦拉—摄像机）等。

借译（loan translation/calque）也能达到这样的目的，它是利用两种语言的构词材料和构词规则的对应关系转换而成的，不保留"词的外部形式"（读音）。尽管有些借译词引入时可能让人摸不着头脑，如"热狗"（hot dog）不是狗，"干啤"（dry beer）并不干，"湿租"（wet lease）不会湿，"洗钱"

（money laundering）不用洗，"牛市"（bull market）不卖牛，"跳蚤市场"（flea market）不售跳蚤，"草根"（grassroots）没有根等，但一旦被接受，就不会产生太离谱的变异。

2.异曲同工现象

"世界上各族人看到的同一客观现象，不同的民族语言会给它'刷上不同的颜色'"（谢天振，1999：182），但这些"不同的颜色"的模因也可以概念化，即通过文化"色彩"转换找到对应词。尽管两者各行其是，但两者所表达的内涵是一致的。如：

电视迷　　couch potato

狗仔队　　paparazzo/dog packs

老虎机　　slot machine

网虫　　　nethead

咸猪手　　wandering hand

野鸡大学　diploma mill

一夜情　　one-night stand

宅男/女　homebody

3.失去平衡现象

有些外来模因进入汉语后，由于它们经济直观、凸显人情、彰显幽趣，很快被汉语采用并发扬光大。例如，gate和bar通过借译和音译进入汉语，表现出极大的亲和力和重组能力，其蔓延之势令人咋舌。现在有很多事件，实际上根本达不到英语的"门"槛，但都冠之"门"的称号，如央视的"哈欠门""凸点门"等，回译成gate反而令人费解，倒不如使用event或controversy更直截了当。bar进入汉语之后繁殖出无数的"吧仔"，如"奥运吧""冰吧""玻璃吧""布吧""餐吧""茶吧""迪吧""电影吧""房吧""股吧""画吧""话吧""酒吧""咖吧""路吧""啤吧""琴吧""球吧""手工吧""书吧""水吧""陶吧""痛快吧""玩具吧""网吧""文化吧""氧吧"等；还可与"巴"谐音构成双关，如"泥吧"；也可与汉语语气词"吧"融为一体，如"上上网吧""玩乐吧""发泄吧"，以隐含委婉请求的语气，拉近与消费者之间的距离（柯贤宾、秦思，2008：71-74）。两词在汉语中重组的用法令英语自叹不如。

4.你有我无现象

英语和汉语属于不同的语系，各民族具有不同的生态环境、生活习俗和宗教信仰，因此模因的变异势必会出现无对应的"真空"现象。例如，在当代英语中，free属强势模因，表现出强大的重组能力，如alcohol-free（不含酒精的）、commercial-free（不插广告的）、duty-free（免关税的）、fancy-free（不受拘束的）、fat-free（不含脂肪的）、fragrance-free（无香味的）、Freon-free（无氟的）、germ-free（无菌的）、hands-free（免提的）、lead-free（无铅的）、maintenance-free（免保养的）、pollution-free（无污染的）、salt-free（无盐的）、smog-free（无烟雾的）、melamine-free（不含三聚氰胺的）、sugar-free（无糖的）、tax-free（免税的）、toll-free（免电话费的）等。而汉语不存在类似的模因及变异，以至于有人曾将smoke-free误译成"吸烟自由"。同样，汉语中也有很多独特的强势模因，尽管个别最初来源于英语，但很难在英语中找到稳定的对应的模因。例如，"～的"系列："板的""巴的""残的""打的""电的""飞的""火的""货的""轿的""警的""驴的""马的""面的""摩的"等。"～达人"系列："博客达人""城市达人""恋爱达人""美丽达人""拍拖达人""时尚达人""医疗达人""音乐达人"等。"～哥"系列："大衣哥""淡定哥""的哥""警哥""军哥""瞌睡哥""空哥""酷哥""款哥""卖菜哥""煤哥""咆哮哥""睿智哥""帅哥""托哥""网哥""小帅哥"等。

5."虚假朋友"现象

模因变异的"虚假朋友"指的是源语在复制和传播过程中出现的变异与目的语中的某一模因在字面意义上相同，但内涵迥然不同的现象，也就是第5.2.3节中讨论的"假朋友"（false friend），上述"网虫"与internet worm便是较为典型的例子。

在很多情况下，"虚假朋友"现象往往是由于国情，如文化、习惯、地理位置等差异而造成的。中国有"希望工程""安居工程""形象工程""阳光工程"等，这些工程颇有中国特色，其内涵不一定与英语类似的模因完全对等，如"阳光工程"不同于Sunshine Project或Sunlight Project。Sunshine Project是致力于反生物武器的非政府组织，而Sunlight Project指的是开发利用太阳能的工程。

6.彼此分离现象

作为语言信息的基本单位，英、汉语中有些语言模因的原始含义基本相同，但由于它们都不是从对方翻译过来而得到传播的译语模因，两者各自为政，没有沿着相同的轨道繁衍，势必会产生分离现象，导致在很多情况下不能达到等值，大大增加了翻译难度。例如，"书虫"本来与英语bookworm不谋而合，但"虫"在现代汉语中可从"书虫"分离出来，以词缀的形式出现模因重组，开始时带有谐谑之意，如"网虫""房虫""车虫"等；后来又趋向褒义，指"在某一方面有专长的人"，如"棚虫""会虫""拍虫"等。如今，除了极个别例子之外，我们很难在汉英转换中使用worm一词，有些貌似对等，却有天壤之别，如汉语"网虫"指的是沉迷于网络的人，而英语internet worm却是一种计算机病毒程序。如果翻译时因循守旧，拘泥于原始含义，必然会导致译文语义出现不和谐的现象。

总之，基于进化论的模因论主要探讨文化的进化，揭示语言进化的规律。利用它探索新词语的流行和变异现象可为词汇学研究提供一个新的切入点，为语言研究者提供一个更好地分析研究语言的视角，同时对翻译也有一定的指导意义。

3　新词语构造理据

"理据"是一个古老的词语，可以追溯至南北朝时期，如萧子显《南齐书·礼志》有"天地至尊用其始，故祭以二至，日月礼次天地，故朝以二分，差有理据，则融玄之言得其义矣"。它也是一个较为冷僻的词语，有些常用词典，如《现代汉语词典》（1—4 版本）、《辞海》（陈至立，2009）、《辞源》（何九盈等，2015）等，甚至有些语言学词典，如《王力语言学词典》（冯春田，1995）、《语言学百科词典》（戚雨村等，1993）等，均没有录入，只有大型《中文大辞典》（林尹、高明，1973：9310）、《汉语大词典》（第 4 卷）（罗竹风，1989：577）收录，分别解释为"道理所在也"和"犹论据"。

21 世纪以来，"理据"一词成为高频词，最终被《现代汉语词典》（第 5 版）收录，解释为"理由；根据"，并附有这样一例："这篇论文观点明确，理据充足。"（2005：835）从其解释来看，"理据"被看成是联合词组，即"理由"和"依据"。但从该例子来看，"理据"依然是"论据"的含义，该释义没有上升到语言学的层面。

3.1　理据的语言学定义

语言学界对理据的定义众说纷纭，大致可以分为四类：

1.以合成符号的语义透明度来定义

Bussmann将理据与语义透明度等同起来，将motivation（即理据）解释为：如果将一个词语的各个成分的意义相加能得知其整体含义，那么该词语是有理据的，如bookstore（书店）、garbageman（环卫工人）、movie theater（电影院）。（2000：316）他还认为，词语的理据性可分成三个层次：完全有理据（如wine cellar—酒窖）、部分有理据（如housecoat—家居服）和完全词化（如mincemeat—水果馅）。

在Bussmann看来，一个词的理据性主要取决于该词语义的透明度。透明度越高，理据性就越大；透明度越低，理据性就越小。按照这个观点，单纯符号和不能从字面意思推测的合成符号就没有理据可言。其实不然，每个词都有其来历，都有其构成的道理，其形式与意义之间存在可论证的联系。正如王寅教授所说："形式与意义就如同一张纸的正反两面，不管怎么切分，也不能将这两者分离开来。"（2011：416）这里以book和mincemeat为例。

单纯符号book的前身是bōc，源自原始日耳曼语词根"bōk(ō)–"，是由beech（毛榉木）的原始词语（bokiz）演变而成的；德语中的Buch（书本）和Buche（毛榉木）也源自bokiz。它们之所以共享一个词源是因为最初印欧语系的文字是刻在榉木上的，由此我们弄清了book的演变脉络，找到了其命名的理据。[①]

合成符号mincemeat中的mince源自中世纪英语mincen和古法语mincier，还可以追溯到拉丁语minutiare，意思是"剁成小块"。[②] mincemeat系早期术语minced meat的变体，其中meat不一定限于动物肉类，也可指果肉（the edible part of anything, as a fruit or nut[③]）。在这一理据的促动下，mincemeat理所当然具有"水果馅"的含义了。

可见，仅以语义的透明度判断一个词语是否具有理据性的观点是站不住脚的，语义隐匿的词语也同样具有理据性，只是其理据隐藏较深，不能一目

---

①参考了Online Etymology Dictionary的book词条，其网址为：https://www.etymonline.com/search?q=book。

②参考了Online Etymology Dictionary的mince词条，其网址为：https://www.etymonline.com/search?q=mince。

③释义源自：https://www.dictionary.com/browse/meat#。

了然，需要从历时层面刨根问底。至于如何挖掘，曹炜为我们提供很好的建议：合成符号"可以通过寻找、挖掘词义同其构成成分（语素）的意义之间可能存在的种种源流关系来展现词义的理据"；单纯符号"则可以通过钩沉、清理词义同其载体之间可能存在的种种因果联系来掘示词义的理据"。（2001：54）

2.以词语的形式与意义等关系来定义

这类定义主要有："词的理据指的是事物和现象获得名称的依据，说明词义与事物或现象之间的关系。"（陆国强，1983：62）"词的表达形式与词义之间有时具有某种内在联系，我们可以从这些表达形式中推断出词的含义。"（许余龙，1997：137）"语言理据是语言的形式及演变与各种内外部因素的联系。"（赵宏，2013：100）

这几个定义在范畴上虽然有细微差别，但都围绕着事物与词义、形式与意义、形式与内外部因素等联系来考量，易于理解和接受。

3.从理由和依据来定义

这类定义主要围绕理据的本身含义（理由和依据）展开，主要有："词的理据，是指用某个词称呼某事物的理由和根据，即某事物为什么获得这个名称的原因。它主要是研究词和事物命名特征之间的关系。"（张志毅，1990：115）"语言理据是辨识或诠释语言符号意义的依据，反映能指与所指（形式与意义）之间的各种联系，或者体现形式与形式之间的关系。理据说明意义从何而来、形式何以如此。"（严辰松，2000：2-3）"事物或行为发生、发展的理由、依据，本质上就是回答'为什么'的问题。"（杨洁，2021：54）

4.从发生学角度来定义

这类定义主要有："所谓词义的理据，是指词义形成的缘由，它是从发生学角度来探求词义的来源的。"（曹炜，2001：54）"理据是语言生命的基因，是语言由无序到有序的自组织转变过程中促动和激发语言生成、变化和发展的动因。"（王艾录、司富珍，2002：1-2）

王艾录等学者借用哲学和心理学中的"动因"概念，从认知、功能、文化等角度解释语言符号发生和发展的现象，涉及语言各层级单位，属于广义理据范畴。

综合上述定义，考虑到本研究主要涉及词语层面，我们不妨将理据定义为：是词语形成的动因、演变及形式与语义之间可论证的联系，涉及词语内部和外部、历时和共时层面的各种因素，主要回答why和how两个问题，即词语为何诞生，如何演变，以及形式（或语音）与语义之间存在怎样的联系。

随着学界研究的深入，语言理据研究正逐步发展为一门隶属于认知语言学的新学科——语言理据学，形成理据义、理据性和理据论三个基本概念。理据义是指具体语言符号在发生和演变过程中所表现出来的可论证的关联含义；理据性是指整个语言符号在这一方面所呈现出来的总体特性；理据论是指在前两者基础上从理论高度系统地阐述语言理据现象的一种方法论。语言理据学围绕着这三个基本概念发掘事实，阐述理论，拓展认知语言学的研究思路，增强对自然语言的解释力。（李二占、王艾录，2011：15）

3.2 理据与内部形式的关系

语言的内部形式（inner form of language）是由德国语言学家洪堡特（Wilhelm von Humboldt）在其《论爪哇岛上的卡维语》的引言《论人类语言结构的差异及其对人类精神发展的影响》第十章中提出的。他明确地指出，语言的特征和结构是表达言语者的内在生活和知识，而且语言如同语言使用者一样必须相互不同；声音没有意义的注入不能成为词汇，意义体现一个社团的思想。他认为："语言的这一完全内在的、纯智力的方面，决定了它的本质，这个方面即语言创造力量对语音形式的运用，在这种运用的基础之上，语言才有可能表达现代伟大的思想家在观念形成过程中力图借助语言来表现的一切。语言的这一特性，取决于在它内部得到显示的规律相互之间以及这些规律与直观、思维和感觉的规律之间的协调一致和共同作用。"（洪堡特，

1997：100）

虽然他没有给出明确的定义，但从上面的表述可以看出，他把语言的内部形式看成是创造语言的精神力量，用以浇铸出语音的模型。因此，语言的内部形式被解读为"隐藏在语法和词汇背后的赋形原则（formative principle）"（Matthews，2000：165）。

为了更好地解决思想和语言之间的相互关系及其本质，俄国语言学家波铁布尼亚将洪堡特的语言的内、外部形式缩小到词的层面。他把词分为外部形式和内部形式。外部形式是指语言的声音形式和借助声音形式表达的内容，而内部形式则是指词最近的词源意义和表达内容的方式。在他看来，词的内部形式是语词意义的符号，是语言声音和意义之间的中介。（王艾录、司富珍，2002：25）他还将构词分为三个步骤：首先是在语音中对感官的再现，其次是对语音的理解，最后是在语音中明确思想。（田雨薇，2016：28）

苏联语言学家布达哥夫将语言的内部形式定义为："用词表达概念的方式，词的声音外壳及其最初意义之间联系的性质。"（1956：53）国内语言学界基本上沿用他的观点，将词的理据和词的内部形式画上等号，认为词的理据就是词的内部形式，反之亦然。

张永言认为，所谓词的内部形式，又叫词的词源结构或词的理据，指的是以某一语音表达某一意义的理由或根据。研究词的内部形式，目的在于阐明事物或现象为什么获得这样那样的名称，帮助我们认识语言里词与词之间的语义联系和语言词汇的系统性，寻求词义演变和词汇发展的规律。（1981：9）

《简明语言学词典》认为"词的理据"又称为"词的内部形式"，并解释说："我们在分析一个词的时候，往往会发现某些词的词汇意义的构成有一定的原因，依据一定的道理……所以词的理据就是词义构成的道理，是一个词的词素与词素之间的语义联系或一个词词义发展的逻辑根据。"（王今铮等，1985：53）

不过王艾录、司富珍认为两者是有区别的。内部形式是语词的语法结构和语义结构的总和，必须由两个或两个以上的语素构成，而理据是指语言符号发生、发展的最根本动因，可以由单个或多个语素构成。理据与内部形式的关系是因果关系，理据是因，内部形式是果。作为果，内部形式是存在于语言之中的结构实体，既为结构实体，它就必然是形式和意义（语法结构和语义结构）的结合物；而作为因，理据既非形式又非内容，它只是形式和内容结合的动因。内部形式像化石，像年轮，直接地或间接地蕴藏着合成符号理据的全部信息。（2002：31-33）

在他们看来，两者既有千丝万缕的联系，又有质的差异。从范围上看，理据比内部形式大，是前者涵盖后者，而不是后者囊括前者。

词的内部形式反映出事物对象的特点及其所采取的形式，展现词语意义的构词材料和组合方式，通常可以起到"顾名思义"的作用；语素组合的意义就是其词义，但有时也比较隐晦，需通过修辞方式产生派生义。理据与内部形式及与词义的关系可以用"推敲"一词来说明：

理据　岛初赴举，在京师。一日，于驴上得句云："鸟宿池边树，僧敲月下门。"始欲着"推"字，又欲着"敲"字，炼之未定，遂于驴上吟哦，引手作推敲之势，观者讶之。时韩退之权京兆尹，车骑方出，岛不觉行至第三节，尚为手势未已，俄为左右拥止尹前。岛具对所得诗句，推字与敲字未定，神游象外，不知回避。退之立马久之，谓岛曰："'敲'字佳。"遂并辔而归，共论诗道，流连累日，因与岛为布衣之交。[1]

内部形式　联合词组，"推"还是"敲"

词义　斟酌字句，反复考虑

在三者关系中，理据是动因，是决定着内部形式和词义形成的前提；内部形式在理据促动下赋形，而词义则在前两者共同作用下浮现出来；同时，

---

[1]源自：胡仔《苕溪渔隐丛话》（海山仙馆丛书本）卷十九。其他版本的标点或用词略有不同。

理据产生和发展的历史线索被古代语源和内部形式支撑着，只有抓住这个历史线索，才能找到诠释理据的切实依据。如果不熟悉某个词语的词源理据，很难推导出其内部形式，更不用说透过内部形式把握词语的实质含义。

3.3　理据与任意性的关系

作为理据性的对立面，语言符号任意性的研究也由来已久，不过直到索绪尔《普通语言学教程》（*Cours De Linguistique Generale*）的问世，任意性才被赋予了现代语言学的意义。索绪尔认为，语言符号联结的不是事物和名称，而是概念和音响形象，概念是能指，音响形象是所指，两者的联系是任意的（arbitraire），无任何自然联系。（1999：102–104）在法语中，arbitraire的意思是"qui dépend de la seule volonté，du libre choix，qui n'est pas imposé de l'ext érieur"（取决于意志本身，而不是外部强加的自由选择），因此它有可能被误解成"说话人可以任意自由选择"。为此，索绪尔特补充说明：它不应该使人想起能指完全取决于说话者的自由选择，也就是说，它是不可论证的，即对现实中跟它没有任何自然联系的所指来说是任意的。严辰松也特别指出，汉语"任意的"与英语arbitrary不完全一致，常导致误解。"任意的"给人随心所欲的印象，似乎语言符号是人们随意赋予事物的，故arbitrary最好理解成"无自然的联系"。因此，"任意性"实际上指的是不可论证性。（2000：6）

关于理据性和任意性的关系，国内外学界持三种不同意见：一是认为任意性是语言的根本属性，二是认为理据性是语言的根本属性，三是认为两者是对立统一的。笔者持第三种观点，认为两者各司其职，并行不悖，从不同视角探讨语言的实质，构成"不同而和"的关系。

1. 未然与已然的关系

任意性发生在语言符号能指与所指结合之前，而理据性发生在它们结合之后。李二占、王砚认为："任意性存在于造词未然，它使词语之名的产生面临诸多选择；理据性存在于造词已然，每一对能指与所指的结合才会出现一个具体而微的理据义。"（2011：19）他们将两者的关系比作下棋，棋手在动棋子之前可以有不同的选择余地，可以是这样的下法，也可以是那样的下法，但最终选择某一步总是有其道理的。就语言而言，一个所指在命名之前可以使用不同的能指，但是最终落实到某一能指往往是有据可依的。例如，一种集衣、食、住、行等功能于一身，可以实现"在生活中旅行，在旅行中生活"的工具，我们可以称为"房车""旅行车""车轮上的家""可移动的房子""旅居车"等，但汉语最终选定"房车"是有理由和依据的，因为它包含房与车两大功能，既体现房的性能，又突出车的属性，同时兼顾用词的简约性。

2. 放纵与管束的关系

从古至今，语言的发展始终摇摆在两个极值之间——放纵与管束。任意性的放纵"支持着语言的变异性、选择性和多样性"，理据性的管束"支持着语言的有序性、机制性和可证性。"（王艾录、司富珍，2002：34）这一松一紧是双极力量，共同促使语言的运行和发展以保持平衡，塑造着语言的面貌。由于任意性的放纵，同一所指在不同语言或地区可以拥有不同的能指。同样以"房车"为例，在美式英语中可以是"娱乐汽车"（recreational vehicle），在英式英语中可以是"大篷车"（caravan），在芬兰语中可以是"旅游汽车"（matkailuauto），在德语中可以是"居住汽车"（Wohnwagen），在俄语中可以是"车轮上的房子"（домдом иа колесах），在瑞典语中可以是"房子汽车"（husbil），等等。这种千差万别是任意性使然。尽管如此，但还是有一种隐形的力量（即理据性）管束它的放纵，使其万变不离其宗——汽车，绝不会让其随心所欲地变成"飞机""坦克""轮船""火箭"等。

3. 自然与人为的关系

哲学家冯友兰将世界上的哲学分为损道、益道和中道，认为它们的分歧起源于对"天然"与"人为"的不同看法。他认为，人类所经验之事物，无非两类：一是天然，二是人为。"自生自灭，无待于人，是天然的事物。人

为的事物，其存在必倚于人，与天然的恰相反对。"（冯友兰，2019：12）

事物之间的联系也可以分为天然（即自然）联系和人为联系。自然联系是指不以人的意志为转移的客观联系，人为联系是指人类主观参与而建立起来的联系。

任意性强调的是能指与所指之间无自然的联系，也就是没有物理、生物、化学等方面内在的因果关系，因此同样的能指在不同语言或地区可具有不同的所指，或不同的能指在不同地区可具有同样的所指。例如，同样的能指在汉、日两种语言中具有迥然不同的所指，如"大家"/「大家」（房东）、"得体"/「得体」（本来面目）、"留守"/「留守」（不在，忽略）、"汽车"/「汽車」（火车）、"人形"/「人形」（玩偶，洋娃娃）、"是非"/「是非」（务必）、"外人"/「外人」（外国人）、"演出"/「演出」（监制）、"丈夫"/「丈夫」（坚固，耐用）、"主人"/「主人」（老公，丈夫）等。同样的能指在英、美国家具有不同的所指，如knock up（〈英〉敲门唤醒；〈美〉使……怀孕）、pants（〈英〉短裤；〈美〉长裤）、public school（〈英〉私立学校；〈美〉公立学校）；不同的能指在英、美国家具有同样的所指，如 "大头菜"（〈英〉swede；〈美〉rutabaga）、"公共厕所"（〈英〉toilet；〈美〉restroom）、"茄子"（〈英〉aubergine；〈美〉eggplant）、"西葫芦"（〈英〉courgette；〈美〉zucchini）等。

理据性强调的是能指与所指之间的人为、理性的联系，就是在义化、社会、历史、心理、认知等方面的联系，是可以解释的，如 "橄榄枝象征着和平"是源自《圣经》里 "诺亚方舟"这一神话故事的。如果神话故事里的鸽子叼回的是 "柳树枝"，那么必然是 "柳树枝"而不是 "橄榄枝"与 "和平"发生联系，但无论如何，这都是通过流俗理据人为建立的。人为联系具有很强的民族和地区特色，反映同一客观事物的词，不同的民族语言和地区有不同的理据，是由不同的心理路径所决定的。"不同的人在体验同一事件时可能选择不同的心理路径。"（Fauconnier，2010：134）对于同一事物，由于心理路径的差异，不同民族和地区的人给事物命名时赋予不同的理据和名称。这一点从上述汉日、英美等用词的例子可见一斑。

4.消极与积极的关系

任意论否定语言符号能指与所指之间的自然、内在的联系。既然两者无相关联系，这就意味着我们不需要也没有必要进行考证，对能指与所指之间的复杂关系仅用"任意性"一言以蔽之，以不变应万变。这或许是一种无可奈何的选择，因为只有通过这样的解释才能平息诸多可能没有答案的纷争。然而，"语言的任意性观点在很大程度上误导或削弱了我们对语言进行深入探讨的可能性，因此它对我们追求语言的解释来说是一个十分消极的观点"（陆丙甫、郭中，2005：38），对语言研究和教学没有多大指导意义。

理据论肯定语言符号能指与所指之间的人为联系。既然两者存在着联系，这就意味着有必要追源溯流，洞幽烛微，揭示两者之间的微妙联系。"考虑到科学研究的目的就是要发掘尽可能多的理据性，我们还是应该假设所研究的现象都是可以解释的，有理据的，这样才有信心去研究，虽然我们可以在总体上承认宇宙的秘密最终不可能全部解释。"（陆丙甫、郭中，2005：38）寻求语言理据性的一面本身对语言研究和词汇教学或学习具有积极的意义。

汉语属于表意文字的语言，其理据性绝对大于拉丁语系的语言，而且汉语新词语的形成基本上具有理据性。本书既然探讨新词语构造的理据，就必须在承认任意性的基础上将理据性当作探索的目标。"认定词汇的理据性这一主体特征，将有助于我们更深入地认识语言的本质，防止我们跌入不可知论的泥潭。"（林艳，2009：8）

3.4 理据类型

本节在借鉴现有理据分类的基础上对新词语生成的理据进行较为详细的分类。

3.4.1 现有理据分类

Ullmann率先将语言理据分为语音理据（phonetic motivation）、形态理据（morphological motivation）和语义理据（semantic motivation），并把语音理据称作"绝对理据"（absolute motivation），将形态理据和语义理据归类"相对理据"（relative motivation）。（1962：81–93）

许余龙在上述基础之上增加文字理据，即"词的文字书写形式与词义之间的联系"，认为表音文字采用字母拼音，通常不具有文字理据性，而表意文字采用一些象形会意的文字符号，虽然经过历史演变与词义的直观联系逐渐模糊了，但多少还留下一点理据性的痕迹。（1997：137–138）

严辰松认为，语言理据可以十分明确地分为外部理据（external motivations）和内部理据（internal motivations）。语言的外部理据是指语言符号具有临摹性（iconicity），符号的形式来自它所代表的语言之外的事物，语言符号与所代表的事物之间具有"异质同构"（isomorphic）的联系。词（包括词）以下层次的外部理据即拟声与拟象，词以上层次的外部理据包括临摹理据和省力理据。语言的内部理据是语言系统本身产生的理据，与语言所表述的外部世界无直接的关系，可分为形态理据、语音理据和语义理据。（2000：3）如图3-1所示：

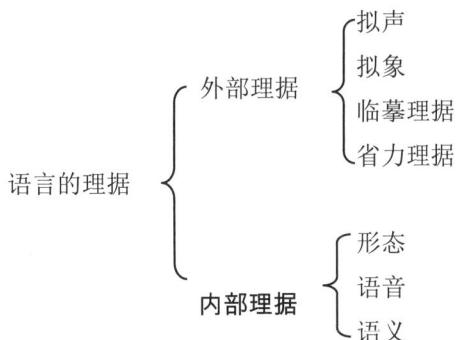

图3-1 语言的理据分类图（严辰松, 2000：3）

赵宏从共时和历时的角度对理据进行分类。前者分为内部理据和外部理据，后者分成原生理据和次生理据。内部理据主要包括合成理据和语义理据，外部理据包括词源理据、文化理据、俚俗理据、经济理据等；原生理据主要包括语音理据和文字理据，次生理据是在原生的基础上生成的合成理据和语义理据。（2013：107–113）

张克定仅探讨外部理据，即语言符号衍生义的理据，认为语言符号都有本义，但在一定条件下，有些语言符号可以在本义的基础上获得衍生义，而且与本义共存于语言系统之中。因此，他将语言符号衍生义的理据分成象形理据、行为动作理据、特性理据和社会事件理据。（2001：9–12）

张志毅独树一帜，依据古代的本质论、规定论和现代语义三角将理据分为：①自然型、本质型，指的是"对某些动物或有声物品用了相似的语音形式命名或摹声"。②习惯型、规定型，说的是"各种语言依据各自的社会、认识与语言习惯，对同一事物从不同视角，用不同理据命名；而且语言符号跟事物并不是直接对应的，总要通过一个中介——意义、想法或其代表符号'词'"。③自然兼习惯型，解释为"几种语言对同一事物命名的理据，既有自然因素的共同点，又有认识和语言因素的特殊点"。（1990：122–123）

张志毅将习惯型、规定型视作理据的一种形式，这显然与索绪尔的观点不同。在索绪尔看来，"约定俗成"从属于任意性原则。"等到符号学将来建立起来的时候，它将会提出这样一个问题：那些以完全自然的符号为基础的表达方式——例如哑剧——是否属于它的管辖范围。假定它接纳这些自然的符号，它的主要对象仍然是以符号任意性为基础的全体系统。事实上，一个社会所接受的任何表达手段，原则上都是以集体习惯，或者同样可以说，以约定俗成为基础的。"（索绪尔，1999：103）

实际上，持有与索绪尔不同看法的不止张志毅一人，许国璋也认为："任意性"和"约定俗成"不是同义词。它们属于两个层次。"任意性"，就其严格含义讲，只能在指一个人、说一个音、名一件物或称一件事的条件下才能成立。"约定俗成"完全不是这个意思，"约"意味着一个群体的存在，意味着说话人和受话人的存在；所谓"约"即"社会制约"的"约"。受社会制约的东西，是社会共议（consensus）的结果，绝不是任意的创造。（1988：8–9）

刘稟诚、聂桂兰（2009）以专著的形式专门讨论汉语新词语的构造理据，将它分为词源理据、社会理据、文化理据、认知理据、韵律理据和综合理据。

上述各种分类方法是学者们各自对理据分类进行理性思考的成果，其中不乏真知灼见，值得借鉴和推广。基于上述分类，结合新词语生成理据的主要特征，本书将新词语理据分成四大类——语音理据、词源理据、修辞理据、形态理据，每一大类又分成若干小类。

3.4.2 新词语理据分类

3.4.2.1 语音理据

语音理据是指语言符号能指与所指具有一定的语音联系，或在形成过程中模拟现有或外来词语的发音，具有语音上的象似性。这一定义比传统的分类要宽泛得多，包括拟声理据、音译理据和谐音理据。

1.拟声理据

拟声词是模仿其所指的自然界声音而创造出来的，分析拟声词的发音就有可能得出其理据。拟声词虽然是模仿自然的声音，但通过人类耳朵的识别、大脑的诠释、语言音位系统的模拟，往往会出现一定程度的失真。它不同于口技对声音的模仿，更"类似语音图画，不追求物理感觉上的逼真，只求得心理感觉上的近似"（张志毅，1990：122）。尽管有所失真，但人类还是通过这种语音图画把千变万化的声音较为真实地表达出来，让人耳闻其声，身临其境。

拟声词多见于传统词汇，分为单音节词（如"嘭""砰"等）、双音节词（如"哗哗""汪汪"等）、三音节词（如"哗啦啦""轰隆隆"等）、四音节词（如"叽里咕噜""叽叽喳喳"等）。拟声词不一定是固定的，有时带有一定的随意性，只要声音模仿得像就行，带有"口"字偏旁的居多。由于自然的声音是千差万别的，而汉语的词汇量是有限的，所以部分拟声词会出现挪用的现象，即本来形容某种声音的拟声词用来表达其他声音，如"咔嚓"本来表示东西断裂的声音，现在可以表示拍照的声音；甚至出现一词多用的现象，如"咔哒咔哒"可以表示人体关节的响声、敲击电脑键盘的声音、汽车离合器的声响、钟表的声音等。

真正新造的拟声词并不多，大多源自网络聊天，如"桀桀"（表示奸笑声）、"哇咔咔"（表示感叹、吃惊、得意地笑、怪笑等）、"嗝嗝"（表示快乐大笑声）等；有些来自英语，如"耶"（英语yeah，表示高兴而欢呼）。在新造拟声词中，有的直接使用字母，如biubiu、duang、piapia、xiuxiu等。

拟声词易读易记，朗朗上口，能制造出特别的音响效果，可以激发无限的联想，备受人们青睐，在品牌、软件等命名中大放异彩，如"咔咔"（水具品牌）、"哇哈哈"（儿童服饰品牌）、"娃哈哈"（饮料品牌）、"咕噜咕噜"（游戏社区名、奶茶连锁店名）、"嘟嘟语音"（语音聊天软件名称）等。

2.音译理据

音译是一种语音转写方法，即将源语中的词语用目的语中与其发音相同或相似的语音表示出来，译语与源语之间存在着语音上的关联性。音译通常采用"取音不取义"的翻译方法，源语的内部形式在转码成目的语的过程中丧失殆尽，不能分解成多个结构元，只能以整体的形式出现。如："拜拜"（bye-bye）、"比基尼"（bikini）、"比特"（bit）、"迪斯科"（disco）、"氟利昂"（Freon）、"谷歌"（Google）、"嘉年华"（carnival）、"拷贝"（copy）、"克隆"（clone）、"蔻丹"（Cutex）、"酷"（cool）、"莱卡"（Lycra）、"朋克"（punk）、"恰恰"（cha-cha）、"色拉"（salad）、"沙龙"（salon）、"斯诺克"（snooker）、"探戈"（tango）、"吐司"（toast）、"威亚"（wire）、"嘻哈"（hip hop）、"啫喱"（jelly）等。

这里附带提一下，音译取音时最好使用常用字，否则不利于音译词的推广应用。例如，《现代汉语词典》（第6版）新收录"玛琋脂"一词，"玛琋"音译自mastic，两者的语音是否对等姑且不予评论，但"琋"字至少属于冷僻词，一般人很难打出该字，结果导致使用"玛琋脂"一词的人寥若晨星，而使用"玛蹄脂"者大有人在。

音译若不能将源语的能指一起移植过来，这些译词可能会令人不知所云。为了显义，有时候在纯音译词后面或前面添加一个表示类属或特征的义标，使其重新获得内部形式，起到指点迷津的作用。如：

"艾滋病"（AIDS=Acquired Immune Deficiency Syndrome）、"保龄球"（bowling）、"贝雷帽"（béret）、"比萨饼"（pizza）、"碧根果"（pecan）、"大丽花"（dahlia）、"德比赛"（Derby/derby）、"丁克家庭"（DINK=double income, no kids）、"多米诺骨牌"（domino）、"高尔夫球"（golf）、"酒吧"（bar）、"卡丁车"（karting）、"拉力赛"（rally）、"咪表"（metre/meter）、"皮卡车"（pickup）、"啤酒"（beer）、"桑拿浴"（sauna）、"推文"（tweet）、"香槟酒"（champagne）等。

有些附加的义标经过一段时间的使用达到一定的认知度后，在省力理据的作用下自行脱落，不过这种现象多限于三音节及以上语素，如"芭蕾""高尔夫""桑拿""香槟""吉普""皮卡""德比"等。

有些合成词或词组也采用这种中西合璧的半音半意法，其中一个结构元有语音联系，另一个结构元有意义关联。如："冰淇淋/冰激凌"（ice-cream）、"比特币"（bitcoin）、"分贝"（decibel）、"呼啦圈"（hula loop）、"珂罗版"（collotype）、"迷你裙"（miniskirt）、"纳米"（nanometer）、"奶昔"（milk shake）、"霹雳舞"（break dancing）、"苹果派"（apple pie）、"拓扑学"（topology）、"踢踏舞"（tap dance）、"因特网"（Internet）、"扎啤"（draft beer）等。

有些本来平淡无奇的源语词语，译者利用音节的相似性，掺入自己的价值观和审美观，有意识地进行汉化、美化和形象化，从而附会出一种新的内部形式，以便于理解和识记。如："绷带"（bandage）、"蹦极"（bungee）、

"必应"（Bing）、"金利来"（Goldlion）、"康乃馨"（carnation）、"可口可乐"（Coca-Cola）、"摩丝"（mousse）、"慕课"（MOOC）、"拍档"（partner）、"披头士"（Beatles）、"曲奇"（cookie）、"晒"（share）、"施乐"（Xerox）、"贴士"（tips）、"脱口秀"（talk show）、"味美思"（Vermouth/vermouth）、"席梦思"（Simmons）、"香波"（shampoo）、"销品茂"（shopping mall）、"雅皮士"（yuppies）、"雅虎"（Yahoo）、"雅思"（IELTS=International English Language Testing System）、"幽浮"（UFO）等。

经过谐音转码而成的外来词有时与汉语固有的词语发生巧合，成为新的同形同音异义词。如：

奔驰（Benz）—奔驰（快速地奔跑）

粉丝（fans）—粉丝（丝状食品）

霹雳（break）—霹雳（落雷）

恰恰（cha-cha）—恰恰（正好）

托福（TOFEL）—托福（依托他人福气）

吧（bar）—吧（语气助词）

打（dozen）—打（击、敲）

酷（cool）—酷（残忍到极点，程度深）

派（pie）—派（风度、派别等）

晒（share）—晒（把东西放在太阳光下使它干燥）

秀（show）—秀（特别优异的，美丽而不俗气）

血拼（shopping）—血拼（进行激烈的斗殴或竞争）

由于汉语属于表意文字的语言，因此汉民族具有很强的听音知义、见字识义的语言认知心理，对零内部形式的音译词会产生一种潜在的抗拒性，有些音译外来词问世不久便被弃用，由更有汉语味的词语来取代。如：

anarchism（安那其主义→无政府主义）

bourgeoisie（布尔乔亚→资产阶级）

boycott（杯葛→抵制）

cement（士敏土→水泥）

combine（康拜因→联合收割机）

dado（台度→墙裙）

e-mail（伊妹儿→电子邮件）

hoop（虎伏→滚轮）

index（引得→索引）

laser（莱塞→激光）

massage（马杀鸡→按摩）

penicillin（盘尼西林→青霉素）

pump（帮浦→泵）

ultimatum（哀的美敦书→最后通牒）

violin（梵哑铃→小提琴）

也有一些音译词与意译词平分秋色，两者难分伯仲。如：

angel（安琪儿=天使）

bikini（比基尼=三点式）

bus（巴士=公共汽车）

carnation（康乃馨=香石竹）

cartoon（卡通=动画片）

hormone（荷尔蒙=激素）

motor（马达=电动机）

taxi（的士=出租车）

vitamin（维他命=维生素）

音译只是在发音上具有相似性，因此同一个词语有可能出现不同的音译，或不同的词语出现相同的音译。如：

blog（〈大陆〉博客；〈台湾〉部落格）

chocolate（〈大陆〉巧克力；〈台湾〉朱古力）

Glico（〈大陆〉格力高；〈台湾〉固力果）

hacker（〈大陆〉黑客；〈台湾〉骇客）

kiwi bird（几维鸟）；kiwi fruit（奇异果）

gallon（加仑）；black currant（黑加仑）

Leica（徕卡，相机品牌）；Lycra（莱卡，氨纶纱品牌）；Laica（莱卡，滤水壶品牌）

3.谐音理据

谐音是借助汉字同音或近音的联系，利用同音或近音字来代替本字，从而产生辞趣现象的一种修辞方式。通过谐音可以对原有的词语进行改造，使之以同音异体的形式出现，以达到某种特殊的语言效果。作为网络时代一种新的话语形式，谐音新造词是网民创造性使用语言的产物。它们大致可以分为两类：

一是有意识地对既有的词语进行谐音创造，赋予它新的内涵，以达到幽默、讽刺、调侃、嘲笑、委婉之目的。如：

富翁→负翁（负债累累者）

寒流→韩流（韩国文化在其他地区的影响力）

教授→叫兽（发表不适时的言论来激起口水战为自己赢得声誉的学者）

美女→霉女（倒霉的女孩，没人要的女孩）

圣女→剩女（大龄单身的女孩）

消费者→消废者（消费过期或假冒产品者）

专家→砖家（不学无术、夸夸其谈、冒充学术权威者）

资本家→知本家（利用高新知识成功创造财富的人士）

这种谐音现在也用作修辞手法，大量应用于广告宣传语。如果措辞巧妙，可以增强广告语的艺术魅力，给消费者留下深刻的印象。如：

古往今来→股往金来

机不可失→鸡不可失

乐在其中→乐在骑中

默默无闻→默默无蚊

十全十美→食全食美

随行所欲→随心所浴

无微不至→无胃不治

一尘不染→衣尘不染

一鸣惊人→一明惊人

一往情深→一网情深

引以为荣→饮以为荣

二是利用谐音用具体、形象的词语代替较为抽象的词语，以生动、幽默、含蓄、委婉、曲折的方式表达本词的含义。如："斑竹"（版主）、"杯具"（悲剧）、"大虾"（大侠）、"海龟"（海归）、"河蟹"（和谐）、"驴友"（旅友）、"神马"（什么）、"油菜花"（有才华）、"油墨"（幽默）等。

当然这些谐音词仅用于网络语言，不宜在正式文本中使用。

3.4.2.2 词源理据

新词语的词源理据基本上属于次生理据，它从历时的角度考察新词语的来源，观察新词语演变的轨迹，解释新词语的形态和意义的演变。梳理新词语词源理据有助于揭示当代汉语词汇的动态发展规律，反映语言的文化和历史背景，增强对当代汉语词汇的解释力。

1.方言介入

语言学家萨丕尔指出："语言，像文化一样，很少是自给自足的。交际的需要使说一种语言的人和说邻近语言的或文化上占优势的语言的人发生直接或间接接触。"（1985：173）汉语也不例外，一方面需要外援，从其他语言借词；另一方面需要内助，从本国方言中汲取养分。"语言一方面要保持通俗性，另一方面又应具有发达的教养内涵，为此语言必须有规律地从民众流向作家和语法家，再从他们手中返回到民众当中，如此循环反复，永不歇止。"（洪堡特，1997：196）从本国方言中汲取养分也是"从民众流向作家和语法家"的主要方式之一。能够进入普通话的方言词语，往往比普通话中的同义词更简洁、生动、形象，或能填补普通话中语义的空白，通常出自政治、经济、文化发达的地区，如北京、上海、广东、香港、台湾等，"显示了强势方言的受关注度、影响力、渗透力、辐射性和迁移性"（刘禀诚、聂桂兰，2009：99）。

现代汉语中有很多热门词汇来自方言。如："按揭""八卦""炒鱿鱼""穿帮""搭脉""打的""打工""打理""大巴""大排档""发廊""范儿""房车""搞定""勾兑""狗仔队""古惑仔""海选""忽悠""老抽""老千""买单""猫腻""猛料""拍拖""膀爷""泡妞""碰瓷""前卫""翘课""入围""塞车""傻帽""生猛""收银台""水货""提升""跳槽""托儿""文胸""乌龙""无厘头""咸猪手""写字楼""新潮""雪藏""影楼""主打"等。

这些进入普通话的方言词语在其原始方言中有原生理据。仅以"大排档"为例，它源自香港20世纪50年代的"大牌档"。当时的香港对路边的小吃摊通过发牌进行管理，发的牌照如果比别的路边摊大，就需要装裱起来，悬挂在显眼的位置，故称"大牌档"。后传入内地，被误解为"很多人坐在一排吃饭"，便写成"大排档"。[①]

2.英语借译

借译是一种语素对语素的翻译方法，即将异族词的内部形式和意义原封不动地移植过来并用本族语素进行对号入座的直译方法。借译为引进新概念、新事物提供快捷的便道，避免了音译的音节过长、无法见字识义、不可分割等弊端，屏蔽因意译的主观因素的干扰而造成的译名混乱，保证新词语的一致性、准确性、高保真性，更有利于理据溯源和回译。以brainstorming为例，尽管学者用心良苦，提出各种意译，如"振脑献计法"（张武保，1999：30）、"博思超鸣"（杨华堂，2002：44）、"集思广益法"（王吉良，2006：126）等，但是大众依旧行我素，继续使用"头脑风暴"这一借译。

借译作为引进外来概念并生成新词语的一种方式也得到《现代汉语词典》（第5、6、7版）的认可，并应用于部分新词语的标注，不过该词典均标注

---

① 参考了百度百科"大排档"词语，网址为：https://baike.baidu.com/item/大排档/4319657?fr=aladdin。

为"直译"。如：

干酒：没有甜味的酒。如干白、干红、干啤。"干"是英语dry的直译。
（2016：420）

路演：指股份公司为了与投资者沟通和交流而举行的股票发行推介会。
是英语road show的直译。（2016：850）

热狗：中间夹有热香肠、蔬菜、调味酱等的面包。是英语hot dog的直译。
（2016：1094）

热键：快捷键。是英语hotkey的直译。（2016：1094）

院线：电影发行放映的一种机制，由一个发行主体和若干影院组成，实
行统一排片，统一管理。是英语theater chain的直译。（2016：1615）

由于英语合成词语喜欢使用"宾+动"结构，而汉语偏爱"动+宾"结构，
因此英汉排列顺序正好相反的词语也被《现代汉语词典》视为直译词。如：

猎头：指受企业等委托为其物色、挖掘高级人才的工作；指从事这种工
作的人。是英语headhunting的直译。（2016：823）

寻租：指某些单位或个人利用行政手段寻求将公共财富转移到个人手
中的行为，如权钱交易、特权收益等。是英语rent seeking的直译。（2016：
1493）

这些借译词概念都是英语民族发明和凝聚的，而非汉语固有的词语，因
此这类词语应该归属于借词或外来词。对此，有些学者持有不同意见。高名
凯、刘正埮指出："把外语中具有非本语言所有的意义的词连音带义搬到本语
言里来，这种词才是外来词，因为它是把'音义结合物'整个地搬了过来。
如果只将外语的词所表明的意义搬了过来，这就只是外来的概念所表现的意
义，不是外来的词，因为我们并没有把外语的词（音义的结合物）搬到本语
言里来，只是把它的概念所表现的意义搬过来罢了。"（1958：8-9）《现代
汉语词典》对部分直译词的标注可以说是对这类观点最好的回应，不过美中
不足的是，可能是由于词典各编者把握的尺度不一样，很多显性借译词漏网
了。只要将借译词里的每个语素按照字面意思逐一回译，就能轻而易举地

在英语词典中找到相对应的原词。如："白领"（white collar）、"超级市场"（supermarket）、"超链接"（superlink）、"超媒体"（supermedia）、"代沟"（generation gap）、"肥皂剧"（soap opera）、"峰会"（summit conference/meeting）、"干租"（dry lease）、"接触镜"（contact lens）、"空巢"（empty nest）、"蓝领"（blue collar）、"绿肺"（green lung）、"洗钱"（money laundering）、"云计算"（cloud computing）等。

汉语属于表意文字的语言，"大多数汉字不仅是音节的符号，而且是意义的标记。当新词出现时人们习惯地期待这一词语应有一定的理据，或者说，人们习惯地从组成这一词语的汉字来揣度，理解它的含义"（李冬，1988：4）。一旦新词语的搭配有悖汉语常规时，人们往往指望该词语有理据说明，以便了解它的来龙去脉。例如，当我们第一次听到"干酒"时，可能会感到纳闷：酒怎么会是干的？《现代汉语词典》为"干"特别注明"是英语dry的直译"，我们的理解重心自然会从"干"转到"dry"身上，并有目的地查阅英语词典。原来dry在英语中具有not sweet的含义，意指"发酵度高，残糖含量少"。查明这一点，也就明白"干白""干红"等词的含义了。同样，"闪存"和"闪客"都被附注了"'闪'是英语flash的直译"，前者取in a flash的含义，说明存储的速度相当快；后者flash的首字母应该大写（Flash），它是一种动画和应用程序的创作软件，于是"闪客"便有"从事网络动画设计的人"的含义。

借译有时候像音译一样需要加上"义标"或补义，这为准确地理解词义提供了极大的便利。如："防火墙"（firewall）、"鸡尾酒"（cocktail）、"路怒症"（road rage）、"鼠标"（mouse）等。

如果借译与汉语原有的词语发生词义冲突，最好规避借译。如classroom可以借译为"班房"，但与汉语中原有表示"监狱"或"拘留所"之意的"班房"发生词义冲突。尽管在香港地区有这样的说法，但不宜在普通话中推广。

借译词由于脱离了英语滋润的土壤，在汉语中有可能发生词义扩大和缩小现象，造成两者词义或词性等不完全对等。试比较权威的在线英语词典和

《现代汉语词典》（第 7 版）所提供的不完全相同的释义：

hot dog：①a frankfurter, especially one served hot in a long, soft roll and topped with various condiments；②a person, especially a skier or surfer, who performs stunts or tricks.[①]

热狗：中间夹有热香肠、蔬菜、调味酱等的面包。（2016：1094）

road show：①a show, as a play or musical comedy, performed by a touring group of actors；②an important motion picture, usually presented only twice daily on a reserved-seat basis and at increased prices；③any traveling exhibit, as one promoting a company's products or a government program；④any group traveling about the country for a specific purpose, as a political candidate together with his or her entourage.[②]

路演：指股份公司为了与投资者沟通和交流而举行的股票发行推介会。（2016：850）

soft-land：to cause to land slowly and without jarring impact.[③]

软着陆：①人造卫星、宇宙飞船等利用一定装置，改变运行轨道，逐渐减低降落速度，最后不受损坏地降落到地面或其他星体表面上；②比喻国民经济经过一段时间的过快增长后，平稳地回落到适度的区间，没有出现大规模通货紧缩和失业；③泛指采取稳妥的措施使某些重大问题和缓地得到解决。（2016：1116）

bottom line：①the last line of a financial statement, used for showing net profit or loss；②net profit or loss；the deciding or crucial factor；③the ultimate result or outcome.[④]

底线：①足球、篮球、排球、羽毛球等运动场地两端的界线；②最低

---

①释义源自：https://www.lexico.com/definition/hot_dog。
②释义源自：https://www.dictionary.com/browse/road-show#。
③释义源自：https://www.dictionary.com/browse/soft-land?s=t。
④释义源自：https://www.dictionary.com/browse/bottom-line?s=t。

的条件或限度；③暗藏在对方内部刺探情报或进行其他活动的人。（2016：282）

rent-seeking：①the act or process of using one's assets and resources to increase one's share of existing wealth without creating new wealth；②the act or process of exploiting the political process or manipulating the economic environment to increase one's revenue or profits.[①]

寻租：指某些单位或个人利用行政手段寻求将公共财富转移到个人手中的行为，如权钱交易、特权收益等。（2016：1484）

headhunting：①the practice of hunting down and decapitating victims and preserving their heads as trophies；②the act or practice of actively searching for new employees，especially for professionals or executives；③the act or practice of firing without cause，especially someone disliked；④the act or practice of trying to destroy the power，position，or influence of one's competitors or foes.[②]

猎头：①受企业等委托为其物色、挖掘高级人才的工作；②指从事这种工作的人。（2016：823）

3.日语借形

日语是由汉字、假名和罗马文字三部分构成的，其中汉字占最大的比例。以1956年（昭和31年）的《例解国语辞典》为例，在日语的语汇中，和语占36.6%、汉语占53.6%；1964年（昭和39年），日本国立研究所对90种杂志用语进行调查研究，得出和语占36.7%、汉语占47.5%、英语占近10%的结论。[③]由于汉语的汉字和日语的汉字都属于表意文字，两者的书写、结构和含义具有较大的相似性，因此通过从日语汉字借形能消除外来色彩，不会产生任何陌生感，而且与本土汉字搭配具有较强亲和力，能增强汉语词

---

①释义源自：https://www.dictionary.com/browse/rent-seeking?s=t。
②释义源自：https://www.dictionary.com/browse/headhunting?s=t。
③依据百度百科，网址为：https://baike.baidu.com/item/日语/398720?fr= aladdin。

语结构的能产性，丰富汉语词汇的表现力。马西尼认为："在现代汉语词汇所吸收的各种类型的借词中，日语汉字借词肯定是构词能力最高的，而且对汉语词法结构的影响也是最大的。"（1997：181）

从日语借形可以直接采用"拿来主义"，在词形上未作任何改变，只是发音发生变化。如："刺身""空手道""料理""社会人""寿司""数独""物流""写真"等。

更多的是将日语汉字形式转写成汉语汉字形式。如：「弁当」（便当）、「初体験」（初体验）、「達人」（达人）、「大本営」（大本营）、「公務員」（公务员）、「過労死」（过劳死）、「倶楽部」（俱乐部）、「量販店」（量贩店）、「親和力」（亲和力）、「親子」（亲子）、「人気」（人气）、「観点」（视点）、「特売」（特卖）、「鉄板焼」（铁板烧）、「物語」（物语）、「相撲」（相扑）、「新幹線」（新干线）、「新人類」（新人类）、「形状記憶」（形状记忆）、「業態」（业态）、「銀座」（银座）、「職場」（职场）等。

当然也不排除在转写过程中出现差错，如「天麩羅」（天麩罗）→天妇罗（中编室，2016：1291）等，因为外来词的引入势必夹杂着误解、误用和变异等情况。同时，由于日语是黏着语，而汉语是孤立语，因此在转换过程中须丢弃词缀，如「空き巣」（空巢）等。

尽管日语中的汉字本源自汉语，但是经过日本民族加工、改造后的词语与汉语固有的词语在词义、色彩含义及词性上出现了偏差，甚至完全不一样。如：「料理」/"料理"（菜肴；管理）、「弁当」/"便当"（盒饭；便利）、「写真」/"写真"（照片；画人的肖像）、「達人」/"达人"（在某方面非常精通或能力超强的人；通达事理、明德辨义的人）、「人気」/"人气"（受欢迎的程度；人的气息）等。

日源借形词引入汉语后，受到汉语词汇系统的制约或受到"望词生义"的影响，其指称范围和意义蕴含可能会发生改变，出现由大变小或由小变大、由褒变贬或由贬变褒的情况。如：

银座（银币铸造厂；繁华街区）→银座（繁华街区）

特壳（以特别优惠的价格抛卖；交售特定的人）→特卖（以特别优惠的价格抛卖）

献金（捐献的钱款）→献金（贿赂）

新幹線（新的铁路、公路主干线）→新干线（引申义：经济、文化等方面的最快消息）

親和力（化学亲和力）→亲和力（引申义：使人亲近、愿意接触的力量）

空手道（一种体育运动项目）→空手道（引申义：买空卖空的无本生意或指无实质内容的事）

4.字母词借用

字母词是指"在汉语公共语言生活中使用的单词性的完全或部分由字母构成的词语"（陈佳璇，2007：60）在语言经济性原则的驱使下，大量字母词嵌入汉语词汇系统，突破汉语传统的构词方法，丰富汉语词汇的形式和意义，使得汉语词汇成分更加丰富多彩。汉语中大量字母词的渗透引起词典编纂者的重视，21世纪陆续出版了《字母词词典》（刘涌泉，2001）、《实用字母词词典》（沈孟璎，2002）、《汉语字母词词典（增订版）》（刘涌泉，2009）、《中国媒体常用字母词词典》（余富林，2012）、《实用字母词词典》（侯敏，2014）等词典；同时也引发了理论层面的探讨，多部专著相继问世，如《现代汉语字母词研究》（邹玉华，2012）、《汉语字母词语研究》（原新梅，2018）、《字母词的称名学研究及其对词典编纂的启示》（谢君，2022）等。下面主要以《现代汉语词典》（第7版）收录的字母词为例，对其构词方式进行梳理。

（1）纯字母词

纯字母词可以细分为三种：第一种是完全由英文字母构成的，基本上是英语缩略词，如AIDS（获得性免疫缺陷综合征，由Acquired Immune Deficiency Syndrome首字母缩略而成）、FBI（美国联邦调查局，由Federal Bureau of Investigation首字母缩略而成）等；个别是其他语种的缩略词，如

HNK（日本放送协会，由日语NIPPON HOSO KYOKAI首字母缩略而成）；还有一些是中国人自己创造的杰作，如CBA（中国篮球协会，由Chinese Basketball Association缩略而成）、CCC（中国强制性产品认证，由China Compulsory Certification缩略而成）、CET（大学英语考试，由College English Test缩略而成）、PETS（全国英语等级考试，由Public English Test System缩略而成）等。第二种是完全由拼音字母构成的，虽然披上"洋装"，但依然是"中国心"，如GB（国家标准）、HSK（汉语水平考试）、PSC（普通话水平测试）、RMB（人民币）、WSK（全国外语水平考试）等。第三种是中西合璧，由"汉语拼音+英文字母"共同组成，如BTV（北京电视台）等。

（2）"字母+汉字"等混合词

这些混合词中的字母只是充当混合词的一个词素，与汉字一起共同创造一个词，形成一个完整的概念。它们通常是由"字母+汉字"构成的，如"AA制""e化""IP电话""X染色体"等；也可以由"汉字+字母"构成，如"卡拉OK"等。

（3）"字母+数字"等混合词

这类混合词顺序较为复杂，可以是"字母+数字"，如"M0""M1""M2""MP3""MP4""PM2.5""PM10"等；可以是"数字+字母"，如"3G""4G""5G"等；也可以是"字母+数字+字母"，如"B2B""B2C""C2C""C4ISR""O2O"等。

上述字母词绝大多数由一个单词或短语缩略而成，如果能提供准确的缩略理据则更有利于识记和回译。《现代汉语词典》（第7版）编者意识这一点，纠正了第6版存在的差错，如ETC（Electronic Toll Collection System→Electronic Toll Collection）、PMI（Purchase Management Index→Purchasing Manager's Index）、SNS（Social Network Service→Social Networking Service）等。但遗憾的是，单复数和连字符号的错误依然没有引起重视，如PMI（Purchasing Manager's Index→Purchasing Managers' Index）、GMP（Good Manufacturing Practices→Good Manufacturing

Practice）、LCD（Liquid Crystal Display→Liquid-Crystal Display）、SUV（Sport Utility Vehicle→Sport-Utility Vehicle）、OTC（Over The Counter→Over-the-Counter）等。

此外，对部分字母词的缩略解释也缺乏说服力。例如，有关ISO的来源有两种说法，一种是得名于希腊语isos，另一种是由International Organization for Standardization首字母缩略而成的。很显然，后一种说法很难自圆其说，因为International Organization for Standardization的缩写应该是IOS，而不是ISO。其实，ISO有三种官方语言，分别为英语、法语和俄语，这三种语言有不同的缩写符号，如英语为IOS，法语为OIN，因此ISO组织统一使用希腊语isos（同样的），取其前三个字母。同样，SOS也不是缩略语，只是摩尔斯电码符号（··· – – – ···）而已，使用该符号是由于其便于发送而且不易出错，说它是save our souls或save our ship的缩略均为流俗理据，不足为据。

字母词引进汉语之后也会像上述外来词一样出现含义嬗变或词性变化。例如，MBA可以由原来的"美国全国篮球协会"演变成"该协会主办的美国男子篮球职业联赛"，PS或P由原来的Photoshop软件名称变成动词，而且含义不断泛化，可表示用软件对原始照片进行修改。

5.旧词新用

随着时代的发展，新生事物层出不穷，而语言系统中词汇的储备量是有限的，无法满足交际的需要，因此需要挖掘原有的语言资源，重新启用旧词语，赋予它新的意义，使之焕发出新的活力。旧词新用是指旧词语在不变形的情况下，通过"旧瓶装新酒"的方式，衍生出新含义的语言现象。相比新创造的词语，旧词新用是以大众熟悉的"老面孔"出现的，能减轻大众记忆负荷，更容易被认同和接受。

旧词新用突出表现为词语的理性义及词性发生变化。如：

雷（云层放电时发出的响声→使震惊）

八卦（我国古代的一套有象征意义的符号→没有根据的，荒诞低俗的）

触电（接触较强电流→首次参加拍摄影视片）

粉丝（淀粉制成的长丝状干食品→迷恋、崇拜某个名人的人）

给力（古时以力役的形式向官员支付薪俸→给予力量，给予支持；出力，尽力；带劲儿）

黑名单（反动势力为进行政治迫害而开列的革命者和进步人士的名单→有关部门公布的不合格产品或违反规约的企业、个人等的名单）

山寨（在山林中设有防守栅栏的地方→仿造的，非正牌的；非主流的，民间性质的）

土豪（旧时农村中有钱有势的地主或恶霸→暴富的文化素质不高的人，喜欢炫富的有钱人）

空穴来风（消息或传说并非完全无根据→消息或传说毫无依据）

七月流火（夏去秋来，天气转凉→天气炎热）

当然，有的是由于方言或外来语介入，与汉语原有的词形发生巧合，可能会产生旧词新用的错觉。如：

怼（念duì，意为"怨恨"；念 duǐ，表示用言语回应或行动反击）

囧（古同"冏"，意思是"明亮"；网友根据其词形赋予它"郁闷""尴尬""悲伤""无奈"等含义）

门（通常指"建筑物的出入口"；由英语词缀"-gate"借译而成，引申为"引起公众关注的消极事件"）

有时色彩意义发生转移，可以从贬义变成褒义或从褒义变成贬义，甚至含义完全相反。如：

出彩（出丑→表现出精彩）

强人（强盗→强有力的人，坚强能干的人）

极品（最上等的物品→最下等的人或物）

奇葩（奇特而美丽的花朵→离奇古怪的）

上述旧词新用现象系多种因素作用的结果，如外来词与既有词语形式上的重合、望文生义的思维定式、修辞手段等，无论是由于何种因素，它们都与本义共存于语言系统之中，以熟悉而又陌生的方式记载着语言的发展变化，折射出社会发展的轨迹。甚至有些成语，如"空穴来风""七月流火"等，在听音知义、见字识义的语言认知心理作用下，被忽视其原生理据，积非成是，形成新的含义，而且其新义最终得到《现代汉语词典》（第7版）的认可。

6.专门用语词义泛化

专门用语指在特定领域对一些特定事物的统一业内称谓，本来局限于特定的语言社团，但由于语言系统的不自足性，不断增长的语言交际需求迫使一些专门用语突破行业的界限，从专门用语向普通用语延伸，从含义的单一性、专业性、精确性向多义性、通俗性、含混性过渡，久而久之产生新的固定义项。这一现象叫作专门用语词义泛化，它是词义从单义走向多义的最重要的途径。词义泛化通常是通过隐喻、联想、引申等手段达成的，起初具有临时性，但经过一段时间的使用，被使用群体普遍接受以后，就有可能成为固定意义，成为词典中的一个义项。词义泛化突出表现在医学、体育、军事、交通、天文、生物、物理、信息技术等领域，如《现代汉语词典》（第7版）收录的："安慰剂""把脉""板块""包装""爆炸""博弈""擦边球""刹车""充电""触礁""打太极拳""打游击""打预防针""大动脉""定心丸""短平快""断层""对接""二传手""发酵""孵化器""工程""含金量""黑马""黑名单""红灯""红牌""滑坡""换血""黄牌""接地气""近亲繁殖""克隆""空手道""扩容""冷处理""连锁反应""裂变""流行病""绿灯""马拉松""脉搏""命脉""内耗""内聚力""旗舰""软着陆""收官""输血""瘫痪""跳板""跳水""透视""透支""顽症""下课""消肿""效应""硬着陆""余热""造血""阵痛""症结""走钢丝"等。

这种跨领域借用可促使专业用语通俗化，雅俗相济，形象生动，富于表达力，而且具有高能产性，丰富了现代汉语语言系统。

有些术语虽然没有另列泛化义项，但从《现代汉语词典》附在"◇"标记后面的例子可见一斑。如：

剥离：脱落，分开 ◇剥离亏本资产。（2016：98）

井喷：油气井在钻进或生产过程中，地下的高压原油、天然气突然大量从井口喷出 ◇股市交易量井喷/西部旅游本月井喷。（2016：691）

盘点：清点 ◇岁末歌坛大盘点。（2016：976）

起跑线：赛跑时起点的标志线 ◇在同一起跑线上展开公平竞争。（2016：1030）

事实上，专门用语和普通词语都处于一种相互流通、相互渗透的状态，普通词语也可以转化为专门用语。如：

菜单：显示屏上供操作员选择操作的清单

工作站：计算机网络中作为分享网络资源的一个访问端点的计算机

界面：计算机系统中实现用户与计算机信息交换的软件、硬件部分

漫游：用户离开其签约本地网络而进入其他网络仍可以享受通信服务的特性

平台：计算机硬件或软件的操作环境

外援：从国外运动队引进的选手

文件夹：计算机系统中存放在一起的一组文件的目录

7.事件关联

语言与社会的关系密不可分，不可割裂。语言既是社会交往的工具，又是社会生活的记录载体。在充当工具和记录载体的过程中，语言也会受到社会的影响。社会上所发生的一些事件往往会引起语言符号意义的变化，使语言符号衍生出新的意义。（张克定，2001：11）社会上发生的新闻事件在网络中传播，网民通过对新闻事件的解读，使用隐喻手段延伸其含义，有些含义稍纵即逝，有些慢慢固化下来，成为网络常用词，为网络语言注入新鲜的血液。如：

打酱油：语出广州一市民突遇电视台记者就"艳照门"事件街头采访的回答"关我甚事，我是出来打酱油的"；隐喻义可以是"不关我的事"或"凑数"。①

---

①依据百度百科"打酱油"词条改编，网址为：https://baike.baidu.com/item/打酱油/68250。

看星星：起源于北京电影学院的一份晚归统计名单，在这张表格上，某名女生因为在晚回宿舍原因一栏中填写了"看星星"；隐喻义是"请假、推脱事情的雷人理由"。[①]

网民还就新闻事件在互文性启发下提炼出四字格词语，寓含蓄、直白于一体，令人耳目一新。如：

谁死鹿手：根据三鹿奶粉事件，参照原有词语"鹿死谁手"改编而成，表达对食品安全的无奈以及焦虑。[②]

猪涂口红：依据奥巴马在一场竞选集会上揶揄麦凯恩及其竞选搭档佩林的一句话"You can put lipstick on a pig, but it's still a pig."创造而成，意指为了诱惑他人而把某件事物粉饰得更有吸引力，但实际上是换汤不换药。[③]

上述词语是否能保持永久活力，能否被纳入《现代汉语词典》下一版本，我们拭目以待。

3.4.2.3 修辞理据

修辞是一种有效地运用语言的技巧或艺术。依据《现代汉语词典》，其作用是"修饰文字词句，运用各种表现方式，使语言表达得准确、鲜明而生动有力"（2016：1474）。陈望道将修辞划分为两类：消极修辞和积极修辞。前者是抽象的、概念的，必须处处同事理相符合，对于语辞常以意义为主；后者是具体的、体验的，往往注重所谓音乐的、绘画的要素，对于语辞的声音、形体本身，也有强烈的偏好，分为辞格和辞趣两部分。（1997：47–52）新词语的修辞理据主要涉及修辞格，突出表现为隐喻、借代、拟人、仿词、别解、委婉、"蛋果"词等。

1.隐喻

隐喻（metaphor）是一种隐藏比较的修辞手段，是语言中最常见的修

---

①依据百度百科"看星星"词条改编，网址为：https://baike.baidu.com/item/看星星/1982121? fr=aladdin。

②依据百度百科"谁死鹿手"词条改编，网址为：https://baike.baidu.com/item/谁死鹿手/611297。

③依据百度百科"猪涂口红"词条改编，网址为：https://baike.baidu.com/item/猪涂口红。

辞现象，是诱发一词多义的主力军。修辞学家Richards认为，隐喻是人类语言无所不在的原理，没有它，我们甚至不能流畅地交流三句日常话语。（1965：92-93）Ullmann认为隐喻是词义产生的主要理据，是表达的机制，是同义和多义的来源，是强烈感情的释放口，是填补词汇缺口的方法。（1962：212-213）

认知语言学将隐喻上升为人类认识世界的一种能力，认为隐喻是从源域（source domain）向目标域（target domain）的映射（mapping）。隐喻思维一般基于不同概念域的本体和喻体之间的相似性关系，单向地从一个具体概念域向一个抽象的概念域映射，用已知来喻未知，用熟悉来喻陌生，从而为词语含义的延伸提供平台。当人们发现不同域的新、旧事物存在主客观上的相似性，就会用旧的能指指代新的所指，这样能指得以扩展，一词多义便诞生了。上文列举的专门用语词义的泛化基本上是通过不同域的相互映射产生的。

隐喻造词及隐喻义的产生是基于物理和心理上的相似性。"物理的相似性可以是在形状上、外表上或功能上的一种相似，心理相似性是指由于文化、传说或其他心理因素使得说话者或听话者认为某些事物之间存在某些方面的相似。"（束定芳，2000：172）

①外部特征相似。如：

板块：地球上岩石圈的构造单元→具有某些共同点或联系的各个部分的组合

瓶颈：瓶子上部较细的部分→事情进行中容易发生阻碍的关键环节

②内在功能相似。如：

透支：储户经银行同意在一定时间和限额之内提取超过存款金额的款项→精神、体力过度消耗，超过所能承受的程度

透视：利用X射线透过人体在荧光屏上所形成的影像观察人体内部→清楚地看到事物的本质

孵化器：孵化禽蛋的专门设备→担负培育中小科技创新企业、加速高新

技术成果转化以及对传统企业进行信息化改造任务的企业

③心理相似。如：

香饽饽：糕点或用杂粮面制成的块状食物→受欢迎的人或物

婆婆：丈夫的母亲→个人或单位的顶头上司

烧香：拜神佛时把香插在香炉中→为求人办事而请客送礼

由于心理路径不一样、视角不一致，同一词语可能出现不同的比喻。如：

走钢丝：在拉紧悬空的绳上走、跳舞或表演翻筋斗→善于利用各种力量之间的矛盾来保持平衡，保护自己；做有风险的事情

2.借代

借代（metonymy）是采用非直陈的方法隐去要表达的事物名称，用与此密切相关的另一种事物的名称取代它。与隐喻不同的是，借代不是两个认知域之间的映射，而是同一认知域渐变的过渡；前者的基础是相似，而后者的基础是相关。借代不但可以诱发一词多义，而且是造词的生力军。借代的替代方法繁多，主要有：

①用特征、标志代替本体。如：

白领：从事脑力劳动的职员

白色污染：废弃塑料及其制品所造成的环境污染

菜篮子：城镇的蔬菜和肉类等副食品的供应

大盖帽：执法人员

红马甲：证券交易所等市场内的交易员

红帽子：火车站上装卸货物、搬运行李的工人

金哨：球类比赛中最佳裁判员

蓝领：从事体力劳动的工人

蓝色农业：近海水产养殖业、捕捞业等

绿色食品：无公害、无污染的安全营养型食品

绿茵场：足球场

米袋子：城镇粮食的供应

拇指经济：手机短信构成的产业和市场

执棒：担任音乐的指挥

②用部分代替整体。如：

国脚：国家足球队的运动员

喉舌：代为发表言论的媒体或人

名嘴：以口才著称的节目主持人、演讲家、律师等

推手：推动某事的人或事物

③用具体代替抽象。如：

筹码：对抗或竞争中可以凭借的条件

末班车：最后一次机会

票房：票房价值

入场券：参加某种赛事或活动的资格

④用专有名词代替本体或泛指。如：

硅谷：高新技术工业园区

好莱坞：美国影视业

华尔街：美国财阀

⑤用公司或商标名代替产品。如：

氟利昂：商标名Freon→氟氯烷

蔻丹：商标名Cutex→指甲油

莱卡：商标名Lycra→氨纶纤维

席梦思：Simmons床品公司→内部装有弹簧的床垫

⑥用动词或名词代替相关执行者。如：

城管：城市管理→承担管理市容市貌等职责的工作人员

导购：介绍商品，引导顾客购买→担任导购工作的人

导医：引导患者合理就医→担任导医工作的人

监理：对工程项目等进行监督、管理→做监理工作的人

空乘：航空乘务→航空乘务员

猎头：从事物色、挖掘高级人才工作→从事这项工作的人

3. 仿词

仿词是属于仿拟修辞格（parody）中词汇层面上的仿拟。它是依据表达的需要，基于现成词语，通过联想类推突破规范之束缚，变换现成词语中的某一语素，创造出新词语。"这种修辞手段既在形式上保持着与现成词语近似的特点，又在内容上被赋予了新意。它给人以新鲜活泼、生动明快的感觉，有时又能产生较强烈的讽刺意味和幽默感。"（吴平等，2001：123）

仿词不仅是一种修辞手段，更是一种构词方式。构词性仿词在当代汉语中已成为重要的构词手段，其"仿此拟彼"的造词方式与第2章提及的模因重组有异曲同工之处。构词性仿词大致分为音仿和义仿，被取代的语素可以是前位、中位或后位。音仿通过同音异义方式进行重构，即利用谐音变换原有的语素，使语义发生改变。关于音仿的实例，上文"谐音"这一节已列举很多，在此恕不赘述。义仿又分为关联语素仿造和对应语素仿造。

（1）关联语素仿造

关联语素仿造的特点是仿照现成的同类词创造出与其相近或相关的词语，新、旧词语具有共同的意义基础，形成一个系列的聚合。如：

第一夫人→第一公主、第一老公

这种仿造在类推机制的作用下激发批量创造新词语的内在推动力，具有很强的能产性，能不断壮大现代汉语词汇。如：

军嫂→芭嫂、保安嫂、乘嫂、房嫂、纺嫂、警嫂、空嫂、月嫂

文坛→举坛、剧坛、科坛、垒坛、论坛、牌坛、棋坛、桥坛、曲坛、拳坛、柔坛、书坛、体坛、田坛、跳坛、网坛、舞坛、艺坛、影坛、羽坛、政坛

在这种仿造中，固定不变的元素叫模标，可更换的元素叫模槽，两者共同构成一个词语模。人们出于表达需要基于模标创造性地变换模槽，灌注出丰富多彩的系列新词语，但并不在意究竟哪一个是真正的原始模槽。如：

××工程→安居工程、菜篮子工程、放心工程、扶贫工程、官衙工程、

基因工程、金卡工程、金桥工程、康复工程、康居工程、绿色工程、民心工程、全优工程、生态工程、希望工程、形象工程、造血工程、政绩工程、知识工程、烛光工程

绿色××→绿色安葬、绿色奥运、绿色包装、绿色保险、绿色壁垒、绿色标志、绿色产品、绿色产业、绿色电脑、绿色动力、绿色饭店、绿色饭盒、绿色肥料、绿色服饰、绿色革命、绿色工厂、绿色工程、绿色公交、绿色股票、绿色顾客、绿色管理、绿色鸿沟、绿色家电、绿色建材、绿色建筑、绿色教育、绿色金库、绿色科技、绿色能源、绿色农药、绿色汽车、绿色设计、绿色食品、绿色事业、绿色蔬菜、绿色天使、绿色通道、绿色网站、绿色文化、绿色消费、绿色银行、绿色营销、绿色运动

被××→被出国、被慈善、被代表、被当爸、被第一、被复出、被富裕、被股东、被冠军、被坚强、被就业、被捐款、被留学、被满意、被民意、被明星、被全勤、被山寨、被上楼、被上网、被时代、被逝世、被署名、被死亡、被网瘾、被现房、被小康、被医保、被增长、被自杀、被自愿、被作弊

（2）对应语素仿造

对应语素仿造是指依据相反或对应的关系更换其中的一个语素，造出含义相反或相对的新词语。如：

处女→处男

家庭妇女→家庭妇男

奖学金→奖教金

礼仪小姐→礼仪先生

淑女→淑男

托儿所→托老所

优生→优死

这类仿造更多地是以互补的方式同步出现，也很难确定谁仿谁。如：

补仓—减仓

炒卖—炒买

淡入—淡出

空仓—满仓

留守儿童—留守老人

飘红—飘绿

圈内人—圈外人

热处理—冷处理

升幅—降幅

升格—降格

剩男—剩女

新高—新低

硬包装—软包装

硬件—软件

硬盘—软盘

硬着陆—软着陆

早高峰—晚高峰

宅男—宅女

真唱—假唱

走高—走低

4.别解

别解，顾名思义就是别样的解释，即通过突破常规语义的解释模式，赋予同样的词语别样的含义，以达到一定的修辞效果。"别解作为一种修辞文本模式，它的建构，在表达上多具生动性、趣味性；在接受上，由于表达者所建构的修辞文本对词语的常规语义规约进行了出人意表的突破，原语义与新语义的反差造就了接受者心理的落差，注意力为之骤然集中，细一思量，不禁哑然失笑，从而在文本解读接受中获取了一种幽默风趣或讽嘲快感的审美享受。"（吴礼权，2016：224）这种巧妙歪解，可以化平淡为神奇，寓贬褒于风趣。如：

白骨精：白领、骨干、精英

病房：有病的房子，指有质量问题的房子

蛋白质：笨蛋、白痴、神经质

房事：房子的事情

空调：空头调解或调控，指不起作用的调解或调控

留学生：留过级的学生

人间禽流感：人与人之间传播的禽流感

特困生：特别容易犯困的学生

孝子：孝顺儿子（动宾结构）

在现代汉语中，别解可以从临时的修辞现象发展成一种新的造词方式，创造出许多具有新固定语义的词语，其中有些被《现代汉语词典》陆续收录。如：

触电：接触电影，指首次参加拍摄影视片

光盘：吃光盘子中的食物

人流：人工流产

土豪：土气的富豪，指暴富的文化素质不高的人

月光族：每个月把收入都花光的一类人

5.委婉语

关于委婉语（euphemism），学界的定义较多，但总体上是围绕着替代的关系和手段而展开的。被替代者往往是带有刺激性、难以启齿、有失尊严、令人难堪的词语；替代者一般是悦耳动听、温文尔雅、提升面子、吉祥如意的词语；替代的手段是依据特定的语境，借助隐喻、借代等修辞手法，采用含蓄、曲折、迂回的方法。"在委婉语与被替换的原词语之间，就像错综交杂的道路，在始发站、中转站和终点站之间，没有直通车，需要换乘；或者说，在委婉语的语义指向上，不径指目标，而是转弯抹角，或者一转再转才达目的地。"（刘禀诚、聂桂兰，2009：111）

曲径可通幽，委婉能达礼。作为社会文明的象征，委婉语充当语言的"润滑剂"，可以满足人们的心理诉求，调节人们的情感，促进和谐的人际交流。同时，它还具有"消毒剂、治标剂、催化剂、安慰剂和美化剂的功用"（余富斌，2001：99）。在当代文明社会，委婉语更是催生新词语的重要方式和理据之一。从传达功能来看，委婉语主要具有：

（1）美化功能

通过避讽求恭或避俗求雅的方式，对有些令人不愉快的称呼使用恭维、溢美之词加以提升，显示出人文关怀，给人一种愉悦的感觉。如：

搬运工→物质转运工程师

裁缝→服装裁剪设计师

调酒员→调酒师

光棍→单身贵族

捐客→经纪人

装修工→装潢设计师

（2）掩饰功能

通过避直求婉的方式，把原来直言、粗俗、刺耳、敏感的话语说得模糊、温和、婉转、隐蔽一些。如：

不景气→疲软

负债累累者→负翁

减肥→瘦身

减少→负增长

解雇→炒鱿鱼

姘头→第三者

缺点→短板

失业→下岗

委婉语要新陈代谢，也就是说，有些委婉词语在经过一段时期的使用成为固定名称后，随着时间的推移，其刺耳、粗俗的含义也不断增强，最终蜕变成被禁忌的对象。

6. "蛋果"词

"蛋果"词是一个较新的修辞术语，系英语eggcorn的借译。2003年，美国语言学家Mark Liberman碰到一种有趣的语言案例，即一名妇女用eggcorn来代替acorn。这种代替颇有语言创意，而且存在一定合理性，可他为这一语言现象的命名犯了难，因为它不像通俗词源（folketymology）、文字误用（malapropism），也不像误听（mondegreen），于是他把这一问题发到自己的博客（Language Log）上，求教大方之家。此帖得到美国语言学家Geoffrey Pullum的回应，他建议使用eggcorn一词（Erard，2006：4），从此该词得到广泛使用，被收入Random House Unabridged Dictionary、Oxford Dictionary（LEXICO）等电子词典。

"蛋果"词是一种语内音义匹配（intra-lingual phono-semantic matching）的词，建立在语音或语义相似性的基础上，两者的替代关系往往是因语言失误造成的，不过这种失误符合逻辑而且富有创意，替代词与原词之间虽然含义不一样，但前者置于原语境中照样言之有理。在英语中，其常见的方法是用通俗、常用、现代的词语代替晦涩、冷僻、过时的词语。如：

Alzheimer's disease→old timers' disease （阿尔茨海默病）

toe the line→tow the line （不越过起跑线；严守规则）

bated breath→ baited breath （屏息）

maiden name→ mating name （婚前姓）

praying mantis→preying mantis （螳螂）

old wives' tale→old wise tale （无稽之谈；迷信）

汉语网络语言也存在这种现象，但与英语不同的是，汉语"蛋果"词主要通过谐音用含义具体、形象的词语代替含义抽象、模糊的词语，这与上述谐音造词有异曲同工之妙。如：

叔叔→蜀黍

海归→海龟

有才华→油菜花

和谐→河蟹

3.4.2.4 形态理据

形态理据是指通过分析语言符号的形态结构可以获得其意义。新词语的构成理据突出表现为派生型、复合型和缩略型。

1.派生型

派生型新词语是通过词根加词缀构成的。汉语新词语出现词缀化倾向，越来越多地带有"缀"的成分。词缀可以分为纯词缀和类词缀，两者都可居于词根的前面或后面。纯词缀是没有任何词汇意义的语素，具有语义虚化性、方位定向性、聚合类化性、组合黏着性、结合能产性等特征。被《现代汉语词典》（第7版）标出词缀的有：

①后缀。如：

～巴巴（干巴巴）、～边（东边）、～儿（盆儿）、～尔（率尔）、～乎（在乎）、～化（美化）、～家（姑娘家）、～么（多么）、～们（乡亲们）、～面（上面）、～其（极其）、～然（忽然）、～也（空空如也）、～生（医生）、～生生（活生生）、～头（木头）、～为（广为）、～兮兮（脏兮兮）、～性（优越性）、～于（在于）、～子（帽子）

②前缀。如：

阿～（阿宝）、第～（第一）、非～（非处方药）、老～（老虎）、小～（小偷）、有～（有夏）、准～（准将）

这些词缀绝大部分是语言经过几千年的进化沉淀下来的，能构成新词语的并不多，主要有"～化""老～""～性"等。如：

～化：边缘化、成熟化、城市化、程序化、淡化、低龄化、电子化、多功能化、多极化、多元化、港化、高龄化、格式化、个性化、股份化、国产化、集约化、空心化、亮化、内化、情绪化、软化、沙漠化、市场化、数字化、碎片化、网络化、西化、信息化、一体化、优化、智能化、专业化

老～：老癌、老班、老插、老虫、老广、老国、老记、老奖、老警、老

抠、老美、老蜜、老民

～性：不确定性、成长性、导向性、刚性、骨性、互动性、可操作性、可行性、可看性、可批性、利空性、流行性、前瞻性、强制性、柔性、时效性、输入性、外源性

类词缀是介于词根与纯词缀中间的不成词语素，虽然语义有所虚化，但尚未完全虚化，依旧保留特定的含义，容易与词根混淆。类词缀只是在功能上相当于词缀，常与特定的词根结合构成完整的意思。被《现代汉语词典》（第7版）正式认可的只有两个，分别为"非～"和"准～"，但由此构成的新词语很多。如：

非～：非标、非常规能源、非典型肺炎、非对称作战、非核化、非婚生子女、非机动车、非接触战争、非农产业、非农化、非现场交易、非职务、非主流

准～：准老族、准妈妈、准明星、准退休、准新娘

在当代汉语中，由于受到外语的影响，在模因机制的作用下，类似这样的类词缀呈逐步上升的趋势，成为具有强大生命力的构词类型。如：

～的/的～：板的、打的、电的、飞的、货的、轿的、警的、驴的、马的、面的、摩的；的哥、的姐、的票、的嫂、的士、的爷

～度：参与度、公信度、关切度、广度、开放度、可靠度、力度、满意度、能见度、贫困度、碳强度、透明度、洁净度、信度、信任度、知名度

～户：搬迁户、半边户、包扶户、暴发户、拆迁户、超生户、纯女户、贩运户、个体户、关系户、群租户、示范户、特困户、外来户、万元户

～门：豆浆门、虎照门、棱镜门

～族：爱券族、半漂族、暴走族、北漂族、背包族、奔奔族、毕婚族、毕漂族、不婚族、草食族、蹭饭族、工薪族、哈韩族、月光族、月老族、月票族、钟摆族、装忙族、装嫩族、追潮族

看～：看淡、看跌、看好、看紧、看俏、看增、看涨

哈～：哈韩、哈交会、哈迷、哈日族

2.复合型

复合型新词语是由几个语素构成的，通过分析各个语素的意义及其结构关系，可以推断出整个复合词的词义。词根之间的关系主要表现为：

（1）主谓关系

前词根表示被陈述的对象，后词根对之加以陈述，结构关系相当于主语与谓语，所构成的词语大部分是名词词组。如："个人游""经济全球化""井喷""泪奔""农转非""人口失控""土地退化""温水煮青蛙""邮展""政采""自我开发"等。

（2）动宾关系

前词根表示动作行为，后词根表示动作所支配、指涉的对象，结构关系相当于谓语与宾语。如："保息""炒房""夺金""发声""反腐""接地气""结项""截屏""破冰""翘课""庆生""失联""试错""吸睛"等。

有些词语，特别是名词性词组，其动宾顺序可以对调，形成特殊的"宾动"关系。如："军售"（出售军火）、"形体梳理"（梳理形体）、"乡村游"（游乡村）、"环境保护"（保护环境）、"视频点播"（点播视频）、"资产重组"（重组资产）、"环境污染"（污染环境）等。

在有些动宾词组中，动词具有使动义，即理解为"使/让……"之意，宾语充当兼语，既是使动的承受者，又是后一动作的执行者。如："光盘"（使盘子变光）、"走人"（使人走开）、"空仓"（使仓变空）、"爆表"（让仪表达到爆炸程度）、"满员"（让人员达到满额）、"丰乳"（使乳房变得丰满）、"美鼻"（使鼻子变美）、"美甲"（使指甲变美）、"美体"（使形体变美）等。

（3）偏正关系

后词根是名词或动词，为结构的中心，前词根从处所、范围、领属、时间、数量、形式、性质、用途、质料等方面对后词根加以修饰或限制，使词的意义更加丰富、明确、完整、形象。具体表现为：

①定中关系，如"备胎""差评""电商""官媒""金哨""裸官""民宿""暖男""贴吧""网银""颜值""泪点""大数据""铁规""都市病""负能量""即

时贴""零容忍""女汉子"等。

②状中关系，如"批购"（成批地购买）、"票决"（通过投票决定）、"律动"（有规律地运动）、"苛评"（苛刻地评论）、"静观"（冷静地观察）、"精选"（精细地挑选）、"飞播"（用飞机播种）、"裸捐"（把自己的财产全部捐献出去）、"海淘"（通过海外购物网站购买）、"妄议"（胡乱议论）、"厚植"（深厚地培植）、"倒逼"（逆向逼迫）、"概查"（概略地调查）、"华丽转身"（向着好形象转变）等。

个别状中关系可以变换位置，形成独特的"中状"关系。如："接机"（到机场接人）、"接站"（到车站接人）、"接柜"（在柜台接待）等。

（4）联合关系

两词根的意义或类别相似或相反，组合后可以构成并列义、合义、偏义、转义。这里仅列举前两种：

①并列义。如：访谈（访问并交谈）、感佩（感激而钦佩）、割弃（割除并抛弃）、跌破（下跌并突破）、动漫（动画和漫画）、传承（传授和继承）、批零（批发和零售）、年资（年龄和资历）、酒色（酒和女色）、资信（资产和信誉）、录播（录制后再播放）等。

②合义。如：触碰、版块、橱柜、雾霾、滑落、样态、裁量、抚触、雄奇、悲催等。

（5）补充关系

前词根是结构的中心，表示动作，后词根补充说明动作的结果或趋向。如："蹿红""爆红""飚红""攀高""回稳""飘红""走低""飘绿""走高""看淡""看跌""看紧""爆满""溢满"等。

（6）因果关系

前词根表示原因，后词根表示结果，两者构成因果关系。如："劳损"（因疲劳过度而损伤）、"感奋"（因感动、感激而兴奋或奋发）、"感念"（因感激或感动而思念）、"公出"（因办理公事而外出）、"乱离"（因遭战乱而流离失所）等。

（7）手段与目的关系

前词根表示手段，后词根表示目的并带有使动义。如："追偿"（追逼着使偿还）、"拓宽"（开拓使宽广）、"制衡"（相互制约，使保持平衡）、"扮靓"（装扮使靓丽）、"承传"（继承并使流传下去）、"抛光"（对工件等表面加工，使高度光洁）、"疏解"（疏通使缓解）、"填塞"（往洞穴或空着的地方填东西，使塞满）、"调适"（调整使适应）、"围困"（团团围住，使处于困境）、"修复"（修理使恢复完整）、"验证"（通过实验使得到证实）、"制服"（强力压制使驯服）等。

其中的"验证"可以颠倒词序，颠倒后前词根是目的，后词根是手段，两者的意思毫无二致。

3.省力理据

新词语的省力理据是由省力原则（the Principle of Least Effort）所驱使的。省力原则是由美国学者George Kngsley Zipf提出的，它是指导人类行为的一条根本性原则，其基本内容是："以最小的代价换取最大的收益。"（姜望琪，2005：87）

Zipf认为，用词是否经济可以从说话人和听话人的角度来衡量。从说话人的角度来看，用一个词表达所有的意义是最经济的。这样，说话人既不需要花费气力去掌握更多的词汇，也不需要考虑如何从一堆词汇中选择一个合适的词。这种"单一词词汇量"就像木工的一种多用途工具，集锯、刨、钻、锤于一体，可以满足多种用途。但是，从听话人的角度来看，这种"单一词词汇量"是最费力的。他要决定这个词在某个特定场合到底是什么意思，而这几乎是不可能的。相反，对听话人来说，最省力的是每个词都只有一个意义，词汇的形式和意义之间完全一一对应。这两种经济原则是互相冲突、互相矛盾的。Zipf把它们叫作一条言语流中的两股对立的力量："单一化力量"（the Force of Unification）和"多样化力量"（the Force of Diversication）。他认为，这两股力量只有相互妥协，达成一种平衡，才能实现真正的省力。（姜望琪，2005：89-90）

在省力机制的作用下，为了交流方便，各种语言都会在不同程度上缩减词语，汉语也不例外。汉语新词语的缩略方式通常可以采取截取、缩合、合称的方法。

（1）截取

截取是指从整体中切取连续性的且具有代表性的头部或尾部，删除其他部分。

①头部。如：

防暴警察→防暴警

非典型肺炎→非典

内存储器→内存

轻轨运输→轻轨

鼠标器→鼠标

外存储器→外存

小资产阶级→小资

终端设备→终端

②尾部。如：

财政预算公务卡→公务卡

电影摄影机→摄影机

电影院线→院线

光盘刻录机→刻录机

核反应堆→反应堆

形状记忆合金→记忆合金

国家社会与经济发展计划单列市→计划单列市

航空港→空港

（2）缩合

缩合是指将原词语按照其意义分成多个节，然后从各节中提取具有区别性特征的语素进行重新组合，被选取的语素可以是"前头部+后头部""前头部+后尾部""前尾部+后尾部""前尾部+后头部""前头部+后头尾部"等。

①前头部+后头部。如：

超级市场→超市

城市铁路→城铁

独立董事→独董

高速铁路→高铁

公共关系→公关

官方宣布→官宣

光导纤维→光纤

光盘驱动器→光驱

航空母舰→航母

流行病调查→流调

特别快车→特快

体育彩票→体彩

外围设备→外设

网络银行→网银

网络游戏→网游

微型博客→微博

新型冠状病毒肺炎→新冠

政府采购→政采

直达快车→直快

直接选举→直选

②前头部+后尾部。如：

本位货币→本币

财产保险→财险

风力发电→风电

空中小姐→空姐

人体炸弹→人弹

视频光盘→视盘

手持式移动电话机→手机

特别行政区→特区

通货紧缩→通缩

通货膨胀→通胀

网上商店→网店

③前尾部+后尾部。如：

冬虫夏草→虫草

人寿保险→寿险

特快专递→快递

④前尾部+后头部。如：

查验资金→验资

第三产业→三产

翻译介绍→译介

高峰会议→峰会

司法警察→法警

引用典故→用典

⑤前头部+后头尾部。如：

欧洲共同体→欧共体

智力运动会→智运会

⑥其他。如：

电视发射塔→电视塔

世界贸易组织→世贸组织

机动车交通事故责任强制保险→交强险

九年义务教育漏网之鱼→九漏鱼

禽流行性感冒→禽流感

社会保障基金→社保金

国际残疾人奥林匹克运动会→残奥会

社会保障卡→社保卡

网络语言出现一种新的缩合形式，即将整个句子缩成一个词语。如：

不明觉厉：虽然不明白你在说什么，但觉得很厉害的样子。

人艰不拆：人生已经如此艰难，有些事情就不要拆穿。

十动然拒：十分感动，然后拒绝了。

细思恐极：仔细想想，觉得恐怖至极。

这些缺乏神韵的网络新词语究竟是昙花一现，还是能经得起时间的"风化"而成功积淀下来升格为正式词语，让我们静观其变。

（3）合称

合称是指将两个及以上的并列成分合并在一起，通常抽取代表性的语素重新组合。如：

电场和磁场→电磁场

电性和磁性→电磁

锻造和冲压→锻压

工业和交通运输→工交

经济和贸易→经贸

零件和部件→零部件

器具和材料→器材

文书和秘书→文秘

延性和展性→延展性

原料和材料→原材料

个别并列成分组合后内涵不断扩大，不一定局限于原来的两项内容。如：

管线：管道和电线、电缆

机电：机械和电力、电子设备

有些合称后没有完全续用原语素，而是用另外概括性的语素来替代。如：

政府机关工作人员和学校教职员→公教人员

注解和解释注解→注疏

在当代汉语中，由三个及以上合称的语素呈上升趋势，提取方法与上述方式相同。如：

传授、帮助、带领→传帮带

高端、大气、上档次→高大上

高级、精密、尖端→高精尖

新颖、奇特、美观→新奇美

产业、学校、科研→产学研

关闭、停办、合并、转产→关停并转

办公楼、礼堂、宾馆、招待所→楼堂馆所

这种合称法使用词言简意赅，非常经济，受到年轻网民的青睐，创造出五花八门的新词语。如："矮矬穷""高富帅""白富美""白骨精""蛋白质""喜大普奔"（喜闻乐见、大快人心、普天同庆、奔走相告）等。

如果并列成分出现共同语素，可以把它们的共同语素抽取出来，然后添加相对应的数字；要是缺少共同语素，需补充统括词语。如：

双减：减轻义务教育阶段学生的作业负担和校外培训负担

双规：在规定的时间、规定的地点就案件所涉及的问题做出说明

三废：废气、废水、废渣

三险：基本养老保险、基本医疗保险、失业保险

三资企业：中外合资经营企业、中外合作经营企业、外商独资经营企业

四个全面：全面建成小康社会、全面深化改革、全面依法治国、全面从严治党

有些词语经过一次缩略后仍有压缩的空间，经过一段时间之后可以被二次压缩。如：

股票价格指数→股票指数→股指

工业现代化、农业现代化、国防现代化、科学技术现代化→四个现代化
→四化

诚然，任何形式的缩略尽量建立在不产生歧义的基础上，极力选取那些具有代表性和区别性的语素，如"航空航天飞机"不能截取后四个语素，因为汉语中已经存在"航天飞机"这个词语。为了不产生混淆情况，可以缩略成"空天飞机"，可以巧妙地将两者区别开来，有效地避免歧义。然而，任何缩略都是以牺牲词义的完整性为代价，极有可能导致缩略语出现多义、词义增值、词性或功能改变等现象。

第一，一词多义。如：

三包：包修、包换、包退；单位对门前包绿化、包清洁、包秩序

四化：工业现代化、农业现代化、国防现代化、科学技术现代化；干部队伍的革命化、年轻化、知识化、专业化

高职：高级职称；高级职务；高等职业教育；高等职业技术学校

双开：开除党籍、开除公职；新多头买入开仓、一个新空头卖出开仓；同时开始撰写两本小说；一个电脑登录两个不同的账号

国标：国家标准；国际标准；国际标准交谊舞

社保：社会保障；社会保险

联办：联合办理；联合举办

主拍：主持拍卖；主持拍摄

开拍：开始拍卖；开始拍摄

第二，词义增值。如：

地下铁道→地铁（地铁列车）

电子商务→电商（从事电子商务的商家）

风力发电→风电（风力发电产生的电能）

内存储器→内存（内存储器的存储量）

舞台美术→舞美（从事舞台美术工作的人）

B型超声诊断仪→B超（B型超声诊断）

皮艇和划艇→皮划艇（皮划艇运动）

社会工作→社工（社会工作者）

第三，词性或功能改变。如：

激光打字机（名）→激打（动）

精兵简政（不及物）→精简（及物）

可见，就经济原则而言，词语缩略实际上是一把双刃剑。对表达者而言，能以最小的代价换取最大的收益；然而对听者而言，可能会增加认知负荷，因为他们必须与其全称建立联系，并依据特定的情景做出选择。因此，缩略词并不一定完全是经济的。向明友教授说得好："确定话语经济与否不能仅以用词多寡为依据。语用行为中，只有经过优化配置的言语才称得上经济。"（2002：309）

最后必须指出的是，新词语理据的分析可以是多视角的，同一个新词语的理据可从不同角度进行分析，这就意味着对同一个新词语的理据分析有可能出现重叠的现象，这反过来能增强对新词语理据的解释力。

3.5　理据与翻译

翻译是一种跨语言和文化的符号转换活动。在这一活动中，语义扮演着重要角色，充当符号转换的桥梁。然而，"作为语言生命的基因，理据记录着语词产生、变异和发展的脉络，蕴含着丰富、复杂的文化信息，包括历史、地理、社会、政治、经济、宗教、风俗、民情以及思维方式、认知特点、审美习惯、命名取向等等，具有浓厚的民族色彩和鲜明的文化个性，最能体现出不同民族、不同历史文化的特点，是使得各民族语言呈现出独特性的一个重要因素。因此，在翻译过程中，在考虑译语读者可接受性的基础上，应尽可能地移植语词的文化理据所赖以存在的语言形式，以忠实地反映原文的文化背景和文化色彩，再现原文的异域情调。否则，就会切断译语读者通向源语文化的桥梁，削弱甚至抹杀源语的民族文化的特征，处理不当，还会造成意义和意味的失真走样"（陆云，2002：38）。

首先，透过理据，可以了解到语词意义的来源，这样对它的理解不会停留在表层结构，而是深入其深层理据。特别是有些由典故凝缩而成的成语，只有探求典故的历史源头，才能找到其理据，打开理解词义的关键通道，使得那些不易从字面意义直接获取明确信息的词语一下子凸显出来。以成语"拈花微笑"为例：

东壁画散花天女，内一垂髫者，拈花微笑，樱唇欲动，眼波将流。[①]

很显然，蒲松龄不熟悉"拈花微笑"的理据及内部形式，只能望文生义，把它当作"手拿着花，嘴带着微笑"来使用。其实，"拈花微笑"是由典故凝缩而成的，对它的理解不应停留在表层结构上，而应探求典故的历史源头，深入其深层理据。其原文是：

世尊于灵山会上，拈花示众。是时众皆默然，唯迦叶尊者破颜微笑。世尊曰："吾有正法眼藏，涅盘妙心，实相无相，微妙法门，不立文字，教外别传，付嘱摩诃迦叶。"[②]

这里说的是释迦牟尼在灵山会上手持鲜花示众，但大家皆面无表情，不解禅意，只有摩诃迦叶面露笑容，世尊遂将心法传于迦叶。依据这一典故，我们可以推导出"拈花微笑"的内部形式——联合词组，X拈花Y微笑——从而得出它的真正含义是：心心相印，默契会心。依据这一含义，我们可以将它译为"Mind acts upon mind."。

现在几乎所有学校都有自己的校训，其命名必定有一定的依据。翻译时只有揭开其理据才能拨云见日。例如有一个高校的校训是：澡身浴德，修业

①蒲松龄：《聊斋志异》。北京：煤炭工业出版社，2019：1。
②释普济：《五灯会元·七佛·释迦牟尼佛》卷一。

及时。"澡身浴德",意为要如日常洁净身体一样勤于道德的修炼,不断提升自己的道德品行。语出《礼记·儒行》:"儒有澡身浴德。"唐代孔颖达《礼记正义》注:"澡身而浴德者,澡身谓能澡洁其身,不染浊也;浴德谓沐浴于德,以德自清也。""修业及时"意为要致力于事业的建树、学业的提高,以不断适应社会发展的需要,赶上时代的潮流。语出《易经·乾卦》:"君子进德修业,欲及时也。故无咎。""及"是动词,意为赶上;"及时"是"与社会相应、与时代同步"的意思。"澡身浴德,修业及时"突出了立德、修业、致用三者的内在联系,立德是根本,修业是手段,致用是目的。[①]

依据这一理据,笔者试着翻译为:

Immerse yourself in genuine morality;
Arm yourself with well-timed facility.

译文上下两句大致对仗,而且句尾能够押韵,其中facility有双关含义,既有"设备"的意思,又有"能力"的含义。

对新词语的理解也不例外。许多新词语来自方言,有其自身的理据。如果不了解方言理据,光是依靠字面意思很难领悟其真正的含义。以"拍拖"为例。它源自粤语,有其方言命名理据:20世纪20年代,在广东珠江水域,花尾渡成为水上主要的客运工具,它毫无动力装置,须由体型较小的机动拖船拖行,两者保持一定的距离,这种航行方式俗称为"拖渡"。当靠近码头时,机动船则靠在花尾渡旁边并排拖着靠岸,这又称为"拍",两者相并而行的情形叫作"拍拖"(曹志彪,2010:32-33)。后来,当人们看到恋人在街上牵手而行时,自然而然地与船运情形联系起来,戏称为"拍拖",从此"拍拖"成为"恋爱"的代名词。翻译时,我们自然会联想到date、go out with等词语,或根据上下文使用相应词语。

其次,由于汉语词语理据具有鲜明的汉民族特色,承载着汉民族的文化

---

①源自该学校网站,网址为:https://www.tzc.edu.cn/xywh/xywhjj.htm。

信息，浓缩着汉民族的文化景观，反映出汉民族的人文心态，翻译时应该在考虑英美读者可接受性的前提下，尽可能移植词语的文化理据所赖以存在的语言形式，忠实地反映汉语语言文化的背景和文化色彩，让中国文化走出国门。当然，这种文化移植最好以目的语出现文化真空的情况为前提。由于汉、英两种语言有各自的民族色彩和文化特性，同一所指可以使用不同的理据和能指，因此汉、英词汇理据的偶合是有限的。在更多的情况下，汉语词汇理据在汉、英语码转换过程中中断，代之以英语词汇理据，使交际更加畅通。所以在汉英翻译时也要考虑英语的词汇理据。例如，在日常生活中我们通常使用"充当电灯泡"来调侃某人妨碍一对情侣的亲密关系。"电灯泡"附会含义的理据源自粤语歇后语（电灯胆——唔通），意思是"电灯泡——不通气"，指的是"不懂人情世故，不会知趣回避"的意思。①随着语言交流范围的扩大，普通话中的"电灯泡"也增加了这一层意思，并被《现代汉语词典》（第 7 版）收录，解释为"因为在旁边不离开而妨碍情侣等单独相会的人"（2016：293）。翻译"充当电灯泡"时，需要对应的英语理据来取代，采用play gooseberry这一习语，其命名的理据是 "The third person picks gooseberries to pass the time while the other two are busy being romantic."② 。尽管两者的理据和能指有天壤之别，但两者的所指大抵相符。

最后，了解词源理据也有利于借词的回译。借词可以采用借音、借形甚至借义的形式。不管它采用何种形式，回译时要追溯其命名理据，绝不能想当然，一定要推位到源语的轨道上。一旦掉以轻心，就有可能造成错位。许多汉英词典对有些借词疏于溯源，导致张冠李戴，"派力司"就是其中之一。《现代汉语词典》（第 7 版）将它解释为"用羊毛织成的平纹毛织品，表面现出纵横交错的隐约的线条，适宜于做夏季服装"，（2016：975）并特别注明源自英语palace。其他收录"派力司"的词典也提供同样的词源或译文。殊

---

①参考了智能咨询网站"电灯泡"词条，网址为：https://www.zhinengtoukui.com/灯泡象征着什么.html。

②理据源自：https://idioms.thefreedictionary.com/Gooseberries。

不知，英语中的palace根本没有这种毛织物的含义。邢声远探讨了毛织物的由来，认为"派力司"的"英文名称为palace，最初是一种绢丝织物，后来法国又生产了一种经纬纱，都是棉纱的类似品种，称为帕拉斯毛皮绒（Pallas fur），上印有毛皮花，在该织物特点的基础上，最早发展用天然黑羊毛与白羊毛混色织造的平纹组织的轻薄毛织物，被称为派力司"（1991：56）。尽管他的说法与词典相差无几，但他所给的Pallas一词给我们带来这样的启示："派力司"可能系Pallas的音译。因为美国至今还有Pallas Texitles公司，其提供的产品图片与上述描述基本一致。"如果固化的翻译理据本身存在问题，会使译者深受蒙蔽而无法及时纠正，导致以讹传讹，谬种流传。"（杨洁，2021：58）

　　直译借词有时会附会一种不真实的内部形式，可能与原词的内部形式毫无瓜葛，因此了解借词在源语中的生成理据可有效地防止借词回译时变形或变味。例如，"蓝牙"一词是从英语借译过来的，回译成英语有这几个版本——Bluetooth、bluetooth、blue tooth、blue-tooth、Blue Tooth、Blue Teeth等，其中一些出自国内的权威词典。在这些回译中，究竟哪一个能够将"蓝牙"准确地复位到源语的轨道上呢？只要了解一下其命名的理据就能弄个水落石出。1997年，英特尔公司技术人员Jim Kardach开发出一套允许移动电话与计算机之间的通信系统。受到Frans G. Bengtsson历史小说*The Long Ships：A Saga of the Viking Age*的启发，他将它命名为Bluetooth，因为小说中Harald Bluetooth国王将纠纷不断的丹麦部落统一成一个王国。Kardach希望这套通信系统能像Bluetooth国王一样将通信协议统一为全球标准。（Kardach，2008）传说Bluetooth是国王的绰号，因为他太喜欢吃蓝莓导致牙齿变色。不管这一传说是否属实，既然这套通信系统是按照Bluetooth命名的，我们回译时必须恪守其书写规则，不能按照"蓝色的牙齿"这种内部形式随意地回译。

　　汉译英如此，英译汉亦然。英语中有些词语是从汉语直译或借译过去的，回译时不能扭曲或变形。例如，国内译者将Charles Frazier的小说*Cold Mountain*及同名电影都翻译成"《冷山》"，考虑到小说的卷首有两句引语，其中之一是唐代著名诗僧寒山的诗句 "Men ask the way to Cold Mountain. Cold Mountain: there's no through trail.",原文是 "人问寒山道，寒山路不通"。而且小说作者居住在北卡罗来纳州，在那里养马度日，过着隐士般的生活，因此依据这些理据，*Cold Mountain* 最好回译成"《寒山》"，否则就割裂了与中国文化"元素"的联系。

虽然有学者认为"跨越两种语言的翻译行为更是超越词汇的理据，翻译消弭人对语言的干扰"（赵彦春，2007：106），但是理据在翻译过程中还是扮演着重要的幕后英雄的角色，在源语解读及目的语生成的过程中功不可没。从某种意义上来说，翻译也是理据切换的过程，即基于相同含义从一种理据切换到另一种理据的过程。翻译不是语言符号的简单对等，而是两种文化和理据之间的和谐交流与对话。在翻译的过程中，如果源语的文化及理据在目的语中空缺，翻译若能将语言结构背后的文化和理据一并传达，则能填补目的语文化的空白，促进源语文化向目的语传播，使之焕发出新的生命力。

随着翻译与理据关系研究的不断深入，翻译理据论初具雏形。杨洁教授认为理据性是翻译的本质属性，并尝试构建翻译理据论。他将翻译理据分为两大类：内在理据和外在理据。前者指参与并影响译文形成的译者自身因素，具体包括译者自身的需求系统、意识系统、情感意志系统等，构成了译者从事翻译实践的、灵动的主体结构，在翻译实践过程中分别表现出动力功能、认识与评价功能以及体验与确立目标功能；后者指除译者自身因素以外的、在翻译过程中对译文的最终形成起作用的所有因素，由源语系统因素和目的语系统因素组成，主要涉及文本属性、文化传统、审美倾向、历史事实、伦理规范、意识形态、诗学传统、翻译政策、语言规范、经验常识、认知逻辑、主流价值、社会需求、宗教信仰等方面，在翻译实践过程中主要起激活和制约作用。（2021：54-59）

本书着重讨论词语层面的翻译，涉及词语背后的文化和理据，按上述分类主要归属于外在理据。

4 翻译和谐说及在新旧词语翻译中的体现[①]

"和谐"（harmony）这一词语由"和"与"谐"构成，在该同义复合词使用之前，"和"与"谐"是分开来使用的。"和"的繁体字为"咊"和"龢"。在汉典网"说文解字"条目下，"咊"是"从口禾声"，意为"相应也"[②]；而"龢"则"从龠禾声"，意思是"调也"[③]。从释义来看，"龢"更符合"和谐"之"和"的含义，在古代文献中出现较多。如：

【例1】夔於是正六律，龢（和）五声，以通八风，而天下大服。（《吕氏春秋》）

【例2】其中也，恭俭信宽，帅归于宁，其终也，广厚其心，以固龢（和）之。（《国语》）

"谐"的繁体字为"諧"和"龤"。在"说文解字"条目下，"諧"即"从言皆声"，意为"詥也"[④]；而"龤"字则"从龠皆声"，意思是"乐和谐也"[⑤]。在古代，"詥"具有"谐"之意，"龠"是一种乐器，形状像笛。从人类的思维发展规律来看，应该先有"龠"，后有"龤"，最后才有"諧"，因为人类的思维发展过程一般从具体到抽象，最终升华为抽象哲理。

---

①本章部分内容发表在《中国科技翻译》2013年第2期，题目为《试论词语翻译的和谐美》。

②释义源自：http://www.zdic.net/z/16/sw/548A.htm。

③释义源自：http://www.zdic.net/z/29/sw/9FA2.htm。

④释义源自：http://www.zdic.net/z/24/sw/8AE7.htm。

⑤释义源自：http://www.zdic.net/z/29/sw/9FA4.htm。

随着词语双音化现象的出现，"和谐"如同"灾害""战斗""治理""喜悦"等词语那样，成为同义复合词。"两个字叠加在一起，就强化了'和'这个概念的辩证性，突出了它是包含着差异、矛盾的多样性统一的意义。"（方克立，2007：5）"和谐"从西汉时期开始由"音乐配合的协调"逐步扩展到"人际关系的和睦谐顺"。如：

【例3】后妃悦乐君子之德，无不和谐，又不淫色，慎固幽深，若雎鸠之有别，然后可以风化天下。（《史记》）

基于"和睦谐顺"之义，衍生出"和顺驯服"。如：

【例4】你本意待暗里栽排，要逼勒我和谐。（《窦娥冤》）

"和谐"也作为哲学术语，指的是"存在者与存在性、此在与彼在的关系处于对称平衡、相宜相生、和衷共济的状态"（易超，2007：3）。

进入21世纪后，"和谐"不断地被赋予新的内涵，得到前所未有的关注。中国共产党第十六次全国代表大会上的报告第一次将"社会更加和谐"作为重要目标提出，十六届四中全会进一步提出构建社会主义和谐社会的任务。"和谐社会"也被《现代汉语词典》（第7版）收录，解释为"体现民主法制、公平正义、诚信友爱，充满创造活力，人与人、人与自然和睦相处的稳定有序的社会"（2016：527）。第十六次全国代表大会提出社会主义核心价值观，将"和谐"作为国家层面的价值目标之一。

英语harmony来源于希腊语ἁρμονία（harmonia）。在古希腊，它指的是两个截然相反的元素（高音和低音）相结合。被引入英语后最初还包含着古希腊单词原有的含义，后来不断扩大语用范围，泛指一切关系的和睦协调，与汉语"和谐"具有异曲同工之妙，这从LEXICO的释义[①]可见一斑：

[1] The combination of simultaneously sounded musical notes to produce a pleasing effect；（和声）

---

①释义源自：https://www.lexico.com/definition/harmony。

[1.1] The quality of forming a pleasing and consistent whole;
（调和；协调）

[1.2] The state of being in agreement or concord.（一致；和谐）

harmony与"和谐"虽属于不同语言，但其原始义和引申义颇为相似。

4.1 翻译和谐说

我们的祖先曾创造了无与伦比的文化，而和谐文化是其中的精髓之一。在先秦诸子百家争鸣的时期，虽然各家各持其趣，但对于"和谐"的观念，都众口一辞。尚"中和"成为古代哲学与美学的主旋律。郑海凌教授根据我国古代文化思想的"中和"观念和古典美学的"中和之美"率先提出翻译"和谐说"，将其解释为："'和谐'以适中与得当（即翻译的正确性和准确度）为内在精神，形成一种普遍的和谐的关系体系。译者在翻译过程中从整体着眼从局部着手，按照既要适中又要协调的准则行事，处处把握分寸，随时随地选择一种最为正确、与各方面的关系最为协调的表达方式。"（1999：4）

他认为"和谐"是一个具体的切合实际的审美价值体系，是一个完整的系统的关系结构，是一个有机的整体。"和谐"作为翻译标准，具有五个特性，可概括如下：

①审美性。译者要按照美的规律来创造完美的译作，以敏锐的分寸感把握"适中"，正确地理解原作，恰当地表现原作，不能太过，也不能不及，以达到"和谐"的审美效果。

②整体性。译者须从全局和整体着眼，不要见小忘大。

③普遍性。在具体的翻译过程中，"和谐"无处不在，渗入原作与译作的每一个标点、字句、段落和篇章，译者在理解与传达时均须以"和谐"为重，要以局部与整体的和谐为准则，既强调整体的和谐，也强调细部的和谐。普遍性与整体性相辅相成，构成一个有机体。

④辩证性。翻译本身是和谐与不和谐的矛盾统一，译者在不和谐中求得整体上的和谐，但在细节上可能流露出一些不和谐。

⑤创造性。和谐的本质在于创造。在遇到"不可译"的地方或者抗译性较强的地方，译者须采取创造性手段，在形式上或内容上可能会稍微背离原作，但在整体上求得和谐。从整体上看，译者的审美创造是自然而然的，不能露出译者的面孔。（郑海凌，1999：5）

他还认为，"和谐"作为一种普遍的和谐的关系体系，涉及翻译过程内外各个方面的关系：

①译者与原文之不隔：译者在审美接受（解读原作）和艺术传达上能够真切地体悟和传达原作的内在本性和艺术美。

②译者与译文之不隔：译者的"心"与"手"之间要和谐，不仅能够得"心"应"手"，而且能够得"手"应"心"。

③译者与原文之不隔：译作与原作之间有心理上、语言上、文化上、文体风格上、艺术传达上的"隔"，译者要有相当的中外文修养，要有克己功夫，在翻译中尽量不流露自己的创作个性。

④译作内部之间之不隔：以和谐为普遍的标准，协调译作内部的种种关系，遵循"局部服从整体"的准则。

⑤译作与读者之不隔：译作在母语中生成，既要符合本国读者的欣赏习惯，使读者感到亲切自然，得到美的享受，又要让读者看见原作的真面目，认识原作中所表现的一切。（郑海凌，1999：6）

最后，他认为"和谐"作为翻译的标准，既合乎自然，贴近实践，符合翻译的实际规律，又接近于翻译艺术的审美理想。（郑海凌，1999：6）

"和谐说"自20世纪末诞生之后作为翻译标准被收录在《中国译学大辞典》（方梦之，2011：70）中，也得到译界较高的评价。王晔认为："'和谐说'是一个很宽容的多元性的标准体系，它以翻译中的差异对立为前提，强调各种差异对立因素在对立统一、转化生成的过程中达到和谐。它承认并肯定翻译中"异"的存在和价值，体现了传统意义上的直译和意译、异化和归化的

和谐统一，也体现了翻译内外研究的高度结合。"（2007：18）

4.2 翻译和合说

与"和谐"相关的词语是"和合"。对"古代汉语语料库"①进行检索（截止到 2022 年 7 月 18 日），发现"和合"出现的时间比"和谐"早，至少在春秋战国时期已经被使用，《墨子》《管子》和《国语》均有记载，如："商契能和合五教，以保于百姓者也"（《国语》）。"和合"出现的频次远远超过"和谐"，前者为 214 条，后者是 46 条。

张立文教授依据中华传统和合思维与和合精神，将"和合"上升到哲学高度，提出"和合学"这一概念，将它解释为："研究在自然、社会、人际、人的心灵及不同文明中存在的和合现象，与以和合义理为依归，以及既涵摄又超越冲突、融合的学问。"其意蕴是："既然与所以然，变化与形式，流行与超越，对称与整合，中和与审美。"和合的主旨"是生生，生生是不息的流程，是新生命的化生，体现了对生命存在的关怀"。（2007：87）

莫运国以上述"和合论"为核心，以东方的中庸之道和天人合一论、西方的"四因说"和"存在实体说"为文化底蕴，以传播学的信息传播结构为模式建构基础，以合作、关联、顺应为操作原则，构成一个开放、动态、均势的生生不息翻译和合说体系，认为翻译和合说具有恒量性与动态性、模糊性与开放性、层级性与传承性、超越性与创造性等基本特征。（2010：159）

吴志杰也以和合学为理论基础，从中国传统文化中抽取出能够体现和合精神与和合价值的"意""诚""心""神""适"五个核心范畴，分别对翻译本体问题、翻译伦理问题、翻译认识论问题、翻译审美问题、翻译文化生态问题做出系统的理论分析与阐释，形成和合翻译学的结构图（如图 4-1）。

---

①网址为：http://corpus.zhonghuayuwen.org/ACindex.aspx。

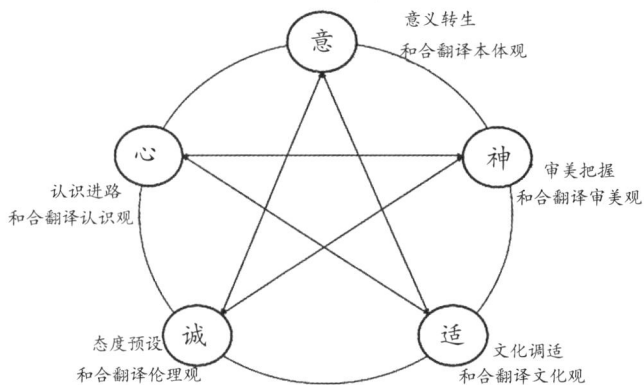

图4-1　和合翻译学的结构图（吴志杰，2012：108）

意——展现翻译的本体论视角，体现和合本体观，主要讨论译者的知识储备与技能表达的问题。

诚——展现翻译的伦理学视角，体现和合伦理观，主要探讨译者的伦理修养问题。

心——展现翻译的认识论视角，体现和合认识观，主要分析译者的认知秉性问题。

神——展现翻译的审美维度，体现和合审美观，主要论述译者的审美素养和艺术创造力的问题。

适——展现翻译的文化生态学视角，体现和合文化生态观，主要阐释译者的社会责任与和合境界的相关问题。（吴志杰，2012：108）

钱纪芳探讨了和合翻译思想的文化底蕴，认为和合翻译思想受到中国传统文化的思想内核天人合一论和中国传统文化中处理各种社会关系的基本准则中庸之道的深刻影响，具有浓厚的人文底蕴。同时，这一思想还从西方文化心理结构"存在实体说"和西方文化的工作机制"四因说"中汲取了科学的养分，辅以严谨的理性分析方式。（2010：130）

这些探讨都是在译学构建中所进行的大胆、有益的尝试，具有一定的积极意义。但本研究采纳翻译和谐说，而不是翻译和合说，理由有三：

①和合论受到挑战。自从张立文教授提出和合论以来，许多学者提出批

评和质疑。米继军抨击张立文的"和合学",认为这一理论非但没有新意可言,而且有主观臆断、误解经典之嫌。究其实,恐怕它也要同当下其他不少的学说理论一样,从根本上说,是既无根又无解的;甚至可以说,根本就是一个伪问题或假问题。(2005:15)

杜运辉、吕伟对中国古典文献中"和合"和"和谐"二词语进行考证,得出:"和合"不是一个含义清晰、表述严谨的哲学范畴;"和合学"不是对中国传统和谐思想的正确理解和科学继承;"和合"一词本身并没有太多的哲学意味,而且它一般是作为动词使用的,这与作为名词的"和谐"有着明显的不同;没有搞清楚"和合"的本义而随意"创新"出来的哲学奥义,都是没有根基、站不住脚的。(2010:58)如果"和合学"真的站不住脚,那么依附在其之上的翻译和合说也就无立足之地了。皮之不存,毛将焉附?

②和合重在手段。"和合"和"和谐"经常被通用或连用,但两者的侧重点不一样,前者侧重手段,后者强调结果。如:"和合故能谐,谐故能辑"(《管子·兵法》)、"和合共处树和谐"(罗宏,2007:34)、"构建和谐社会的始点——树立人本和合观"(张卫东,2009:44)等。就翻译而言,"'和合'是实现'和谐'的手段,和谐则是译人孜孜以求的文本、社会、身心、文明中诸多元素之间的理想关系状态"(钱纪芳,2008:23)。我国的译论基本上强调结果,而不是手段,如严复的"信、达、雅",傅雷的"神似",钱锺书的"化境",许渊冲的"意美、音美、形美"等,因为通过手段不一定能够达到目的。

③翻译和合说侧重宏观模式。"翻译和合说没有微观模式,只有宏观模式,是一种与时俱进的、变化多样的优化组合。"(莫运国,2010:159)这种变化多样的优化组合会导致很多的概念被纳入其中,变成大杂烩,显得烦琐,可操作性不强。而且各个学者在论述翻译和合说的模式时,观点不一,令人无所适从。

鉴于上述三点,本研究接纳翻译和谐说,并在翻译研究中贯彻始终。

4.3 翻译和谐说在新旧词语翻译中的体现

词语是构成语言的基本要素，也是翻译思维中独立运用的最小而且是最活跃的语言单位。分析词语的形式和意义，选择一种恰当的表达方式，使之与句子、段落、篇章等达到和谐统一，是翻译过程中不可或缺的环节。词语选择得当，可以给译文增添光彩；选择不当，则有可能使译文黯淡无光，甚至成为败笔。词语误译绝不能小觑，有可能造成严重的后果或遭受毁灭性打击，如南车株机曾因"刮雨器"被误译成"抹布"而丢失订单[①]、日本因"黙殺"一词翻译失误"吃"了两颗原子弹[②]。如此等等，不一一列举。

词语的和谐是多方面的，包括但并不限于以下几个方面。

4.3.1 意义和谐

虽说"形式是为内容服务的，一定的形式表达一定的内容"（孙致礼，2003：35），但对于词语来说，未必如此。由于汉语和英语对许多词语的命名理据不一样，同一意义可能呈现出不同的形式。翻译时有时需要转变形式，做到"不同而和"，即形式可异，意义一致，也就是说，"翻译即译意"（De Waard & Nida，1986：60）。为了更好地感悟这一点，我们还是来体会一下许渊冲先生在其专著《译笔生花》（2005：7）中模仿老子《道德经》所作的《译经》：

> 译可译，非常译。
>
> 忘其形，得其意。
>
> 得意，理解之始，
>
> 忘形，表达之母。

---

①消息出处：http://news.cntv.cn/2014/12/30/ARTI1419892070214971.shtml。

②源自人民网世界史，网址为：http://history.people.com.cn/GB/198306/13431042.html。

故应得意，以求其同，

故可忘形，以求有异。

两者同出，异名同理。

得意忘形，求同存异：

　　翻译之道。

　　要"得意忘形"，必须转换思维，从汉语的思维方式转成英语的思维方式。例如，翻译"时差反应"时，不要拘泥于"时差"和"反应"，而是把它要表达的概念转换成英语民族的表达方式，即jet lag。但由于词汇是海量的，在翻译词语时转变思维确实比较难。按照 Eugene Nida的观点："只有置身于讲某种外语的国家中，才能对词汇和短语的许多特殊意义获得必要的感性认识。"（奈达，2001：107）能较长期置身于国外的译者并不多，主要是靠自己平时多观察和积累，特别是要留意类似下面的词语：

拔河 tug of war

叠罗汉 human pyramid

奉子成婚 shotgun marriage

花露水 toilet water

鸡皮疙瘩 goose bumps/gooseflesh/goose pimples/goose skin

客场比赛 away game

冷餐会 potluck

实体店 brick-and-mortar store

跳房子 hopscotch

蛙泳 breaststroke

香蕉水 banana oil

形象代言人 poster child

鸭蛋（零分）goose egg

早恋 puppy love

障眼法 smoke screen

有时按照形式直译虽差强人意，但转换成地道的表达方式更符合英美人的语言习惯或更加妙趣横生。例如：

保质期 quality guarantee period→shelf life

校园招聘 campus recruitment→milk round

职业舞女 professional dancer→taxi dancer

无人机 pilotless aircraft→drone

可燃冰 combustible ice→fire ice

"横看成岭侧成峰，远近高低各不同。"由于视角不同，有时汉语同一词语在英语中可以有不同的表达方式，翻译时须视具体情形而定。例如，汉语"步行区"是按照行人的行走方式来命名的，但译成英语不宜依样画葫芦，应按照步行的对象译为pedestrian zone，按照限制使用的对象可译成auto-free zone，按照商业的用途可译为shopping precinct。类似这样的词语还有很多。如：

闪盘/U盘 USB flash drive/thumb drive/pen drive/gig stick/flash stick/jump drive/disk key/disk on key/flash-drive/memory stick/USB stick/USB memory

自动取款机 automatic teller machine/automated banking machine/cash point/cash machine/minibank/cashline/nibank/tyme machine/cash dispenser/bankomat/free withdrawal

值得关注的是，表达相同含义的汉英词语还能以截然相反或相对的形式出现，使两者的含义更加匹配，能够顺畅地对接。如：

防震架 shock-mount

寒衣 warm clothes

垃圾填埋场 landfill site

买一送一（针对买家和卖家）buy one, get one free（针对买家）

骗子 confidence man

声明（指不承担责任）disclaimer

外卖（针对卖家） take-out （针对买家）

有的反译、正译均可以，都表达同样的含义。如：

耻辱杀人 honor killing=shame killing

防暴警察 riot police=anti-riot police

防护服 hazmat (hazardous material) suit=protective suit

机会渺茫 fat chance=slim chance

卓越的译者往往善于用词，努力从"不同"中求"和"，而蹩脚的译者通常缠住母语思维不松手，只顾及"形同"，而疏于"意和"。如：

干货 dry goods （正解：纺织品　正译：dry cargo）

黑茶 black tea （正解：红茶　正译：dark tea）

空头支票 blank check（正解：空白支票　正译：rubber check）

双人房 double room （正解：大床房　正译：twin-bed room）

酸奶 sour milk （正解：变酸的奶　正译：yogurt）

休息室 restroom （正解：公共厕所　正译：lounge）

油性皮肤 oil skin （正解：油布　正译：oily skin）

中学 middle school （正解：初级中学　正译：secondary/high school）

4.3.2　文化内涵和谐

"语言是文化的载体，是文化的结晶。"（孟庆升，2003：34）文化"制约着语言形式，它不断地将自己的精髓注入语言之中，成为语言的文化内涵，成为语言表现的基本内容"（李润新，1998：140）。使用不同语言的人具有不同的文化心理图式。语言的转换只是翻译的外壳，而文化信息的传递才是翻译的内核。"要真正出色地做好翻译工作，掌握两种文化比掌握两种语言甚至更为重要，因为词语只有运用在特定的文化中才具有意义。"（奈达，2001：107）词语是承载文化内涵的主角，在进行文字转换前，要对源语及其相对应的目的语所隐含的文化内涵进行深刻解读和比较，探寻两者的相通点，努力消除因文化差异造成的隔阂，采用移植、借用、注解等方法确保信息交流顺畅，以达到和谐、融合之目的。谨防因翻译转换而造成文化内涵错位，要不为语言表象所迷惑，定准文化坐标，对号入座。例如，将"含羞草"的文化内涵定位在sensitive plant上有点张冠李戴，会造成交流的不和谐，汉语表达与"害羞"挂钩，而英语表达与"敏感"沾边，要表达准确的意象，应该使用shrinking violet或wallflower。

大部分文化内涵是通过隐喻产生的，而"隐喻的翻译是翻译的'高难动作'，是考验译者汉语母语水平和英语外语水平及检验译者汉英文化认知能力的'舞台'"（刘法公，2007：49）。正因为这是"高难动作"，即便是翻译大咖也有失手的时候，"暗箱操作"被译为black case work[1]是最为典型的例子之一。它是在线词典汉典提供的译文，为许多论文和专著引用。"暗箱"（camera obscura）原来指照相机内部的空间，关闭时不透光，由此隐喻为"暗地里"，它在汉语中具有一定的喻体共知性。要将这个喻体传播到英语中，必须要求英语中的喻体和本体具有一定的相似性，否则会增加英语读者对本体的理解难度，可能会导致跨文化交流失败。

事实上，black case并没有与in secret建立起关联，与之关联的是back-room、under the table、sub rosa (under the rose)、pull strings等词语，所以"暗箱操作"的英文翻译不能按照汉语的隐喻方法来逐字翻译，必须符合英语民族的思维，用作名词的话可以译为back-room control/under-the-table operation/under-the-rose manipulation等，充当动词的话可以译成control ... in the back room/operate under the table/pull strings等。要是没有具有这种隐喻义的back-room等词，使用black case work也许是一种无奈的选择。因此，在翻译汉语中的文化内涵词时，如果英语中存在相应的表达方法，尽量借用；要是英语中出现空白，可以考虑植入，以丰富英语词汇，必要时添加注解，使其意义显化，避免给读者造成误解。例如，"软肋"不宜译成soft rib，因

---

①译文源自：http://www.zdic.net/c/7/173/388023.htm。

为英语中已经存在相应的表达方法，如soft spot、soft underbelly、Achilles'
heel等，但"鸡肋"可以用直译加注解的方法，如"a chicken rib, which is
tasteless to eat but regrettable to throw away"，以体现出"食之无味，弃之可
惜"的蕴意，填补英语表达之空白。

王佐良先生说得好："翻译者在寻找与原文相当的对等词的过程中，要不
断地把两种文化加以比较，因为真正的对等应该是在各自文化里的含义、作
用、范围、情感色彩、影响等相当的对等。"（1989：18–19）在比较的同时，
要多积累这方面成功的译例。如：

绊脚石 stumbling block

拆东墙补西墙 rob Peter to pay Paul

独辟蹊径 plough one's own furrow

赴汤蹈火 go through fire and water

孤注一掷 put all one's eggs in a basket

害群之马 black sheep/rotten apple

画蛇添足 gild/paint the lily

交际花 social butterfly

锦上添花 icing/frosting on the cake

泾渭分明 as different as chalk and cheese

泼脏水 fling/sling/throw mud (at somebody)

骑虎难下 hold a wolf by the ears

棋逢对手 diamond cut diamond

杞人忧天者 worrywart/Chicken Little

秋老虎 old wives' summer

杀鸡取卵 kill the goose that lays the golden eggs

说曹操，曹操到 speak of the devil, and he will appear/appears

无稽之谈 cock-and-bull story

掌上明珠 the apple of one's eye

汉英隐喻义是非常复杂的，有时候本来完全对等的词语，其隐喻义截然不同；有时候其中一方需加上特定词语或改用另外的词语才能对等，需仔细识别。如：

饭碗≠rice bowl（前者比喻职业；后者喻为产粮区）

保护伞=umbrella（汉语要加"保护"）

找不着北=can't find true north（英语要加true）

粮仓（本义）=barn　粮仓（隐喻义）=rice bowl

遮羞布（本义）=loincloth　遮羞布（隐喻义）=fig leaf

对于这类词语，一定要找准对象，使译文的表达方式更加符合目的语读者的心理期望和审美诉求，缩短两者之间的文化距离。同时，对汉英词典提供的译文，有时也不能拿来即用，需要补充或修正，才能达到内涵一致。如：

【例1】口碑

译文：word-of-mouth（杜瑞清，2016：943）

"口碑"指的是群众口头上的称颂，而word-of-mouth仅是"口头的"之意，需要加上praise或publicity才能在含义上基本吻合。

【例2】亡羊补牢

译文：lock the stable door after the horse has bolted（惠宇，2004：1659）

汉语比喻在遭受损失之后想办法补救，旨在防止继续受损，强调"未为迟也"；而英文表达的意思是try to avoid or prevent something bad or unwelcome when it is already too late to do so[①]，侧重"已为晚也"。翻译时，为了使两者喻义对等，不妨改造后者，添加"未为迟也"之意，即译为"it is never too late to lock the stable door even though the horse has bolted"，相信英语读者能够领悟这一喻义。

---

①释义源自：https://idioms.thefreedictionary.com/Shut+the+stable+door+after+the+horse+has+bolted。

【例3】方枘圆凿

译文： put a round peg in a square hole （吴光华，2010：462）

汉语比喻两者情形不能相合，带有"格格不入"的意思，多用作名词和形容词，而英语表达中的a round peg in a square hole是名词词组，表示不适应某一任务、岗位、情形或群体的人（someone who is unsuited to a certain task, position, situation, or group of people[①]），为了使两者的词性和喻义和谐一致，后者可以改造为(being) like a round peg stuck in a square hole。

4.3.3 语境和谐

语境，简而言之，就是语言使用的环境。依据《现代汉语词典》(第7版)（2016：1601）的解释，语境可以分成内部语境和外部语境。内部语境指一定的言语片段和一定的上下文之间的关系，外部语境指存在于言语片段之外的语言的社会环境。这里的外部语境范围较广，包含情景语境和文化语境。

一个孤零零的词语，其含义往往是稳定的、概括的和抽象的。工具在不同的场合有不同的用途，词语在不同场合有不同的意义（王改燕，2022：70）。词语一旦置入特定的语境，"处于推算状态（computational states）的大脑可以通过参照范型和参照语境加以确定"（王改燕，2022：70），其境况语义就会被激活，意思变得具体而明朗，还有可能超越原有的词义。翻译不是要求字面意思对等，而是达到与境况信息的契合，因为有些词语可能受语境的影响其含义变得面目全非，故离不开语境的把握和诠释。下面就上下文、情景语境各举一个例子。

【例1】部分资本下乡项目却走了样，打起了土地政策的"擦边球"。（李松，2015：7）

"擦边球"原来是指在乒乓球运动中球碰触到球台边沿的状况，在这里依据上下文引申为"钻政策的漏洞"，因此"打起了土地政策的'擦边

---

①释义源自：https://idioms.thefreedictionary.com/a+square+peg+in+a+round+hole。

球'"译成exploit a loophole in the land policy更能与上下文"和睦相处"。

【例2】照相的时候，大家一起喊"茄子"。后来，变成了"一二三，发大财"。（丁彤，2009：8）

拍照时为了达到微笑的效果，人们常常会喊出"茄子"这一词语。但此"茄子"非同彼"茄子"，译成eggplant或aubergine达不到相应的拍摄效果，应根据发音译成cheese，尽管两个词本是风马牛不相及的。

4.3.4 搭配和谐

词语搭配是一种词与词之间的横向组合，是"词语共同出现在一起的一种现象，反映了语言中词语之间的一种同现关系"（汪榕培、王之江，2013：218）。语言中词语搭配不是随意的，而是具有一定的选择性、规律性和约束性。每个词语具有自己的搭配域，不同的词语也有不一样的搭配面。

对于译者来说，如何使译语实现搭配的和谐是翻译中不可忽视的环节。在母语者看来，词语搭配是二语学习者的软肋。Newmark认为，外语写作者的语法可能比受过教育的母语者更好，词汇量也有可能更大，因此他们每次被发现的错误往往不是语法，也不是词汇，而是令人难以接受的或不太可能出现的搭配用法（2001b：180）。Skehan也提及，尽管外语学习者可以流利地使用外语，但遣词造句不能像母语者那样地道，因为他们的语言选择表明他们在操作一个不同的系统。（1998：38）之所以出现这种现象，是因为外语学习者偏重单词的拼写及与母语对等意义的记忆，忽视词语的运用环境及习惯搭配。

译者若要达到操作相同的系统，必须摆脱母语的负迁移，顺应目的语词语的搭配域和搭配面的选配规律组合词语，使语言链条紧密衔接。汉语有汉语的搭配，英语有英语的搭配，汉译英时不应当按照汉语习惯创造一个不符合英语习惯的搭配。由于许多词语搭配是约定俗成的，相沿成习，无事理可言，翻译时必须按照目的语的语言习惯，应特别注意动词、名词、形容词构成的各种搭配。

1.动宾搭配

在诸种搭配错误中，动宾搭配错误尤为突出。Nesselhauf研究发现，德国英语学习者所产出的动宾搭配很难摆脱其母语德语的影响，尤其是动词选择错误最为明显。（2003：223-242）动宾搭配也是中国英语学习者的难点。桂诗春、杨惠中（2002）对中国英语学习者语料库（CLEC）六类搭配错误进行统计，发现动宾搭配错误出现的频次最高，大于其他各类搭配错误的总和。搭配错误往往是译者自己难以察觉的，要解决这类问题主要靠译者平时多加留意和积累。如：

暗藏底线 plant an informer

踩点 case the joint

蹭网 piggyback on internet access

解除经济制裁 lift economic sanctions

吹一瓶啤酒 chug a bottle of beer

翻墙 circumvent the firewall

侃大山 shoot (bat) the breeze

刻录CD burn a CD

买单 foot (flip) the bill

跑官要官 jockey for an official position

取票 collect a ticket

刷卡 swipe a card

洗牌 shuffle cards

特别要留意同一个汉语动词与不同名词搭配，译成英语时要用不同的动词。这里仅以"发"和"打"为例。如：

发财 make a fortune

发电 generate electricity

发货 deliver goods

发奖 award a prize

发令 give an order

发面 leaven dough

发难 launch a revolt

发胖 put on weight

发脾气 lose one's temper

发球 serve a ball

发烧 run a fever

发证 issue a license

打白条 issue (write) an IOU (a chit)

打表 use a meter

打的 call (flag down/take/hail/grab) a taxi

打卡上下班 punch a clock (in)

打水漂 play ducks and drakes

打响指 snap (flap) one's fingers

2.形名搭配

同一个形容词与不同名词搭配，译成英语时需要使用不同的形容词，或不使用形容词，这里仅以"假"为例。如：

假案 feigned case

假币 counterfeit money

假唱 lip-sync

假慈悲 crocodile tears

假花 artificial flower

假发 wig

假酒 adulterated wine

假领 detachable collar

假球 match fixing

假情报 disinformation

假死 suspended animation

假小子 tomboy

3.名名搭配

同一个名称与不同修饰语搭配，译成英语时需要使用不同名称，不能一成不变，这里仅以"场"为例。如：

板球场 cricket pitch

棒球场 diamond, baseball field

高尔夫球场 golf course

篮球场 basketball court

足球场 football field

从这些例子不难看出，同一个汉字与不同字或词语组合，在英语中要用不同的词语搭配或独立成词，不能按照汉语思路直译到底。只有多留意、多比较、多积累、多查语料库等，才能不断提高译文搭配的匹配度和准确度，实现和谐翻译。Linggle、Ludwig、Netspeak①网站是英文写作的得力助手，写作中遇到搭配的问题，可以通过这些网站查询，翻译中遇到类似的问题也不例外。

4.3.5　语义韵和谐

俗话说：物以类聚，人以群分。词语也不例外，具有相似的语义特点的词项往往同声相应，同气相求，习惯性地结伴形成一个更大的语言单位，弥漫出特定的语义氛围，即"语义韵"（semantic prosody）。"语义韵"是由Sinclair借鉴语音韵律（prosody）的理念构拟的，由Louw公开提出，定义为"由其搭配词激发出的、与搭配词相匹配的意义氛围"（1993：157），后来

---

①网址分别为：https://linggle.com/；https://ludwig.guru/；https://netspeak.org/#q=&corpus=web-en。

又补充了"呈现出消极或积极的语义，表达说话人或作者对某个语用场合的态度"（2000：57）。Stubbs将语义韵分为积极韵（positive prosody）、消极韵（negative prosody）和中性韵（neutral prosody）（1996：176）。

"母语人凭直觉大多能遵循语义韵的规律，但语义韵是隐藏于字里行间的语言现象，是母语人难以言状的隐性语言知识。"（李芳兰，2016：18）"一旦违反约定俗成的义韵和谐，说话者就会产生义韵冲突。"（唐义均，2012：109）翻译者必须巧妙识别这种隐性语言知识，选取相应的词语来传达以避免此类冲突。以下举例进行说明。

【例1】常年通过树木挂牌、科普宣传、报告图片和电视宣传、学生实习、中小学生素质教育等形式，向大众传播环境保护、植物学、树木栽培学、生态学等方面的科学知识。

译文：Scientific knowledge in environmental protection, botany, tree cultivation and ecology is widely spread to the public through tree listing, science popularization propaganda, report pictures, TV publicity, students' practice, quality education for primary and middle school students. (Shao, 2021：183)

句中其他词语的翻译问题姑且不论，但就"宣传"一词的翻译而言，使用propaganda是不够妥当的，因为该词呈现出一种消极语义氛围，其意思是"information, ideas, or rumors deliberately spread widely to help or harm a person, group, movement, institution, nation, etc."[1]，这是外宣翻译中的大忌。

【例2】他们大多数不会说中文，所以我们称呼他们为"香蕉人"。

译文：Most of them can't speak Chinese, and we call them "bananas."[2]

俗话说：害人之心不可有，防人之心不可无。西方媒体居心叵测，语言中存在许多贬低中国人的词语，翻译时应当提高警惕，不要受到侮辱而还蒙

---

①释义源自：https://www.dictionary.com/browse/propaganda。
②例句源自：http://blog.sina.com.cn/s/blog_49ff001a010004da.html。

在鼓里。该例中的banana（香蕉人）就是其中之一。可是令人不解的是，它居然被《现代汉语词典》（第6版）收录，解释为"指在思想、文化上已经完全西化的海外华人及其后代。因他们像香蕉那样黄皮（黄皮肤）白心（西方的思想、文化），所以叫香蕉人"（2012：1421）。殊不知，它在英语中是个贬义词，与jook-sing、Twinkies一样具有消极语义韵。请看Wiktionary对它的解释：

banana：（derogatory，ethnic slur）a person of East Asian descent, especially a Chinese American, considered to have overly assimilated and to be subservient to white authority, an East Asian race traitor [①]

因此，我们最好避免使用这些词语，改用American-born Chinese（ABC）、Australian-born Chinese（ABC）、British-born Chinese（BBC）、Canadian-born Chinese（CBC）等。

【例3】豆腐渣工程

译文：jerry-built project （吴光华，2010：384；陆谷孙，2015：490；惠宇，2016：403）

将"豆腐渣工程"译成jerry-built project已成为学界共识，笔者也曾赞同这一译法，但从语义韵观之，jerry-built与project似乎不够笙磬同音。前者的意思是badly or hastily built with materials of poor quality [②]，充斥着消极语义韵；后者的意思是an individual or collaborative enterprise that is carefully planned to achieve a particular aim [③]，弥漫出积极语义韵，因此两者水火不相容，缺乏良构性。故在English-Corpora.org收集的众多英语语料库中，难觅其踪影。关于其更能接受的译法，参见第5.1.2.2节。

【例4】如此定义女性美 大咖言谈太奇葩（张红萍，2015：4）

词汇的语义韵不是固定不变的，有可能随着语境的变化或时代的变迁而

---

①释义源自：https://en.wiktionary.org/wiki/banana。

②释义源自：https://www.lexico.com/definition/jerry-built。

③释义源自：https://www.lexico.com/definition/project。

发生改变，翻译时不能拘泥于词典的释义，要吐故纳新，动态顺应，如实再现。"奇葩"的语义韵随着时代的变迁，从褒义转变为贬义，所以全句可译为"The celebrity has made such an off-the-wall remark on defining feminine beauty."。

4.3.6 禁忌（委婉）和谐

禁忌语（tatoo）和委婉语（euphemism）属于两个不同的概念，但两者相依轮回，呈现出双向的因果关系。出于禁忌，所以要使用含蓄、迂回、动听的表达方式，委婉语便应运而生；一旦委婉语的所指和能指的关系全盘固化，它又开始向禁忌语转化，由更新的委婉语来取代。两者呈现出一种历时性的语体变化规律。禁忌是原因，委婉是方式，和谐交流才是目的。

"委婉语是一种有动因的、美好的语言形式。"（徐莉娜，2003：16）它无处不在，正如Hugh Rawson所说："委婉语深深地嵌入我们的语言中，没有它我们撑不了一天时间，即使自诩为直言不讳者也不例外。"（1981：3）古往今来，委婉语一直呈现出极强的生命力，具有较高的能产性。随着物质文明的进步、文化程度的提高，人们在创造新词语指代某种现象时更加追求语言的美感，注重委婉、典雅、含蓄的措辞方式。委婉语体现在个人隐私、宗教信仰、政治策略、生活观念、文化习俗、审美情趣等方面，在交流中起着美化、淡化、规避、掩饰等作用。委婉语可以分成规约化和非规约化两种，前者沿袭旧规，暂时稳定；后者随境而生，变幻无穷。

委婉用词使词义得到扬升，体现语言的进步。翻译时要识别委婉语，采取相应的策略进行淡化或美化，为跨语言交际注入润滑剂，使之更为顺畅、得体、和谐。

【例1】不折腾

译文：don't get sidetracked, don't flip flop, don't sway back and forth, don't do much ado about nothing, don't beat about the bush, don't fight senseless battles，stop making trouble and wasting time，no trouble-making，no dithering，no major changes，no self-consuming political movements，no Z turn

在庆祝改革开放 30 周年大会上，时任国家主席胡锦涛说："只要我们不动摇、不懈怠、不折腾，坚定不移地推进改革开放，坚定不移地走中国特色社会主义道路，就一定能够胜利实现这一宏伟蓝图和奋斗目标。"[1]现场口译者在翻译"不折腾"这个词语时，直接使用了汉语拼音"bu zheteng"，结果引来全场记者的笑声。此事曾引发国内译界对"不折腾"英译的大讨论。许多权威人士（包括已故的国学大师季羡林先生）各抒己见，提出许多真知灼见。光是专题讨论的论文就有 10 余篇，加上网络论坛等，译文多达几十条。对一个小小词语的翻译，引发译界如此强烈的反响，可谓空前绝后。现在，有关"不折腾"英译的大讨论已经尘埃落定，但从用词和谐、委婉的角度来看似有重新提起的必要。

讲话使用亲民的语言，采用委婉、含蓄、淡化的手法，将中华人民共和国成立以来所走过的弯路等一概冠之以"折腾"，彰显领导人用词的和谐性和缜密性。遗憾的是，这一点没有引起译者足够的重视。

短语don't beat about the bush和no Z turn貌似达到，但它们的意思与"不折腾"对不上号。前者去掉否定词的意思是to speak vaguely or euphemistically so as to avoid talking directly about an unpleasant or sensitive topic[2]，与"不折腾"含义相差甚远，倒是与"旁敲侧击"有点接近；后者遭到美国网友的质疑，理由是进行zigzag时不存在turn，故Z与turn组合不符合逻辑[3]，而且在English-Corpora.org[4]收集的众多语料库中找不到这种说法。音译成"bu zheteng"也与上下文格格不入，因为"不动摇、不懈怠、不折

---

① 源自中国共产党新闻网，网址为：http://theory.people.com.cn/GB/49150/ 49152/8660650 .html。

② 释义源自：https://idioms.thefreedictionary.com/Beat+about+the+Bush。

③ 源自翻译论坛，网址为：http://sve.proz.com/forum/chinese-34.html。

④ 网址为：https://www.english-corpora.org/。

腾"属排比句式，表达一个完整的意思，其中任何一项都不能从整体中脱离出来，另外处置。在处理局部与整体的关系时，应遵循局部服从整体的原则。音译虽然让译者省事，但读者犯难了。"译文如果让人看不懂，说明译者在翻译中非但没有化'隔'为'透'，而且制造了新的'隔'，使读者与译作之间隔了一层迷雾，失去理解的可能。"（郑海凌，2000：150）况且，音译带来的后果不是译者能掌控的，可能会事与愿违，因为音译只会"将'bu zheteng'解释权拱手让人，使其'政治含义'和'影响'变得不可预期"（朱纯深、张俊峰，2011：71）。

翻译"不折腾"，必须以委婉、含蓄为核心，结合"折腾"通常具备的特征（往往看不清目标，虽然付出的努力很多，频率很高，但仍是无效的劳动），努力在英语中寻找概念相对应的词语。在众多的词语中，wild-goose chase力压群芳，脱颖而出。根据The Random House Dictionary，它的含义是：a wild or absurd search for something nonexistent or unobtainable[①]。从这一释义来看，它具备"疯狂性"（wild）、"荒谬性"（absurd）、"无效性"（unobtainable）等"瞎折腾"的特征。因此根据上下文，我们不妨将"不折腾"译成don't make any wild-goose chases。这不但能与上下文衔接起来，而且能较好地再现措辞的通俗性、委婉性和含蓄性，还能防止国外媒体借题发挥，蓄意歪曲。

委婉语的汉英翻译的转换形式可以分为以下几种。

1.从有到有

人人都有爱面子的心理，因此汉英两种语言在委婉表达方面存在较多的共性。汉译英时尽量识其讳、避其讳，知其婉、用其婉。如：

不景气市场→疲软市场 soft market

打架→肢体冲突 physical conflict

负债累累者→负翁 millionaire in debt/dissaver

---

①释义源自：https://www.dictionary.com/browse/wild-goose-chase#。

减少→负增长 negative growth

离异家庭→单亲家庭 single-parent family

露点→走光 wardrobe malfunction

失业→下岗 be laid off

性骚扰者→咸猪手 wandering hand

2.从无到有

汉英语言的委婉语各具特色，不能一一对应，出现"你有我无"或"我有你无"的现象。如果英语中存在的委婉语在汉语中出现了真空，为了避免过于直陈而给对方造成尴尬，英译时应尽量满足英语读者的心理诉求。以"老"字为例，中华民族一直有尊老爱幼的优良传统，出现很多敬老的成语，如"敬老尊贤""老当益壮""扶老携幼""安老怀少""惜老怜贫"等。"老"字很少与忌讳挂钩，而且许多新词语都包含"老"字；但在英语中，old man是一个忌讳的称呼，在跨语言交际中最好规避。如：

敬老院 retirement home

老年迪斯科 seniors'disco

养老金 nest-egg/pension

空巢老人 empty-nester

老龄化社会 aging society

高价老头 highly-paid working retiree

当然，倘若汉语用的是粗直语（dysphemism），而英语中有对应的表达方法，则英译时不宜用委婉语，否则文体与上下文格格不入。例如：

【例2】迪卡尼奥声称拉尔森骂他为"私生子"，并对他说："在我把你罚下去之前，滚远点。"①

这里的"私生子"是侮辱语，绝不能译成love child或natural child，也不宜译为child born out of wedlock，只能译成bastard或whoreson。

---

①例句源自：http://sports.sina.com.cn/g/2008-02-01/11033455066.shtml。

3.错位转换

汉语中有些词语借译自英语，这些词看上去比汉语既有的词语更新鲜、模糊、委婉，但这些词语在英语中已经有了新的"接班人"。考虑到"委婉语的使用已成为一个人说话水平的衡量标准，一定程度上体现了说话的艺术性"（陈锴，2012：83），回译时可以直接过渡到新的委婉语，使译文更显文雅，消除跨文化交际中存在的障碍。如：

男同性恋者→基友① homosexual/gay→confirmed bachelor

老年痴呆症→阿尔茨海默病 Alzheimer's disease→memory loss

4.动态顺应

委婉语不是一成不变的，而是随着时代的发展而形成纵向递进基因型演变。"任何一个委婉语经过一段时间的使用后，人们自然又会把它们和所指称的事物或现象联系起来，距离感就没有了，从而也就失去了其避讳和委婉的性质，因此又会产生新的委婉语。"（李军华，2010：51）为了适应新时代语言交际的需要，我们要与时俱进，及时捕捉委婉新语词，在翻译中体现委婉语的优势。如：

贫困国家 poor countries→发展中国家 developing countries→欠发达国家 less-developed/underdeveloped countries

总之，翻译委婉语时要把握分寸、内外兼顾，要忌婉有别、掩溢有方，要隐而不晦、晦而不涩，以便语际转换能够和谐地过渡。

4.3.7　语域和谐

语域（register）是在特定交际场景中通常使用的语言变体。Halliday提出语言变体可按不同使用情况划分语域。他把制约语言特征的情景因素归纳为三个变项：①语场，指言语活动发生的环境（包括话题、说话者和其他参

---

①gay和粤语的"基"同音，被译为"基佬"，后来衍生成"基友"。

与者的整个活动）；②语旨，指参与者之间的关系（包括参与者的社会地位和他们之间的角色关系）；③语式，指言语交际的渠道或媒介，比如是口语还是书面语，是即兴发言还是有准备的发言等。（王德春、许宝华，2003：15）通俗来说，"语域可以根据题材（话语范围）区分为各种专业语言、行话等，根据正式程度（交谈方式）可分为庄重体、正式体、通常体、随便体等"（方梦之，2011：156）。翻译理论家们认为，界定语篇的语域是成功翻译的前提；只有这样，原文的语域才有可能最大限度地在译文中得到再现。（方梦之，2011：156）翻译时要入"域"随"体"，上什么山唱什么歌，使语言交流顺畅、和谐。

【例1】论我国植物人民事行为能力制度的建构

译文：On Building the Civil Capacity System for Human Vegetables（王韶婧，2013：72）

口语中把处于不可逆的深昏迷状态的病人称为"植物人"，转换成英语可以是vegetable或cabbage，但其正式术语应该是"持续植物状态的病人"，与其对应的是PVS (persistent vegetative state) patient或vegetative patient。尽管汉语已将"持续植物状态的病人"简称为"植物人"，但作为一篇讨论法律问题的学术论文，将"植物人"翻译成human vegetables至少在语域方面不够和谐。

【例2】每次放学，我都担心地望着那盆吊兰。

译文：Every time after school, I looked at the basin of *Chlorophytum* worried.[①]

在日常交流中，英美国家的人对植物名称的称呼一般不会使用拉丁语学名。这里"吊兰"被译成*Clorophytum*，可能是由于汉英词典所提供的不同的译文，如bracketplant（吴光华，2010：363）、bracket or spider plant（陆谷孙，2015：463）、baker（杜瑞清，2016：385）等，令译者无所适从，于是干脆

---

①例句源自：https://www.purpleculture.net/sample-sentences/?word=吊兰。

使用学名中的属名（*Chlorophytum*），结果导致译文与上下文语体格格不入。如果将原译改成"I would look at the pot of spider plant with concern."，译文就会更贴切、和谐。这里附带一提的是，英语baker根本没有"吊兰"之意，是编者将吊兰学名"*Chlorophytum comosum* (Thunb.) Baker"的命名人Baker错看成吊兰的俗名了。

【例3】变形链球菌在婴幼儿牙齿表面定植时间的研究

译文：The Search on Field Planting Time of Streptococcus Mutans on the Surface of Teeth of Infant（孙胜菲、齐辉，2007：297）

即使在同一语域里，也需要进行专业概念体系的界定，因为不同专业的概念体系对同一术语可能有不同的解读。"术语所指称的概念需依附其背后的概念体系存在，翻译过程中的转移更需概念体系的依托。"（信娜，2015：53）"定植"在农业中指的是把苗木种植于永久生长地点的作业方式，可以译为final (field) planting；在医学领域指的是微生物在一定环境中长期存活并繁殖的过程，译成colonization[①]。两种含义在英译中有不同的对应术语，不能混为一谈。如果翻译时不分语域导致张冠李戴，必然会贻笑大方。

4.3.8 语支和谐

英语已成为一种全球性语言，由于其使用范围极其广泛，不可避免地出现地区性变体。除了英国英语之外，还有美国英语、加拿大英语、澳大利亚英语、新西兰英语等。它们的语音、词汇、语法等都有自己的地方色彩。其中词汇差异不容忽视，同一个单词在不同地区可能有不同的解释或同一概念

---

①陆谷孙主编的《中华汉英大词典》（2015：476）将"定植"和"定殖"严格区分开来，前者译为field planting，后者译成colonization或settlement，但大多数专业词典都统一使用"定植"一词。《辞海》第6版甚至将第5版"吸入性肺炎"词条中的释义"因吸入带有定殖于上呼吸道的病原菌而引起"改为"因吸入带有定植上呼吸道的病原菌而引起"。

在各自分支语言中有不同的表达。从英语的发展趋势来看，英国英语和美国英语成为主流，澳大利亚和新西兰英语偏向英国英语，而加拿大英语接近于美国英语，因此英式、美式英语的差别要引起重视。就词汇而言，两者的区别主要表现为拼写差异以及同义异词和同词异义的情况，其中后两者更值得关注。

同义异词指的是相同概念的内容，双方使用不同的单词来表达。如：

公共厕所　（英）toilet；（美）restroom

匝道　（英）slip road；（美）ramp

电瓶搭火线　（英）jumper cables；（美）jump leads

人行道　（英）pavement；（美）sidewalk

旧物义卖　（英）jumble sale；（美）rummage sale

脱口秀　（英）chat show；（美）talk show

道牙　（英）kerb；（美）curb

环岛　（英）roundabout；（美）traffic circle

同词异义指的是双方对同一个单词有不同的理解，有时截然不同，有时大同小异，可细分为：

①双向完全异义。如：

public school　（英）私立学校；（美）公立学校

homely　（英）使人感到舒适的；（美）相貌不好看的

②双向局部异义。如：

reader　（共享）读者；（英）高级讲师；（美）助教

chancellor　（共享）总理；（英）大学名誉校长[①]，财政大臣；（美）大学校长，首席法官

③单向局部异义。如：

trainer　（共享）训练者；（英）运动鞋

①英国大学的vice-chancellor是校长，详见《"校长"还是"副校长"——vice-chancellor汉译探微》一文（张顺生，2006：74）。

college（共享）学院；（英）私立中学

corn（共享）谷物；（美）玉米

正是由于这种差异，英国人、美国人在现实交流中出现过一些误解，现辑数例以窥一斑。

在1962年日内瓦裁军会议上，英、美代表团就是否table a certain British motion问题争论不休。美方反复强调的"But it's a very good motion. Why do you want to table it?"令英方大惑不解。争执了近一个下午，他们才如梦初醒，原来双方的观点是一致的，只是在table一词的理解上出现了偏差。在英式英语中，table的意思是"将（议案）提交讨论"，而在美式英语中的意思是"暂缓审议（议案）"。（Moss，1973：62）

一名年轻的美国女士在英国度假，看到一名年轻男士的裤子很漂亮，脱口赞道"Your pants look really nice."。男士满脸狐疑，反问说"How do you know? You can't see inside my trousers."。女士顿时无地自容，殊不知pants在英式英语中是"短裤"的意思。无独有偶，一名英国女孩在美国访友时说自己很困，因为"The hotel porter had knocked her up early in the morning."。话音刚落，一片哗然。有人愤愤不平（Gee that's awful.），有人半信半疑（But how can you tell so soon?）。造成虚惊的原因是knock up在美式英语中有"使……怀孕"的意思。①

名人也不例外。电影《哈利波特》（*Harry Potter*）的女主演Emma Watson在CBS访谈节目中讲述自己在美国上大学时的囧事。有一天，她大喊道"Hi, guys please, I really need a plaster. I really need a plaster."，同学们被她搞得莫名其妙，过了五六分钟后才弄明白她要的是Band-Aid（创可贴）。还有一次，她大喊要rubber，结果引来同学异样的目光，因为在美国人看来，

---

①依据"Anglo-American Gaffes Can Lead to Red Faces All Round"一文编译，网址为：http://www.theguadalajarareporter.com/index.php/mex-lifestyles/mexican-lifestyles/living-in-mexico/17727-anglo-american-gaffes- can-lead-to-red-faces-all-round。

rubber等于condom。[1]

鉴于上述实际交流中出现的种种误解，所以翻译时，尤其是口译时，要入乡随俗，针对英、美国家选择不同的词语，提高译语的接受度。

4.3.9　语序和谐

语序（word order）是一个语言结构中的成分按照一定规则线性排列的顺序。语序能牵制一个语言结构的含义。尽管部分汉语同义复合词语（如"并吞"="吞并""累积"="积累""互相"="相互""代替"="替代"等）和个别英语词语（如jet fighter=fighter jet等）可以正反同义，但绝大部分词语的顺序颠倒后意思不一样。如：

部分≠分部

句子≠子句

before long（不久）≠long before（很久以前）

only if（只有）≠if only（要是……就好）

语言结构的理想状态是按照心理侧重、逻辑推理、认知象似、时空排序等规律排列顺序，但由于英语重形合，以形制意，而汉语重意合，以意驾形，所以两种语言的顺序受到制约，遵循不同的语序原则，出现一定程度的偏差。杨绛先生指出："略有经验的译者都会感到西方语言和汉语顺逆不同，晋代释道安翻译佛经时所谓'胡语尽倒'。要把西方语文翻成通顺的汉语，就得翻个大跟头才颠倒得过来。"（1992：157）反之亦然，如果按照汉语意合逻辑思维来排列英语的语序，势必会导致英语连贯性出现混乱，必须变位或变序，组合新的线性序列。这种现象突出表现为：

---

[1]依据CBS节目"Emma Watson Needs a Band-Aid"编译，网址为：http://www.cbs.com/shows/late_ show/video/1645579625/david-letterman-emma-watson-needs-a-band-aid。

①定语前置转为后置。如：

三角恋爱 love triangle

当选总统 president elect

专利书 letters patent

名誉主席 chairman emeritus

总数 sum total

②定中结构词序颠倒。如：

卓越运行 operational excellence

土豆泥 mashed potato^①

宪法草案 draft constitution

防卫过当 excessive self-defense

③动宾结构词序颠倒，英语习惯上用名词。如：

执法 law enforcement

掠夺财产 property grabbing

拼车 car pool

盗用身份 identity theft

逃税 tax evasion

④定语排序有别。如：

电视真人秀 reality television shows

经济零增长 zero economic growth

人口负增长 negative population growth

商业通用语言 common business-oriented language

碳达峰 peak carbon dioxide emissions

小微企业 micro and small businesses/enterprises

---

①在口语中也可以用mash。

⑤并列名词排序不同。如：

口蹄疫 foot-and-mouth disease

田径赛 track-and-field events

一副刀叉 a fork and knife

言行 deeds and words

钢铁 iron and steel

⑥更为复杂的现象。如：

国内生产总值 gross domestic product

石头、剪刀、布 rock, paper, scissors

水火不相容 oil and water

转基因食物 genetically modified food

因此，从某种意义上说，翻译在很大程度上是一种语序调整工作。作为作者，要言之有序；作为译者，也要译之有条，必须按照目的语的规则来调整，使译文与目的语的行文习惯保持一致。

4.3.10 回译和谐

回译（back translation）是指在没有参照原始文本的情况下将译语文本重新翻译回原始文本语言的活动。（Pierce，2018：10）从严格意义上说，回译应该包含一个完整的循环式的翻译链。回译可以分为修复性回译、检验性翻译、研究性翻译和机械性翻译。修复性回译主要用于修复已经遗失的原始语言文本；检验性翻译通常充当翻译质量评价的手段，如同数学逆运算检验正运算一样考查译文的可靠性和准确性，"不失为一种检查翻译过程、提高翻译质量的途径"（方梦之，2011：97）；研究性回译的"目的是进行尝试或实验，看其在实践中会有什么样的事情发生，在理论上应当做出什么样的解释和说明"（方梦之，2011：97）；机械性回译是通过检索手段对片段性的译语文本进行复原，以确保两者的形式和内涵完全对等。

在这四种形式中，与翻译实践关系最为密切的是机械性回译，而在机械性翻译中，最常见的是词语回译。词语回译，尤其是人名、地名、物种名等的回译，应该具有高保真性，必须做好考证工作。例如，在马克思《资本论》第一卷第一篇第三章的一个附注中出现了一个中国人名字（Wan-mao-in），译者在回译成原名时绞尽脑汁，从陈启修先生的"万卯寅"，到陈豹隐先生的"王蒙尹"，再到侯外庐先生的"王茂荫"[①]，这一过程说明回译的考证工作并非一帆风顺。

一般而言，最理想的回译是被译回的词语能够与源语在形式和含义上保持一致。汉语中有很多词语是从英语中音译、直译或意译过来的，译回英语时应该与原词重合，避免失真。如：

碳信用 carbon credit

窗口期 window period

群体免疫 herd immunity/population immunity

黑马 dark horse

剧本杀 murder mystery game

脸书 Facebook

麦田怪圈 crop circle

破窗效应 broken windows theory

黑命贵 Black Lives Matter

旅游气泡 travel bubble[②]

要是自作主张，自"译"为是，将竞赛中意外获胜的"黑马"回译成black horse，势必"驴唇不对马嘴"。因此，回译必须做好寻根溯源的词源考证工作，探寻其原来的落脚点，把它重新放到原来所在的位置，达到复旧如初的"高保真"状态。溯源错位可能会导致翻译失败，如杭州植物园将加

[①]依据世界王氏网，网址为：http://www.wwdoa.com/2015/0619/22001.html。
[②]是指一些新冠肺炎疫情较缓和的国家或地区联结成"气泡"，在"气泡"内部有限制地互相开放旅游，也有人认为这样翻译文理不通，应译为"旅游安全圈"。

拿大"枫槭节"回译成Beautiful Sweetgum Syrup Festival，令人不知所云，而加拿大人实际上用的是Maple Syrup Festival。

不过溯源仅仅是词源的历时回放，只能反映其前世，不能体现其今生。回译时要"前瞻后顾""忆昔抚今"，既要展开历时性的分析，又要进行共时性的考量。汉英词典只是忠实地记录其前世，不能反映其今生，今生可能出现了新的变化，回译时不能墨守成规，完全照搬照抄，需要返本开新，特别是那些由英语商标名翻译成汉语的名称。如：

Dacron→涤纶→polyester

Simmons→席梦思→mattress

Lycra→莱卡→spandex

当然有些音译词尽管有了新的"接班人"，回译时还须用原来的英语单词。如：

cashmere→开司米→羊绒→cashmere

laser→镭射→激光→laser

vitamin→维他命→维生素→vitamin

index→引得→索引→index

有些植物名称的音译词，音译过来时以属代种，回译时需补充类似拉丁语学名中的种加词（specific epithet）才不会造成种名之间的混淆，使之具体入微、名副其实。如：

cyclamen→仙客来（=*Cyclamen persicum*）→Persian cyclamen/florist's cyclamen

phlox→福禄考（=*Phlox drummondii*）→drummond phlox/annual phlox

lupin→鲁冰花（=*Lupinus micranthus*）→hairy lupin

dahlia→大丽花（=*Dahlia pinnata*）→garden dahlia

有些音译借词回译时不一定采用原来的单词回译，也可以采用比其更加常见的单词。如：

carnation→康乃馨（=*Dianthus caryophyllus*）→clove pink

marguerite→玛格丽特（=*Argyranthemum frutescens*）→Paris daisy

汉语新词语中有许多词语是从英语中借译过来的，回译时也需要探寻两者的互文关系，认真比对，使其能够平稳、和谐地回归。

4.3.11　逻辑和谐

尽管自然语言存在着非逻辑性的一面，但是使用语言表达思想就不能不讲究逻辑。正如王宗炎先生所说："语言是表达思想的手段，思想不合逻辑，语言就不可理解；思想有逻辑性，语言就顺理成章。写文章不能不讲逻辑，道理是很明白的。"（1997：143）任何一篇好文章都是作者根据特定的主题，按照一定的思维逻辑，一字一句、一段一章地堆砌而成的，其中的字、句、段、章相互依存，形成严密的逻辑链。作为翻译者，其主要的任务是运用逻辑推理的方法解开原作各节逻辑连环，然后"组装"成完全符合原文思想的译文逻辑链。要完成这一过程，翻译者需要进行逻辑的规约和校正（逻辑化分析），其运作机制如图4-2所示：

特定情境（Task Environment）

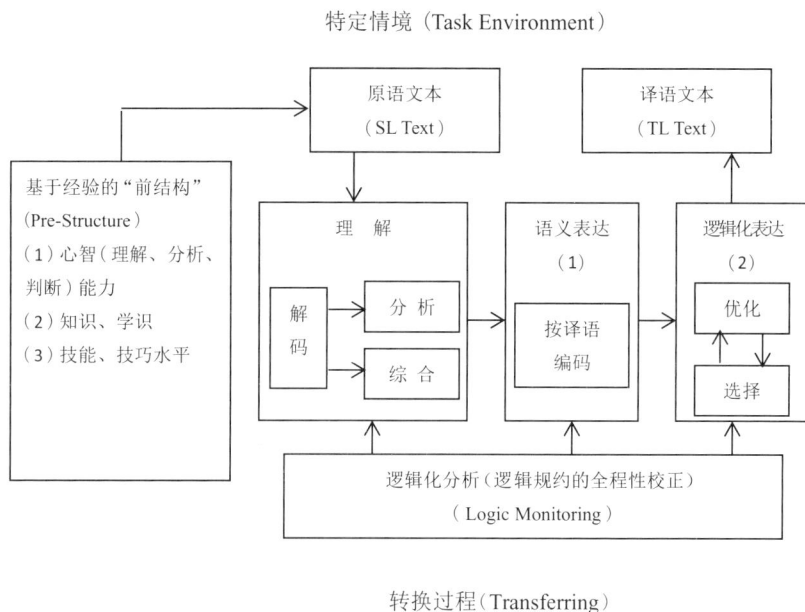

转换过程（Transferring）

图4-2　逻辑的规约与校正（逻辑化分析）运作机制图（刘宓庆，2003：478-479）

由图4-2可以看出，翻译者先必须具备"前结构"（Pre-Structure）知识，然后对源语文本进行解码，再按译语进行编码和优化。在整个过程中，逻辑的规约和校正贯穿始终。我们可以通过逻辑化分析，揭示译文是否存在逻辑问题。例如：

【例1】Swedish translator Anna Gustafsson Chen has translated three of Mo Yan's works，including *The Red Sorgum*，*The Garlic Songs and Life* and *Death Are Wearing Me Out*，into Swedish.[①]

【例2】The Centre for Continuing Education offers preparatory course programs for undergraduate and postgraduate students in 11 countries including the United States，Canada, the United Kingdom, Australia, New Zealand, France, Germany, Italy, Spain, Japan and South Korea.[②]

【例3】Boasting a complete talent training system, the school offers 5 undergraduate programs, including Finance, Financial Engineering, Insurance, Credit Management, and Investment, and one China-Foreign cooperative program (Finance) authorized by the Ministry of Education.[③]

这三个句子虽然找不到汉语原文，但都是翻译的产物，它们在including的使用上均有逻辑问题，因为including的前后成分没有体现出"整体+部分"这种逻辑关系。*Collins Cobuild English Language Dictionary*将它解释为：used to say that one or more people or things mentioned is part of the group or things that you are referring to。（Sinclair，1987：736）including是由include演变而成的，两者的用法有相通之处。"The Free Dictionary.com"将include的用法解释为：

The word *include* generally suggests that what follows is a partial list，

---

not an exhaustive list, of the contents of what the subject refers to. Therefore a sentence like *New England includes Connecticut and Rhode Island* is acceptable, since it implies that there are states that are also a part of New England but are not mentioned in the list, and in fact this is correct. When a full enumeration is given, a different construction, such as one using *comprise* or *consist of*, must be used: *New England comprises/consists of (not includes) Connecticut, Rhode Island, Massachusetts, Vermont, New Hampshire, and Maine.*[①]

由这两个权威出处的解释可以看出，including后接的成分不应该是穷尽的名单，而是部分的名单。如果将上述三句中的including改成that is或"i.e."，则更能理顺前后的关系，使上下文逻辑关系显得更加严密。

【例4】近数十年来，世界医学有了长足的发展，特别体现在诊断手段的日益精密化，如电镜、内镜、超声、CT、磁共振成像、透析机、起搏器、人工脏器等新技术、新材料在临床治疗中的应用。

译文：In recent decades, medical science globally has made great progress, especially in increasingly sophisticated diagnostic methods, such as the application of electron microscopy, endoscopy, ultrasound, CT, magnetic resonance imaging, dialysis machines, pacemakers, artificial organs, as well as other new technologies and materials applied in clinical treatment. （林巍，2022：184）

此例源自首届"WITTA医学时文翻译大赛"原文和译文，是由澳籍华人林巍教授著和译的。由于著和译系一人所为，其原文存在的逻辑混乱的问题在译文中也在所难免。众所周知，透析机、起搏器和人工脏器均是治疗仪器，不能混入诊断设备队伍。此外，从广义上说，人工脏器包含透析机（俗称"人工肾"）和起搏器，它们属于上义和下义关系。只有理顺这些关系，

---

①释义源自：https://www.thefreedictionary.com/include。

才能使译文合乎逻辑。如果断定原文本身存在逻辑问题，"译者有必要对原文逻辑的结构进行观照、思考，并在必要时介入且加以调适"（卓振英、李贵苍，2011：47）。笔者试着介入原文并将译文调适为：

The last decades have seen great progress globally in medical science, especially in increasingly advanced diagnostic methods, such as electron microscopy, endoscopy, ultrasound, CT and MRI, in life-saving artificial organs, such as dialysis machines, pacemakers, and in other new technologies or materials applied clinically.

逻辑失谐未必通过篇章、段落、句子才能体现，只要两个词语不按目的语常规搭配，就可能捕捉到不和谐的影子，第4.3.5节提到的"豆腐渣工程"译文（jerry-built project）就存在这方面问题。再如：

【例5】红果蒲公英

译文：redfruit dandelion（朱家柟，2001：780）

汉语"果"通常指植物花落后含有种子的部分，有可食和不可食之分，英语fruit一般是可食的。"红果蒲公英"的拉丁学名为*Taraxacum erythrospermum*，其种加词*erythrospermum*的意思是red-seeded。在目的语读者看来，蒲公英不会结出可食的fruit，而是结出可繁殖的seed，故redfruit与dandelion搭配不合乎逻辑，应改为red-seeded。

【例6】高玄参

译文：high figwort（王宗训，1996：666）

高玄参（*Scrophularia elatior*）是玄参属多年生草本植物，其高度可达2米。英语high笼统地形容某物本身的高度或距离地面的高度，但其高度不一定大于宽度或长度，如high wall、high fence、high moutain等；而tall强调细长形状的高度，因此high修饰figwort不符合逻辑，应改成tall。

翻译和谐还可以表现在其他方面，由于篇幅所限，恕不一一细说。"任何事物都不能独成其美，事物只有在整体中才能显现其美。"（爱默生，1993：19）词语的翻译也不例外。一个词语的译文，如果没有特定的上下文作为陪衬，即使再美也展现不出它的魅力。翻译"和谐说"，将词语置于特定情景中，强调各方面的圆通融合，较好地解决词语翻译的语境适应性等问题，对于翻译过程中碰到的具体问题能够细致入微。因此，我们在翻译过程中要把握好"和谐"这把尺子，绷紧"和谐"这根弦，"要主动培养自己的和谐思维，发扬中华民族的和谐精神，在具体行动中实践和谐翻译的理念"（冯全功，2010：38）。

5 新词语和谐求译的思维手段和原则[①]

思维是人类特有的一种精神活动。从生理学角度来看，思维是客观事物通过对人体感官的接触和刺激，传输到大脑的中枢神经系统，从而引发大脑细胞活动的现象；从心理学角度来看，思维是在表象、概念的基础上进行判断、分析、推理、综合的认知活动过程。思维必须以语言为物质外壳。"语言实际上是紧紧地附着在思维这个有无限纵深的基础之上的结构体，语言受思维的支配，它是处在交际中的人的思维载体。"（刘宓庆，1991：44）

翻译是一种双语的思维活动，从对源语的解码、双语的对码到对译语的转码，时时刻刻离不开思维活动。本章着重从思维手段和翻译原则探讨新词语的和谐翻译，所涉及的例子基本上是改革开放之后诞生的新词语、在意义或用法上发生新变化的旧词语，以及由方言推广到普通话的词语。其方法同样适用于旧词语的翻译。

5.1 新词语和谐求译的思维手段

5.1.1 构造理据考察

新词语翻译的第一步是对源语的解码，这就意味着要考察其构造理据。

---

①本章部分内容发表在《中国翻译》2012年第5期，题目为《从"授人以鱼"到"授人以渔"——关于时尚新词语英译的再思考》。

孙子曰："知己知彼，百战不殆。"要搞好汉语新词语的英译工作，第一步当然是理解，理解是表达的先决条件。吕叔湘先生说得好："要做好翻译工作……必得对原文有彻底的了解，同时对运用本国语文有充分的把握。……这两个条件的比重，该是前者七而后者三，虽然按现在的一部分译品来说，似乎应该掉个过儿。我是按原则说话，所以把大份儿派给第一个条件；因为一种外国语毕竟是一种外国语，要充分把握，即令只是了解而不是写作，也谈何容易。"（吕叔湘，1984b：58）他的这番话是针对英译汉而言，其实汉译英亦然，也要对本国语文投入三分的精力。只有考察汉语新词语的构造理据，获取足够的新词语词汇知识，吃透其真正的含义，才能达到和谐英译。

改革开放以来，新词语如雨后春笋般地涌现，其数量庞大，花样迭出，涉及广泛，信息密集，色彩浓郁。许多新词语，光看字面意思，可能不知所云，如"马大嫂""钟摆族""半糖夫妻"等。

乍看这些新词语，可能会一头雾水，只有查阅相关资料，了解它们的命名理据，才能恍然大悟。原来，该"马大嫂"非彼"马大嫂"，是由上海话"买""汰""烧"谐音组合而成的，系"家庭主妇"或"家庭妇男"的戏称。"钟摆族"和"半糖夫妻"系通过修辞方式构造而成的。前者指的是奔波于两个城市、工作生活双城化的人；后者指因上班路途遥远，平时相隔一方，周末才能团聚的夫妻，或指居住在同一城市，工作日独自生活，周末共同生活的夫妻。

基于上述理解，对它们的翻译就不会太离谱。"马大嫂"可以译为homemaker、home engineer、domestic manager等，"钟摆族"和"半糖夫妻"可以分别译成 inter-city commuter和weekend couple。

同时要了解新词语各语素之间存在的关系，如主谓关系、动宾关系、偏正关系、联合关系、补充关系、因果关系等。理清它们的关系，更有利于理解整个词语的含义，便于准确、和谐翻译。如：

【例1】接机

"接机"可以是偏正关系，意思是"到飞机场接人"；也可以是动宾关系，即"迎接飞机"，意思是机场工作人员安排降落飞机的进港、卸载等事宜。由于关系不一样，两者含义迥然不同，翻译时必须按照这种关系表达，可分别译为meet sb. at the airport/pick sb. up from the airport和prepare for the airplane landing。

【例2】关停并转

"关停并转"系联合关系，分别指"关闭、停办、合并和转产"，它们都有独立的含义，各有侧重点，可以逐一翻译出来，即"close down, suspend，merge or force ... to shift to other production lines"。

弄错各语素之间的关系，有可能会造成误解，导致误译。如：

【例3】滞胀

《现代汉语词典》（第7版）将它看成是倒因果关系，解释为"由于通货膨胀而经济停滞"（2016：1692）。这样解释有可能误译成inflation because of stagnation。其实，两者是联合关系，指的是经济停滞和通货膨胀并存的现象。这样，我们自然会想到stagnation and inflation，可以缩略成stagflation，"类滞涨"可以译成quasi-stagflation。

当然，了解这种关系只是为了更好地理解新词语的含义，翻译时不一定完全拘泥于某种关系，要有全盘意识，避免出现逐字翻译的译文。如：

【例4】楼堂馆所

"楼堂馆所"系"办公楼、礼堂、宾馆、招待所"合称，不是强调各个个体，而是笼统指机关、团体兴建的高档建筑物，译成 luxurious buildings更加简明扼要。同样，上述"关停并转"作为优化工业结构、整顿企业的措施也并不总是涉及四个方面，可考虑使用rationalize一词，因为该词具有类似的含义：to reorganize and integrate (an industry)[1]。

【例5】监理

"监理"一般被词典简单地解释为"监督管理"。据此，《新世纪汉

---

①释义源自：https://www.dictionary.com/browse/rationalize。

英大词典》（惠宇，2004：766；杜瑞清，2016：789）将其译成inspect and control。其实，"监理"不是一般的监督管理，而是一种综合性的管理行为，包含对有关主体进行督查、监控和评价，并加以组织、协调、控制，使之更准确、更完整、更合理地达到预期目标。这种综合性的管理行为可以由supervise一词来传译。（杨全红，2003b：71）

当然必须承认的是，翻译不是原封不动的理据移植活动，而是基于同一所指从一种理据切换到另一种理据的过程，因此新词语从源语转换成目的语的过程中，其理据有可能更换或脱落。如：

【例6】冲锋衣

"冲锋衣"之所以这样命名，是因为冲锋衣最早用于攀登高海拔雪山的过程中，在离顶峰还有2—3小时路程的最后冲锋阶段，登山者会脱去羽绒服，卸下大背包，只穿一件冲锋衣轻装前进[①]。这种命名理据是汉语添加进去的，英语里没有。英语中这类衣服突出的是"户外"和"技术"两方面内容，因此可以译成outdoor jacket或technical jacket。再具体一点，还可以是waterproof jacket、packaway jacket、windbreaker等。

5.1.2 概念提取

考察新词语的构造理据，其目的是提取准确的词义。词义的提取是复杂的思维活动，涉及思维的多种形态，其中最突出的有抽象思维、形象思维、语境思维。

5.1.2.1 以抽象思维获取概念义

抽象思维是人类最根本的思维形态之一，也是目前研究得较为成熟的思维形态。它是在对事物的本质属性进行分析、比较、综合的基础上，抽取事物的本质属性，撇开其非本质属性，使认识从感性的具体进入抽象的规定，形成概念，并运用概念进行推理、判断的思维活动，具有概括性、间接性、

---

①释义源自：https://baike.baidu.com/item/冲锋衣/9368333? fr=aladdin。

超然性的特点①。人类抽象思维的活动基于概念，因此概念在人类所认知的思维体系中是最基本的构筑单位，是构成命题、推理的要素。概念是人类在认识客观世界的过程中，把所感知到的事物的共同特点抽象出来，加以概括，以反映客观事物的一般的、本质的特征。抽象思维以语言、符号为基本表达工具，其概念用文字表达出来就是概念义，具有概括性、特征性和普遍性，系词义的核心部分，是构成各种词义关系的基础。

翻译是用不同的语言符号表达同一概念内容。"我们翻译恰正是要通过分析、综合等手段，弄清各语言成分及其组合的关系，从关系中确定各种语言成分所表达的准确意义，并抽象到意义的概念层及概念的组合关系，然后再用另一种语言来表达各种概念及其之间的关系。"（许钧，1994：80-87）双语词典编写主要是以概念义为基础，新词语翻译也应该以概念义为抓手进行语言符号的转换。

例如，在翻译"植入式广告"这一词语时，首先弄清"植入式"与"广告"这两个独立概念形成的组合关系，并抽象到意义的概念层，形成这样的概念——把产品及其服务中具有代表性的视听品牌符号融入影视或舞台作品中的一种广告方式，然后按照这一概念在英语中寻找对应的词语。译者能否在英语中找到相应的词语很大程度上取决于其对词汇的掌握情况。如果该词语的词形或语音表征在译者心理词库中存储得不够清晰或没有存储，语言转换就有可能功败垂成。写作时会出现"意翻空而易奇，言征实而难巧"②的现象，翻译过程亦别无二致。

尽管没有找到对应词，但可以把"植入式广告"抽象出来的概念用英语表达出来，即"a method of advertising by inserting a product or a brand name into a mass-media, such as a television show or a movie"，也能勉强达到交

---

①依据百度百科释义进行概括，网址为：https://baike.baidu.com/item/抽象思维/2372972?fr=aladdin。
②转引自刘少坤、王立娟、董方旭：《国学经典选注》。北京：北京理工大学出版社，2019：352。

际的目的。在互联网高度发达的今天，我们可以以此概念表达的主要特征为关键词，如advertising、inserting、product、television、movie等，通过谷歌搜索引擎，在茫茫词海中能捞到此"针"（product placement），并从检索结果的第一条中得知英语还可以用embedded marketing。

可见，"植入式广告"的成功传译得益于其概念义的准确性。概念义模糊很可能直接造成语言转换卡壳。鉴于新词语的概念还未完全定型，尚处于游离状态，具有不易确定的因素，这里不妨引用一种常见植物的概念，先隐去其具体的名称：

【概念1】多年生草本植物，全株含白色乳状汁液，叶子倒披针形，羽状分裂，花黄色，结瘦果，褐色，有白色软毛。根状茎入药。（中编室，2016：1017）

光是凭着这条概念，估计有很多人猜不出是哪种植物。造成这种情况的原因有两点：概念不够准确；缺乏植物常识，对植物的认知、辨别能力不强。现将【概念1】改成：

【概念2】多年生草本植物（*Taraxacum mongolicum*），全株含白浆，叶丛生，花黄色，果实褐色，上带白色软毛，可顺风飘散，全草供药用，能清热、解毒。[①]

相信大多数人能从"上带白色软毛，可顺风飘散"这一典型特征猜测出该植物是蒲公英。可见，概念的准确性反过来对词语的确定至关重要。对母语如此，对外语只会有过之而无不及。如：

【概念3】a weedy composite plant，*Taraxacum officinale*，having edible，deeply toothed or notched leaves，golden-yellow flowers，and rounded clusters of white，hairy seeds.[②]

如果撇开拉丁语学名，光是看这条概念，也很难推测它是dandelion的概念，更不能将【概念2】和【概念3】画上等号。可见，由于人类认知角度不

---

① 释义源自：http://www.zdic.net/c/2/142/310327.htm。
② 释义源自：https://www.dictionary.com/browse/dandelion#。

一样，概念受到人类主观因素的影响，不一定能够体现出事物的本质属性，这也会给词语翻译带来一定的难度。

5.1.2.2 以形象思维捕获象征义

形象是指人类对客观事物和现象的感知，并在人脑中形成的映象。它大致包括三个部分：①它是人脑摄取的外界事物的映象；②这种映象在具备适当条件的情况下可以以物化的形式再现出来；③这种再现物可以为人的感觉所把握。（周慧敏，2004：215）形象思维是一种以形象作为素材进行思维活动的形态。它是由俄国美学家别林斯基于1841年提出的，他在书中写道："艺术是对真理的直觉的观察，或者说是用形象来思维。"（1980：93）

"形象思维就是在对形象信息传递的客观形象体系进行感受、储存的基础上，结合主观的认识和情感进行识别，并用一定的形式、手段和工具（包括文学语言、绘画线条色彩、音响节奏旋律及操作工具等）创造和描述出具体的形象。"（周慧敏，2004：216）郑板桥的"眼中之竹、胸中之竹、手中之竹"完美地概括了艺术创作中形象思维的过程。"眼中之竹"是画家直接观照审美对象所获取的审美感受。"胸中之竹"是画家对审美对象的感受与自己的审美意识熔铸结合而形成的审美意象。"手中之竹"是画家最终创造的艺术形象。最终的"手中之竹"不是单纯地反映现实中的竹之镜像，而是运用一定的技巧加以概括和简化出来的形象，显示出竹之本质特征。这种创作思维离不开形象思维能力，其中包括"敏锐精细的形象感受能力、丰富牢固的形象存储能力、准确迅速的形象识别能力、独特新颖的形象创造能力、达意传情的形象描述能力"（周慧敏，2004：216）。

如果对形象进行分类，至少可以分为感觉形象、实践形象和观念形象。其中观念形象还可以细分为图形、象征物和艺术形象。（周慧敏，2004：216） 观念形象是以形象的形式来反映事物的本质，是形象中最普遍的现象。这种观念形象实际上就是意象，是客观形象与主观心灵融合成的带有某种寓意的形象，凝聚着各个民族的智慧和文化，成为一种文化符号，具有直接性和间接性，其中间接性主要通过比喻方式产生。翻译时，必须通过形象思维提取一种语言的象征义，然后依据这一象征义转换成另一种语言的意象，尽管两者的意象不一致，但其象征义吻合。按照概念隐喻理论，就是从源域（source domain）向目标域（target domain）的映射，从而达到映射上的对应。先以传统词语为例：

【例1】龙凤胎

译文：pigeon pair

在中国传统文化中，"龙"一直代表男性。在中国古代传说中，凤凰为鸟王，雄的称"凤"，雌的称"凰"。到秦代的时候，"凤"开始和女性发生联系；宋代时，"凤"逐渐代表女性；明代时，"凤"基本上就是女性的代名词了。[①]因此，"龙凤胎"是一男一女双胞胎的形象化称呼，译成boy-girl twins固然能够达到传递之目的，但如果能够赋予英语文化意象则能锦上添花。基于这种象征义，不妨译成pigeon pair，因为在英国有这样的传说：鸽子总是孵化出一雄一雌两只小鸽，它们互敬互爱度过一生。因此，pigeon pair与"龙凤胎"在象征义上达到了和谐。

新词语的诞生离不开民族的智慧和文化，其与文化意象联系密切，翻译时也要保持象征义（隐喻义）的对等。如：

【例2】豆腐渣工程

译文：shoddy construction

"豆腐渣工程"比喻质量很差、极不坚固的建筑工程（中编室，2016：318）。豆腐渣，这种制作豆浆后剩下的渣滓，毫无黏性，非常脆弱，容易粉碎，用来比喻"烂工程"再恰当不过。然而，这种喻体在英语中没有共知性，不宜按照许多汉英词典中的那样直译为bean-dregs project，最好选用在英语民族中具有共知性的喻体，即shoddy，其原义是an inferior quality yarn or fabric made from the shredded fibre of waste woollen cloth or clippings[②]，它类似于汉语中的"黑心棉"。因此，"豆腐渣工程"可以译成shoddy

---

① 依据凤凰网讲堂，网址为：https://talk.ifeng.com/a/20171020/44723372_0.shtml。
② 释义源自：https://www.lexico.com/definition/shoddy。

construction，这里不用project是因为该词带有褒义，与shoddy搭配会导致语义韵不够和谐。

5.1.2.3 以语境思维洞悉浮现义

语境思维是强调语言环境因素影响判断结果的一种思维方式，它洞察语言在一定的语言环境中所呈现出的具体意义。曹剑波认为：语境思维强调在做出判断、进行抉择时，要重视语境因素，遵循语境分析原则。语境分析原则即不矛盾性原则，是指判断结果与判断语境不能矛盾、各判断语境之间不能相互矛盾（即同一语境原则）、各判断结果之间不能相互矛盾。不矛盾性原则可以派生出语境补全原则和最佳语境原则。（2018：5）语境思维有助于正确理解新词语的内涵，提高新词语翻译的质量。

依据Malinowski的理论，语境分为三类：话语语境（context of utterance）、情景语境（context of situation）和文化语境（context of culture）。话语语境是指字、词、句、段等的前后可帮助确定其意义的上下文，情景语境是指语篇产生的环境，文化语境是指某种语言赖以植根的民族中人们思想和行为准则的总和。（方梦之，2011：278）

"语境对语言理解的作用有两种方式，一种是'自上而下'（top-down），即根据大的语境来理解具体的话语；另一种是'自下而上'（bottom-up），即从话语的字面意义出发来理解语境中的话语。"（束定芳，2000：15）

就新词语而言，其词义理解突出表现为"自上而下"的方式。当新词语进入具体的言语活动时，其表达的具体词义往往是因境而异的，这既有其本身的概念意义，也有话语语境、情景语境和文化语境所赋予的词义。只有将它们与这些语境结合起来，才能正确地解读其潜在的含义，推导出言外之意，为准确英译打好前期基础。例如：

【例1】女演员自曝被多名导演潜规则。[①]

"潜规则"是指"规章制度之外的不成文、不公开的规则"（中编室，

---

①例句源自：http://k.sina.com.cn/article_6426442522_17f0bbb1a001003vu8.html。

2016：1043），本来可以用unspoken rule来表达，Academic Dictionaries and Encyclopedias 将它解释为：

Unspoken rules are behavioral constraints imposed in organizations or societies that are not voiced or written down. They usually exist in unspoken and unwritten format because they form a part of the logical argument or course of action implied by tacit assumptions.[①]

但在这里，该词与"女演员""导演"等词语搭配，被赋予特殊的内涵，不能再由unspoken rule来翻译，需要用含义相当的casting couch来取代。依据LEXICO，casting couch的含义是：used in reference to the supposed practice whereby actors or actresses are awarded parts in films，plays，or other productions in return for granting sexual favors to the casting director[②]。casting couch与"隐藏"或"规则"本来沾不上边，但用于上述句子的翻译时，与上下文相匹配，使unspoken rule黯然失色。

【例2】科比生涯五大数据之最，单场打铁30次，一人出手50次。[③]

"打铁"本来指锻炼钢铁，将其做成器物，可以译成forge iron，但在这里与美国职业篮球运动员"科比""单场"等词语搭配，借用别解修辞手法，成为"投篮砸中篮圈而未进球"的代名词，与forge iron 的语义脱离关系。倒是brick成为"打铁"新义项最佳的译文搭档，其含义是a shot attempt that hits the rim and bounces off[④]。

可见，语境起着压制作用，制约着词义的选择，使词义变得单一而具体，防止译者天马行空，洒脱无羁。词语犹如变色龙，会随着语境的变化而不断进行自我调适。"没有语境的明示，翻译犹如在没有水的环境中游泳"（Nord，2001：78）；没有语境的指引，译者简直就像无头苍蝇一样会迷

---

①释义源自：https://en-academic.com/dic.nsf/enwiki/1529785。

②释义源自：https://www.lexico.com/definition/casting_couch。

③例句源自：http://m.sohu.com/a/131172304_490738。

④释义源自：https://www.wikiwand.com/en/Glossary_of_basketball_terms。

失方向。总之，意随境迁，译随境变。

思维的分类众说纷纭，不同的人类活动又要求使用不同的思维方式，因此提取语义的思维活动远不止上述三种，而且人类思维原本就是一个复合体，具有很强的兼容性，必然存在"你中有我、我中有你"的交融现象。

5.1.3 对应码配对

电视综艺节目上经常出现"你来比画，我来猜"这种猜词游戏。游戏需要2人以上参与，当屏幕上出现竞猜的词语时，比画者可以用语言或肢体动作描述它，但不能说出出现的字，猜者依据比画者的语言及肢体动作猜测，以考验双方的配合度。翻译与这种游戏也有相似之处，译者在语码配对时充当双重角色，既要动用言语系统分析源语码，又要使用目的语心理图像（即语言符号）去表征它。

5.1.3.1 以概念对等为基点

新词语翻译转换的基点是什么呢？许钧教授认为："翻译活动最根本的依据在于概念，即从不同语言所表现的概念的内容出发通过分析、综合诸手段，抽象出这种概念及与概念之间的关系，再用译语去表现。"（1994：82）因此，在通过上述方法获取新词语的准确意义之后，将它抽象到意义的概念层，再用另一种语言把这种概念表达出来。

概念具有层次性，可以独立存在，也可以附属于别的概念而存在，于是出现了独立概念与组合概念之分。一个独立的概念自成链节，组合概念自然成链，因此概念链具有伸缩性，可大可小，可以单独存在又相互依存。语言中，许多单词体现了独立概念，而许多成语则是组合概念，始终以组合面貌出现。（许钧，1994：80—87）概念转移可以平行转换，即独立概念转为独立概念或组合概念转为组合概念；也可以跨层转移，即独立概念转为组合概念或组合概念转为独立概念。如：

潮男 hipster

点赞 like[①]

赋能 empower

歌曲串烧 medley

垃圾邮件 spam

入围 shortlist

挑染 highlight

限高（道路净空高度限制标志） clearance

型男 hunk

熊孩子 brat/imp

域名抢注 cybersquatting

封口费 hush money

有奖问答节目 game show

基于概念进行转换有助于译者摆脱母语的负迁移，能使源语与目的语较好地达到等值。其转换形式有以下几种。

1.直接转换法

语言符号的任意性和约定俗成性造成语言形式的多样性，因此概念与其语言形式的关系既可以是显性的，也可以是隐性的，而且显隐度在不同语言中不一样。"世界上同时并存着许多民族，各个民族思维方式中必然存在着共同点或相似点，它们投向客观世界及其在大脑中的意识世界的视野总有相叠的域界。"（黄忠廉，2000：45）相叠的域界越多，概念与其语言形式的关系也就越明显，翻译起来就越得心应手。这类词语是汉英语言共享的，很难分清谁译自谁。如：

电子票 electronic ticket

负面清单 negative list

核酸检测 ucleic acid test

---

①like的含义是indicate one's approval of or support for (someone or something) by means of a particular icon or link。

红灯区 red light district

假日经济 holiday economy

教科书式执法 textbook[①] law enforcement

贸易摩擦 trade friction

正能量 positive energy

政治站位 political stance

中国热 China fever

有些缩略词语恢复或扩展到全称，其概念可以按照其语言形式进行直接转换。如：

个演→个人演唱会 solo concert

股指→股票指数 stock index

官宣→官方宣布 official announcement

进博会→进口博览会 import expo

社死→社会性死亡 social death

这种相叠的域界是人类思维的共性，也是翻译之所以能够进行的基础和奥秘，是"实现翻译可能的力量源泉"（伍小龙、丁卫民，2002：96）。也正是人类思维的共性，使得许多词语概念相同，其隐喻义也大致相仿。如：

把脉：①诊脉；②比喻对某事物进行调查研究，并做出分析判断（中编室，2016：20）

take (someone's or something's) pulse: ①to measure the heart rate of a person or animal in order to determine if they are alive or in good health; ②gauge, measure, or get a sense of how well someone or something is performing, thriving, managing, coping, etc. [②]

---

①textbook也可以用作形容词，意思为conforming or corresponding to an established standard or type，相当于most typical、most characteristic、representative、standard、conventional、classic等词。

②释义源自：https://idioms.thefreedictionary.com/pulse。

发酵:①复杂的有机化合物在微生物的作用下分解成比较简单的物质;②比喻事态持续发展（中编室，2016：350）

ferment：①to undergo fermentation；②to be in a state of agitation or intense activity①

旗舰：①某些国家的海军舰队司令、编队司令所在的军舰，因舰上挂有司令旗（夜间加挂司令灯），所以叫旗舰；②比喻带头的、起主导作用的事物（中编室，2016：1026）

flagship：①the ship in a fleet which carries the commanding admiral；②the best or most important thing owned or produced by a particular organization②

绿灯：①在交叉路口指示车辆可以通行的绿色信号灯光;②准予进行某事③

green light：①a green-colored traffic light used to signal permission to proceed；②authorization or permission to proceed with an action or project④

尽管有些有细微差别，但通过上下文搭配也能让目的语读者心领神会，如"为经济把脉"完全可以译为take the economy's pulse。

2.半留半更法

由于使用汉英两种语言的民族观察、认知事物的角度和方式的差异，同样概念落实到语言上，可能在叙述角度上会出现一定的偏差。对于细微的偏差，可以对译文进行局部的微调，采用半保留半更换的方法。例如："三角债"是指三方或以上相互之间的债务关系，但考虑到英语中没有triangular debt的说法，可以将"三角"改成"圆形"（circular），做到形变义不变。"拜金女"可以舍"金"求"女"（material girl），也可以舍"女"求"金"（gold

---

①释义源自：https://www.merriam-webster.com/dictionary/ferment。
②释义源自：https://www.lexico.com/definition/flagship。
③释义源自：http://www.zdic.net/c/f/162/360283.htm。
④释义源自：https://www.thefreedictionary.com/green+light。

digger）。"农家乐"可以以"农"代"家"，译成agriculture entertainment（agri-tainment）；或以"游"代"乐"，译为agritourism。"穿越剧"可以顾"时"失"空"，即time-travel TV series。"皮包公司"可以用"纸"代"包"（paper company）。"毛坯房"可以用"空壳"代替"毛坯"（empty-shell flat）。"慢镜头"变成"慢动作"（slow motion）。如此等等，不一而足。

3. "脱胎换骨"法

唐朝贾公彦在《义疏》中提到："译即易，谓换易言语使相解也。"（转引自罗新璋，1984：1）对于显著的偏差，要进行换位思考，基于语境提取的概念，克服母语负迁移干扰，针对目的语民族的情趣、喜好和接受能力，通过"脱胎换骨"法将其概念表达出来，不求形式相似，但求意义对等。例如，"第三者"（戏称为"小三"）特指插足于他人家庭，跟夫妇中的一方有不正当的男女关系的人（中编室，2016：289），将其译成英语时，如果囿于本位主义，以己度人，很容易译成the third party，而the third party却表示商业协议中的"第三方"，因此必须换位思维，将思路引向英语民族的思维方式，将"第三者"看成是夫妻之外的男女，即other woman/man，或将其看成是破坏家庭夫妻关系的人，即homewrecker。

这种"脱胎换骨"法可以采用多种方式：

①移花接木，错位对接意象。如：

背黑锅 carry the can

钓鱼工程 foot-in-the-door ploy

钓鱼执法 sting operation

放卫星 blow one's own trumpet/horn

凤凰男 ugly duckling

干货满满的 meaty

啃老族 boomerang kid

娘炮 cream puff

甩锅 pass the buck (to)

香饽饽 the toast of (some place/the town)

小白脸 toyboy

②牺牲意象，留住喻义。如：

菜鸟 newbie

房虫 real estate speculator

放鸽子 stand up

海选 open audition

坑爹 rip sb. off

萝卜招聘 customized recruitment

劈腿 two time

水泥鼻 stuffy nose

尾巴工程 protracted project

阴阳合同 dual contract

③"无中生有"，增加意象。如：

保质期 shelf life

老少恋 May–December romance

脑轻松 brain candy

校园招聘 milk round

养老金 nest egg

养眼 eye candy

④以缺对缺，无意象转换。如：

搭售 product tying

代驾 designated driver

翻唱 cover a song

加强针 booster shot

居家办公 work from home

商誉 goodwill

一线演员 A-lister

⑤多种转换，兼而有之，意象可有可无。如：

传销 multilevel marketing，pyramid selling

忽悠 coax，sweet-talk, soft-soap

吐槽 bring the skeleton out of sb.'s closet，complain

4.正话反说法

正话反说原本是一种修辞手段，指的是使用与本意截然相反的话来表达本意。"就是对某一话题不做直接的回答或阐述，却有意另辟蹊径，从反面来说，使它和正话正说殊途而同归。"（吕志雄，1997：30）翻译亦不例外。由于使用汉英两种语言的民族思维方式不一样，表达同样的概念可以用截然相反的表达方式，这就涉及正反转换的问题，正话需要反说或反话要求正说。例如，"亲子鉴定"虽然是用测试双方遗传标记的方法，来确定两个人是否为亲生父子（女）或亲生母子（女）的关系（中编室，2016：1052），但汉语命名时以"子"为本，在英语中却是以"父"为核心，所以翻译时必须正话反说，将"子"改成"父"或"母"，即paternity/maternity test。再如：

不育症诊所 fertility clinic

外来投资 inward investment

防火墙 firewall

表面光洁度 surface roughness

戒毒 drug rehabilitation

减肥中心 fat farm

维基揭秘 WikiLeaks

减速带 speed bump

由于英语有较多语支，有时正话正说或反话正说都行得通。如：

防弹衣 bullet-resistant vest/bulletproof vest=flak jacket/ballistic vest

学区 attendance zone=enrolment zone[①]

5.顺序颠倒法

汉英许多词语在表达同一概念时采用的词序不一样，汉译英时要使译文符合英语顺序，特别是动宾关系、偏正关系，以及多个修饰词的英语顺序，译者要做一名合格的"调序工"。如：

吹哨人 whistleblower

导购 shopping guide

猎头 headhunting

零号病人 patient zero

隆胸 breast implant

泡沫经济 economic bubble

洗钱 money laundering

心灵鸡汤 chicken soup for the soul

一篮子货币 currency basket

植牙 dental implant

国民生产总值 gross national product

5.1.3.2 以字音转换为辅点

汉语中有些词语，其概念在英语中可能出现真空。此时，可以以汉语词语的概念为依据，借用表达这一意义的汉语词语，因为"语言形式系统是开放的，是可以创新的……事物只要存在，就有可能被认识，就能明确它的概念，一旦明确它的概念，也就可以创造成借用语言形式进行表达"（许钧1994：85-86）。这种借用的方法可以采用逐字转换法、声音转写法和音意结合法。

1.逐字转换法

逐字转换法，也叫借译法，即按照汉语词语每个字的字面意思一个一个

---

① 详见第7.4节。

地翻译成英语。这种方法一般适合词语层面的翻译，不适用于句子层面的翻译。其最大好处是可以把汉语概念及形式植入英语中，一旦得到英语民族的认可，就有可能成为英语词汇家庭一员。已被英语词典接受的旧词语有：

春卷 spring roll

丢脸 lose face

红包 red packet

加油 add oil[①]

纸老虎 paper tiger

洗脑 brainwashing

其中的"洗脑"（brainwashing）是一个典型的"出口转内销"的词语，在20世纪50年代进入英语，在20世纪末又被引回汉语。

汉语新词语的翻译也可以从中得到启发，即对于那些富有形象的新词语，为了保证其独特性不在翻译的过程中流失，在确保不影响理解的前提下，不妨也采用这种翻译方法，必要时辅以激发目的语读者的认知环境，以丰富英语的表达方式。如：

冰屏 ice screen

打鸡血 inject chicken blood

地沟油 gutter oil

电老虎 electricity tiger[②]

海绵城市 sponge city

虎妈 tiger mother

黄金周 golden week

狼爸 wolf father

秒杀 second killing

---

①2018年被Oxford Dictionary（后来改版为LEXICO）收录，解释为used to express encouragement, incitement, or support，其网址为：https://www.lexico.com/definition/add_oil。
②指耗电量大的设备时可以译为electricity guzzler。

闪婚 flash marriage

剩女 leftover woman

躺平 lie flat

天网 sky net

团购 group buying

蜗居 snail house

蚁族 ant tribe

扎轮胎 slash tires

这种"懒汉式"翻译方法的最大优点是言简意丰，一旦得到理解和认可，则有可能成为跨语言模因，在英语中传播开来。但这种译法必须具备一个重要的前提，即在转换过程中含义不能走样，同时要提防形同意异的"假朋友"[①]，必要时需添加解释。例如，"撞衫"译成clothing clashing不够妥当，因为clashing兼含conflict或disagreement之意，倘若改成coincidence更能体现出"撞衫"的含义。"月光族"不是moonlighter，两者貌似而神异，前者是指"将每月赚的钱都花光者"，后者是"晚上兼职者"，不能混为一谈[②]。挖了填、填了挖的"马路拉链"在*China Daily*的报道中被译成road zipper，如果不添加"Road zippers are ditches that are often dug for repair and installation work, which disrupts traffic and local life."[③]之类的解释，目的语读者无论如何也联想不到这种含义，因为road zipper本来是一种自动分离车道的拉链车，正名叫作barrier transfer machine，其意思是"a heavy vehicle used to transfer concrete lane dividers, such as jersey barriers, which are used to relieve traffic congestion during rush hours"[④]。"健康码"在*China Daily*中基本上使用health code，如果脱离语境，它可能会引起误解，因为在目的语读者的心中

①关于"假朋友"，第5.2.3节会述及。
②其翻译详见第5.1.4.1节。
③释义源自：http://europe.chinadaily.com.cn/business/2015-08/11/content_21560081.htm。
④释义源自：https://www.rzma.com/2016/08/15/the-road-zipper-barrier-transfer-machine/。

它仅含有"卫生法规"之意，要让他们一目了然，最好改为health QR code。同样，"绿码""红码"和"黄码"应分别译为green/red/yellow QR code。

除了上述情况之外，汉语中有很多新词语借译自英语，回译时理所当然要还其庐山真面目。如：

玻璃天花板 glass ceiling

长臂管辖 long-arm jurisdiction

穿梭外交 shuttle diplomacy

短信脖 text neck

零和博弈 zero-sum game

脑雾 brain fog

碳足迹 carbon footprint

元宇宙 metaverse

脏弹 dirty bomb

直男 straight man

2.声音转写法

当英语中某种概念出现空白时，可以将表达这种概念的汉字用拼音形式转移到英语中。但由于我国方言繁多，发音不甚相同，而且以前采用威氏拼音法（Wade-Giles System），因此转写成英语的字母的发音不一定与汉语拼音相同。历史上，英语中汉源性借词主要源自粤语[如"白菜"（bok choy）、点心（dim sum）等]、普通话[如拼音（pinyin）、武术（wushu）等]、闽南话[如番茄酱（ketchup）、茶（tea）等]等。这种转写法，原汁原味，能够满足英美读者的求异心理，既丰富英语词汇，又弘扬祖国的文化，特别适合中国特色词的翻译。如：

冰墩墩 Bing Dwen Dwen

嫦娥五号 Chang'e 5

福娃 Fuwa

海宝 Haibao

汉办 hanban

户口 hukou

神舟飞船 Shenzhou spaceship

玉兔号月球车 Yutu rover

祝融号火星车 Zhurong rover

特别是在商标名的翻译中，声音转写法得到广泛应用，有的没有按照普通话拼音，翻译时必须名从主人。如：

格力 Gree

海信 Hisense

吉利 Geely

康佳 Konka

联想 Lenovo

美的 Midea

欧普 Opple

腾讯 Tencent

值得一提的是，有些名称，如"创维"（Skyworth）、"微信"（Wechat）、"威客"（Witkey）、"方太"（Fountain）、"方正"（Founder）等，是完全利用英语词汇或组合词，乍看之下好像是地道英语，以至于《现代汉语词典》编者认为"威客"源自英语，将其解释为：通过互联网把自己的知识、能力和经验转换成实际收益的人（witkey）（中编室，2016：1357）。其实，英语中根本没有这个词，只是"威客"创始人刘锋将英语wit（智慧）和key（钥匙）两个单词拼缀在一起，构成Witkey一词，然后音译为"威客"。

同样，现代汉语新词语中有很多词语是由英语发音转写而成的，也要做好"舶来词"的回译工作。如：

粉丝 fans

克隆 clone

脱口秀 talk show

舍宾 shaping

威亚 wire

销品茂 shopping mall

血拼 shopping

秀 show

拍档 partner

嘉年华 carnival

派对 party

晒 share

播客 podcast

跑酷 parkour

锐舞 rave

奥特莱斯 outlets

丁克 DINK（Double Income No Kids）

这类词语从英语借用时仅提取一种含义，一般不会涵盖其他词义，因此两者的含义不是全盘对等的，只是存在部分相叠的域界。如：

的士（出租车）—taxi（的士；滑行）

布丁（一种西餐点心）—pudding（布丁；船尾碰垫）

曲奇（饼干）—cookie（曲奇；储存在用户本地终端上的数据）

极客（狂热于技术的人）—geek（极客；笨蛋）

雅虎（美国互联网门户网站）—yahoo（雅虎；鲁莽的人）

由于汉英两大民族在思维上存在一定的共性，因此汉语中从英语借用的部分音译词的引申义可与英语处在相同轨道演变。如：

克隆：生物体通过体细胞进行无性繁殖，复制出遗传性状完全相同的生命物质或生命体→复制（强调跟原来的一模一样）（中编室，2016：740）

clone：to create or propagate (an organism) from a clone cell→to produce a copy of[1]

3.音意结合法

历史上，汉语有些传统词汇通过这种结合法进入英语，意译相当于植物名称的"属"，充当义标，音译类似于植物名称的"种"，起着限定作用，使其归属更加明确，如"桐油"（tung oil）、"宫保鸡丁"（kung pao chicken）等。现在有些企业利用这种中西合璧翻译方法创造品牌名，如"银泰城"（Intime City）、"海康威视"（HIKVISION）等。

汉语中有一些新词语是通过音意结合法引入的，回译时必须复位至源语的形式。如：

氧吧 oxygen bar

冰激凌 ice cream

贸鼠 mall rat

扎啤 draft beer

因特网 Internet

丁狗 DINKWAD（Double Income, No Kids, With A Dog）

当然，如果引进后经过改造并具有自己的特色，不必复位至源语的形式，如"蛋挞"不宜回译成custard tart，应译为egg tart。

有些新词语本身是从英语音译过来的，在翻译过程中添加了义标，回译时最好摒弃义标。如：

峰会 summit

德比赛 derby/Derby

多米诺骨牌 domino

发烧友 fancier

拉力赛 rally

乌龙球 own goal

---

①释义源自：https://www.thefreedictionary.com/clone。

嬉皮士 hippie

雅皮士 yuppie

不管是音译还是意译，回译时都要追本溯源，力求到位，切忌变形或变味，如林书豪的雅号"林疯狂"不要想当然地回译成Lin-insanity，而是Lin-sanity（或Linsanity），尽管省略前缀"in-"后的sanity是"神智健全"的意思。

有些音译成汉语之后脱离原来语言土壤的滋养，可能衍生新的含义或发生"变味"，不宜归位到原来的词语，需"添枝加叶"才能体现出新增的意思。如：

shopping→血拼→shopping spree

fans→粉丝→fan

drama→抓马→太抓马→too dramatic

有些由英语单词转写成单音节汉字，如bar（吧）、show（秀）、share（晒）、beer（啤）等，一旦与其他词语组合，就可能入乡随俗，撇清与原词语的关系，回译时不能使用原词。如：

bar→吧→网吧→Internet café/cyber café

bar→吧→剪吧→hairdressing salon

还有一些原封不动移植过来的单词，如app、call、high、hold、in、out、pass、PK、plus、pose等，由于脱离原有语言土壤的滋养，与汉语结合，其含义或许变得"面目全非"，回译时可能不宜使用原英语单词；或外形发生变化，必须"改邪归正"。例如，曾经风靡一时的"hold住"，让hold自己也"hold不住"了，不如使用keep it together、contain、control、restrain、persist等，更能准确地传递其含义。pass甚至演变成"淘汰"的意思（如：大学毕业的小蔡，怎么也没想到，应聘好不容易进入复试阶段，竟因为一份手写的简历，直接被公司PASS掉!）（张立美，2014：6），回译时绝不能由pass独自承担了，必须加up才能表达"淘汰，刷掉"之意，或用weed out、 reject、turn down等词语。"摆pose"频频被误拼为"摆poss"[①]，回译时必须回归正道，译为do a pose。"为……打call"要舍弃call一词，改用cheer for/on、cheer ... to the echo、root for等。

5.1.3.3 以类比创译为装点

"翻译中译者要进行一番创造性劳动，绝不是简单的词语搬家。"（毛华奋，1999：51）Martin也认为："翻译是一种创造性模仿的行为。"（2010：176）新词语的创译一般不是凭空虚构的，而是基于一定理据通过类比或模仿创造的。类比创译必须基于相似性原则，从结构相似、语义相似等方面在源域与目标域之间建立起映射关系，然后进行一定的创造性翻译，以求译语与源语在概念、功能上达到对等。

对于我国取得举世瞩目的成就或引起全球广泛关注的事件，可以大胆地类比创译。例如："宇航员"的英语是astronaut，其中的"astro-"具有"宇宙的，航天的"的意思。"-naut"的含义为"航海者"，苏联基于astronaut类比创造出cosmonaut，其中的"cosmo-"源自俄语，全称为kosmonávt，意思是"太空"。1988年，马来西亚华人赵里昱（Chiew Lee Yih）受到启发创造出taikonaut[②]，从此中国宇航员有自己的专属称呼。2008年汶川大地震引发的堰塞湖，*China Daily*模仿美国的Quake Lake湖泊名译成quake lake，从此它以普通名词的形式被英语词典[③]收录。

对于缺乏足够关注度的新词，只要按照英语表达规律或模仿相关词语进行合理的改造或组配也同样不会逊色。"富二代"可以根据be born with silver spoon in his mouth和old money两个词组，译为silver-spoon generation或children of old money能够入木三分。许多汉英词典将"黄昏恋"译为twilight love，张健认为这样的译法可能使人误解，以为是表达"月上柳梢头，人约

---

① 2022年7月18日对中国知网进行全文检索，发现有74篇文章使用了"摆poss"。
② 依据*China Daily*，网址为：https://global.chinadaily.com.cn/a/202106/20/WS60cedbc1a31024ad0baca2fd.html。
③ 通过查询OneLook Dictionary Search，发现已有3种在线词典收录。

黄昏后"那样的浪漫意境，建议译为love in the twilight of life。（2001：157）
其实根据上文提到的"老少恋"（May-December romance），译成December-December romance也是不错的选择。"公筷"可以基于serving spoon（a large spoon or ladle used to serve out individual portions of food[①]）和serving dish（a dish in which food is presented or served，esp. before being shared into individual portions[②]）译成serving chopsticks顺理成章。"水果拼盘"可依据"海鲜拼盘"（seafood platter）译为fruit platter能够持之有故，言之成理。"打卡了某旅游景点"可以按照美国电影*Bucket List*情节内容译为 tick off a sight from one's bucket list让人心领神会。"景点拍照打卡点"可以根据must-see仿造出a must-photograph spot也不会让人有突兀感。总之，只要思路得法，创新有道，就能创译出精彩的译文。

当然这种类比创译或套译必须是有理有据的，绝不能信马由缰、天马行空。网上流传的有些译法，如"动车"（don'train=don't+train）、"女秘书"（sexretary=sex+secretary）、"终成眷属"（togayther=together+gay）、"砖家"（speciousist）等，可谓是游戏性有余，严肃性和推广力不足，只能局限于网友自娱自乐的层面。同样，"给力"一词曾经被列为2010年流行词榜首，被网友叫好的译文（gelivable）如今也陷入叫好不叫座的窘境，仅作为中国新词语在美国《纽约时报》"Schott's Vocab"栏目中露过一面（2010-11-18）[③]，在The Intelligent Web-Based Corpus、News on the Web、Global Web-Based English三个大型语料库中也仅出现过一次，从此销声匿迹，难觅其踪影。这是值得我们冷静下来思考的问题。是因为推广力度不足，还是因为如此创新本身存在着缺陷？

5.1.3.4 以动态顺应为终点

词汇是一个开放、动态的系统，它不但乐于吸纳新成员，也会容许老成

---

①释义源自：https://www.collinsdictionary.com/dictionary/english/serving-spoon。
②释义源自：https://www.collinsdictionary.com/dictionary/english/serving-dish。
③网址为：https://schott.blogs.nytimes.com/2010/11/18/geili/。

员衍生新词义。"旧词新义与旧义的关系有非源生和源生两种形式，前者是借用旧词形负载新义，新义与旧义毫无联系，后者是在旧有词的基础上派生新义。"（黎昌友，2009：107）对于不同形式，翻译时要因地制宜，随机应变，动态对应。

非源生关系犹如在倒空的旧酒瓶里装了新酒，新酒与旧酒毫无关系。这是由于人们受到标新立异的心理驱动，利用别解手法将原有的词语进行非常规的解释，以达到诙谐、幽默、讽刺、调侃之目的。它们可以是望字生义词、谐音词、"蛋果"词等。译者必须具有敏锐的识别能力，将其与原义区别开来，然后依据新义进行翻译。如：

斑竹→版主 webmaster

杯具→悲剧 tragedy

病房→有病的房子 defective building

海龟→海归 returned overseas scholar

空调→空头调控 failed regulation

驴友→旅友 tour pal

呕像→令人呕吐的对象 disgusting idol

气管炎→妻管严 henpeckery

色友→摄友 shutterbug pal

神童→神经病的儿童 mentally challenged child

托儿所→托儿集中的场所 den of shills

洗具→喜剧 comedy

砖家 charlatan

当然，如果别解在汉英语言中具有认知共知性，也可以直译。例如，"黄热病"原来指的是通过伊蚊叮咬传播的急性传染病，可以别解为欧美男喜欢亚洲女，同样可以直译为yellow fever，因为其含义可以是a perceived sexual preference for ethnically East Asian women expressed by certain non-

East Asian（especially Caucasian）men[1]，不过带有贬义，要谨慎使用。

源生关系就好像在盛有酒的瓶子里添加了新酒，新酒与旧酒融合在同一个瓶子里。在汉语中，新义的衍生通常借助转喻或隐喻来实现，新义和旧义存在着理据性的关系，通过语义链相互连接，但转换成英语由于脱离相应的思维和文化环境未必能产生类似的联系。如果能，可以照用不误。如：

打脸→受到侮辱或打击 a slap in the face

店小二→为企业提供周到服务的政府部门及领导干部 servant

发酵→事态持续发展 ferment

红娘→为各方牵线搭桥、促成事情者 match-maker/go-between

压舱石→起稳定重要作用者 ballast

蒸发→消失得无影无踪 evaporate

如果不能，则要另起炉灶，译出其新义或喻义。如：

黄牛→票贩子 cattle→scalper/tout

井喷→突然猛增 blowout→skyrocket

买单→承担责任 foot the bill→take upon oneself/carry the can

婆婆→顶头上司 mother-in-law→boss

烧香→给人送礼 burn joss sticks→grease/oil someone's palm (hand/fist)

跳水→股市急剧下跌 dive→nosedive

攀高枝→跟社会地位比自己高的人交朋友或结成亲戚 play up to the higher-ups/marry up

有的原始意义有多个对应的英语表达，但引申义不一定，必须从中选择合适者。如：

肥皂泡 soap bubble/lather→很快破灭的希望或幻想 soap bubble

孵化器 incubator/hatcher→担负培育中小科技创新企业、加速高新技术成果转化以及对传统企业进行信息化改造任务的企业 incubator

---

[1]释义源自：https://dictionarypro.net/english-german/yellow+fever。

走钢丝 wire walking/tightrope walking→做有风险的事情 walk a tightrope

有的词义很复杂，有多种引申义的可能，如 "充电"至少可以有以下几种引申义：

补充体力 recharge one's batteries

补充知识 brush up/brush up on/update/upgrade one's knowledge

提高技能 upskill onself/upgrade one's skills

深造 pursue further studies (education)

由于大众趋新的心理，一旦某个新词语流传开来，往往会被套用，相应的系列词语随之铺天盖地而来，如"裸×""拼×""撞×""×托""×门""×巴""×控""×族""×达人""×客""×秀""×嫂"等。这些系列的词语都是沿着汉语思维的轨道繁衍，与英语的不一定吻合，有可能产生偏离现象。因此，无论翻译哪一个系列，都要善于突破汉语的思维定式，做到对症下药，切忌如法炮制，千篇一律。这里仅列举两个系列。

第一，"×达人"系列：

把妹达人 pickup artist

技术达人 alpha geek

恋爱达人 dating guru

美丽达人 beauty expert

时尚达人 fashionmonger

数字达人 digerati

网络达人 cyberelite

音乐达人 maestro

中国达人秀 China's Got Talent

第二，"裸×"系列：

裸奔 streak

裸博 fresh PhD graduate

裸官 official with family abroad

裸检 full-body scanning

裸聊 internet nude chat

裸退 retire completely

裸妆 nude look

裸婚 "naked" marriage

甚至同一词语由于视角不一样，具有不同或相反的意思，如"裸考"既可以指没有复习参加考试（take a test without any preparation/wing it），也可以指考试成绩没有加分（pure test score）；"裸捐"曾被视作空头捐赠（fictitious donation），现常理解为全部捐出（all-out donation）。

有些词语由于得到广泛使用，概念越来越宽泛，英译时需视具体情形而定。例如，"碰瓷"原来属于古玩业的行话，指个别不法商人在摊位上摆卖古董时，别有用心地把易碎裂的瓷器靠近路中央摆放，专伺路人不小心碰坏并借机讹诈的行为，本来可以译作broken porcelain scam，但碰瓷的伎俩不断演化，花样不断地翻新，因此可以依据砸碎的物品来"填空"，如broken bottle (glass/eyeglass/vase/watch/phone/computer) scam或melon drop scam。后来碰瓷行当已转向交通事故，可以笼统翻译为staged crash scam，有些还可以根据细节译为swoop and squat scam、panic stop scam、sideswipe scam、crash for cash scam等。鉴于"碰瓷"案件频发，2020年9月，最高人民法院、最高人民检察院、公安部联合发布《关于依法办理"碰瓷"违法犯罪案件的指导意见》，对"碰瓷"做出新的定义：指行为人通过故意制造或者编造其被害假象，采取诈骗、敲诈勒索等方式非法索取财物的行为。该意见还指出，"碰瓷"的违法行为是：一些不法分子有的通过"设局"制造或者捏造他人对其人身、财产造成损害来实施；有的通过自伤、造成同伙受伤或者利用自身原有损伤，诬告系被害人所致来实施；有的故意制造交通事故，利用被害人违反道路通行规定或者酒后驾驶、无证驾驶、机动车手续不全等违法违规行为，通过被害人害怕被查处的心理来实施；有的在"碰瓷"行为被识破后，直接对被害人实施抢劫、抢夺、故意伤害等违法犯罪活动等。[①] 其中有些"碰瓷"的严重程度恐怕要上升到extortion、blackmail等词依据特定情境来表达，但切勿像孔令翠和刘巧玲那样，以"争夺话语权"名义音译成pengci（2018：131），以免带来此类现象是"中国专利"的负面影响。

有些词语的译文推出后可能存在不完美之处，需要不断打磨或修正。如"一带一路"的翻译经历了the One Belt One Road Strategy、the One Belt One Road Program、the One Belt One Road Project等过程，最终官方确定为the Belt and Road Initiative[②]，并可以简化为the Belt and Road。

5.1.4 转码后核对

转码后的核对是重要环节，译文是否符合目的语读者的阅读习惯，都要经过反复辨别和鉴定。对于词典、专著、论文或网络提供的译文，不要盲从，一定要回查英语词典，查看英语中是否有类似表达，含义是否吻合，概念是否对等，搭配是否得当，语域是否契合，等等。这里仅列举两类，其他可以参考上一章相关的内容。

5.1.4.1 探明英语有无类似表达

【例1】月光族

译文：moonlite（刘世芝，2014：72；吕世生，2012：238）

依据《现代汉语词典》，"月光族"是指"每个月把收入都花光的一类人"（中编室，2016：1617）。尽管moonlite是国内网友热捧的与汉语"月光族"对应的单词，但查阅OneLook Search Engine[③]，仅找到Moonlite

---

①文件内容源自在线法律图书馆，网址为：http://m.law-lib.com/law/law_view.asp?id=701626。

②详见中国关键词网站，网址为：http://keywords.china.org.cn/2018-11/30/content_74227044.html。

③可以联合查询1061本词典，网址为：https://www.onelook.com/?d=all_。

和MoonLITE。前者是John Gavin自导自演的电影名称，后者是The Moon Lightweight Interior and Telecoms Experiment的缩写，与"月光族"八竿子打不着。可见，moonlite只是国内网友创造的新词，仅限于自娱自乐层面，绝不能将其当作"月光族"的正式译名来使用。

其实，依据上述提到的"月光族"的生活特征，可以借鉴live paycheck to paycheck这一短语，其意思是"to spend all of the money one earns by or before the next time one is paid, thus saving none or very little in the process"[①]；也可以参考hands to mouth，其含义为"with just the bare minimum of money, food, or resources to survive, with little or nothing else to spare"[②]。翻译时，应考虑"月光族"属于什么样的类别。如果指出手阔绰者，可以译为paycheck-to-paycheck consumer；要是指手头拮据者，可以译为hands-to-mouth person。还要根据语境灵活变通，倘若是挥霍无度，可以直接使用spendthrift/spend-all；如果翻译"他是个月光族"这个句子，完全可以译为"He lives paycheck to paycheck."。

值得一提的是，"月光族"不能与"月光退休族"混为一谈，后者指的是退休工资跟不上物价的涨幅，为了补贴家用而重新就业的退休人员。前者"月光"通过别解生成，即"每月花光"；后者"月光"直译自moonlight，意思是"从事第二职业"。退休后再就业者，除了极少数之外，一般不会找两份工作，所以"月光退休族"最好译成working retiree，尽管搭配自相矛盾（oxymoron），但比moonlighting retiree（王维东，2011：74）更合理。通过谷歌进行高级检索（截止到2022年7月18日），后者的搜索结果仅为6例，其中来自国外网站的只有1例，即"Now you're a moonlighting retiree getting paid to scrap!!!"[③]。而前者有11200例，其中一个例子很能说明问题：

---

①释义源自：https://idioms.thefreedictionary.com/paycheck。
②释义源自：https://idioms.thefreedictionary.com/hand+to+mouth。
③网址为：https://www.scrapbook.com/gallery/?m=image&id=5937037&type=layout&c=27&start=72。

The term "working retiree" may seem like an oxymoron, but it's a new reality that is here to stay. It's projected to have a significant impact on the marketplace due to low population growth and high talent needs.[①]

【例2】玻璃幕墙

译文：glass skin（张健，2012：64）

玻璃幕墙是一种建筑外围护墙，它由玻璃面板与支承结构组成，对主体结构有一定位移能力，但不分担主体结构所受作用力。作为一个现代建筑术语，它应该被很多词典收录，但查阅OneLook Search Engine，只有Wikipedia收录，是Dir En Grey于2008年发行的音乐唱片专辑的名称，与玻璃幕墙毫无瓜葛。再搜索glass skin，发现它在化妆品行业中是指光亮透明的皮肤，如：

Glass skin, which is the fancy name for clear, luminous, seemingly transparent skin, is taking over social media—and one person's skin-care routine for achieving the look is going viral.[②]

可见，将"玻璃幕墙"译为glass skin有张冠李戴之嫌，能与"玻璃幕墙"真正对号入座的应该是curtain wall，其含义是"a nonbearing wall, often of glass and steel, fixed to the outside of a building and serving especially as cladding"[③]。要想突出玻璃材料，前面可以加上glass，即glass curtain wall。

【例3】道德法庭

译文：court of morality [i.e. court of public opinion]（陆谷孙，2015：422）；morals tribunal/forum of conscience（杜瑞清，2016：343）；conscience forum/moral court/court of ethics（吴光华，2010：312）

同一个词条，国内三部大型汉英词典各自提供两个或两个以上译文，令

人无所适从。何为"道德法庭"？百度百科提供了这样的解释：人民群众和公众舆论对有社会争议的行为或违背社会道德准则的行为进行道德评议和谴责的一种形象称谓。一般说来，不道德的行为如果任其发展下去，最终容易导致违法犯罪行为的发生。公众对其进行道德评价和谴责，能够引起全社会的关注，形成巨大的社会舆论压力，对树立良好的道德风尚，预防和减少违法犯罪有积极的作用。道德法庭以社会公认的道德准则为依据，没有固定的组织形式，如在广播电视、报纸杂志中常设立这类节目或栏目，其评价和谴责没有法律上或行政上的约束力。①

这一解释让人想起美国出现过类似的电视节目，叫作"Moral Court"，其主要内容是：

Moral Court was a court show that was hosted by Larry Elder, and originally ran from 2000 to 2001. The program had the same concept as a legality court show however the cases were based on opinion based ethics and morality judged by Elder with the winner of the case leaving with a cash prize. The judge decides after hearing the case who is morally right and how much to award. If he finds one party to be merely wrong, he'll award a $500 cash prize. If he finds it to be a more serious moral problem, he terms it offensive, and awards a $1,000 cash prize. If he finds it to be extremely bad, he terms it outrageous, and awards the show's maximum judgment, a $2,000 cash prize. The judge could also dismiss the case if he finds both parties to be wrong. After every case, court reporter/interviewer Vivian Guzman would ask both parties a few questions and let them say their opinion on the outcome of the case. Moral Court was the only court show that dealt with ethics and morality rather than legality, so the parties were not referred to as the "Plaintiff" and "Defendant", but rather, the "Accuser" and the "Accused".②

---

①释义源自：https://baike.baidu.com/item/道德法庭/5344438?fr=aladdin。
②释义源自：https://en-academic.com/dic.nsf/enwiki/1563932。

电视的影响力是无穷的。例如，house of cards（纸牌屋）原为一个固定词组，意思是"a flimsy structure，arrangement，or situation that is in danger of collapsing or failing"①，《英汉大词典》译为"不可靠的计划（或制度等）"（陆谷孙，1993：850）。自从同名美剧播出后，被赋予了新的内涵——政治和权力斗争，因为剧中出现大量权钱交易、权色交易、权权交易的情节。习近平主席于2015年9月访美时谈到中国反腐败斗争，巧妙地利用这一电视剧名。他说："这其中没有什么权力斗争，没有什么'纸牌屋'。"②在场观众听到现场翻译，一下子心领神会，发出阵阵的掌声。

基于上述理由，我们不妨将"道德法庭"译为moral court，而且两者字面意思也对等，更有利于互译。

5.1.4.2　检查概念内涵是否对等

【例1】求学房

译文：housing near school（吕世生，2012：138–139）

"求学房"是教育部于2007年8月公布的171个汉语新词之一，解释为"学校，尤其是名校周边的房产"（吕世生，2012：138），但拥有名校周边的房产并不意味着获得名校的入场券，因为学区的划分是比较复杂的，就近入学原则不是绝对的。依据九江新闻网，"就近入学"的"就近"是指相对就近，并不是绝对指地理位置的远近，即不是到离家最近的学校就读，而是指由教育行政部门根据本地区公办义务教育学校的资源配置状况、义务教育适龄学生的分布和需求状况，合理规划和确定本地区义务教育阶段公办学校招生入学范围和招生人数，为每一位适龄儿童、少年提供相对就近入学的义务教育学额。③而且，"招生范围的确定是以小区或者街道整体划分，居住地与学校虽然仅一墙之隔，确实不一定能被划进家长想要选择的学

---

①释义源自：https://www.thefreedictionary.com/house+of+cards。
②源自人民网，网址为：http://politics.people.com.cn/n/2015/0924/c1001−27626129.html。
③网址为：http://www.jjxw.cn/jjsh/2018/0712/349751.shtml。

校"①。所以从严格意义来说，"求学房"不是名校周边的房子，而是可以取得就读名校资格的房子，然而housing near school并没有包含这层意思，两者的概念不太一致。至于如何准确翻译，详见第7.4节"学区房"的翻译。

【例2】手机手

译文：repetitive strain injury（吕世生，2012：169–170）

repetitive strain injury是一个涵盖性术语（umbrella term），泛指长期进行某种操作导致手、腕、上臂、背部等部位损伤，而"手机手"系大拇指腱鞘炎（de Quervain's tenosynovitis）的俗称，"是一种手部肌腱病症，是指第一掌骨头部的拇长屈肌腱鞘炎及第2、3、4、5指掌骨头部的屈指肌腱腱鞘炎"②，受侵的部位主要是手指。两者一大一小，翻译时以大代小必然导致概念泛化。考虑到"手机手"是俗称，英译时也不宜用过于专业的术语来取代，因此可译为texting thumb、gamer's thumb、mommy thumb③等。

【例3】表情符

译文：emoticon; emoji（杜瑞清，2016：98）

"表情符"通常叫作"表情符号"，可以分为图片和符号两种形式。它的出现"极大地丰富了人类表情传意的方式，形成了独特的语言，用来生动呈现和描摹日常面对面交际中的非言语信息，使双方如闻其声，如见其人"（李彦，2019：99）。英语emoticon通常指由键盘打出的符号，如笑脸可以用"：–）"表示；而emoji是表情图片，可以在微信、QQ等聊天中选择使用。尽管汉语将图片和符号混称为"表情符号"，但英语将两者分得一清二楚，翻译时需仔细甄别。

可见，对于词典提供的有些译名，不能拿来即用，一定要自己查证以保准确无误。

---

①网址为：https://baike.baidu.com/item/就近入学。
②释义源自：https://baike.baidu.com/item/大拇指腱鞘炎/1592024。
③依据The Free Dictionary，网址为：https://encyclopedia.thefreedictionary.com/De+Quervain+syndrome。

5.2 新词语和谐求译的原则

5.2.1 重视话语构建

话语（discourse）本为语言学术语，其原意是"交谈，讲话"，后经巴赫金、福柯、费尔克拉夫等人的阐发，成为与思想信仰、价值追求、世界观、意识形态和权力关系相交织的术语。谁拥有话语权意味着谁就可以制定规则、维护权威、决定真理、书写历史甚而压制他者。（曹顺庆、郭明浩，2013：75–76）"话语权背后隐含了国家之间地位和实力的角逐，同时记录了国家利益和意识形态的竞技。"（曹灵美、唐艳芳，2017：89）"权力之下，翻译赫然成了服务国家利益、对外国文化进行强取豪夺的工具。"（朱湘军，2008：41）"在现、当代，翻译仍然是不同语言的话语力量的博弈，是源语与目的语争夺话语权的斗争。"（张从益，2009：95）

然而，对于翻译是否能充当争夺话语权的工具，国内译界还没有达成完全的共识。赵彦春教授在提到"翻译消弭人对语言的干扰"（2007：104–106）时通过较长篇幅评述了taikonaut这个中西结合词，现将其中的部分内容摘录如下：

> "宇航员"在不同国家有着不同名称。这很正常，语言不同，名称自然也就不同了。但各国将自己本土的命名译成英语时也想保留各自的特色，而避开现成的说法，这就超出翻译的转换规律。这等于用英语造了一个词，就翻译的本质而言属于"不译"，因为它不属于现有的两套语言系统之间的语码转换……有人推出taikonaut……据说人气挺高，可这是汉英两种语言的奇怪混合，不解释汉语的"太空"（taikong）及构词知识的缩合，要让高鼻子们搞懂它的含义，鬼才相信呢。对于造词的执着，可以誉之为爱国主

义；也可以不褒不贬，说它是民族主义，要说是心胸狭窄也是不无
道理的……再说，对同一事物，也不可能有太多的名称。如果每个
国家都有一个宇航员的英文名字，要开一个航天旅行的国际会议，
该用哪一个英文名称呢？不可能同时使用几百个吧，最后还得有一
个统一的称呼，王者命名也罢，约定俗成也好。

　　笔者认同"翻译消弭人对语言的干扰"这一观点，但其选择的例子不
够妥当，与当下重视中国涉外话语的构建有点背道而驰。首先，第5.1.3.3节
已提到，taikonaut是马来西亚华人赵里昱（Chiew Lee Yih）创造的，这完
全是出于对中国航天成就的尊重；其次，taikonaut是最让国人感到自豪的词
语，是中国航天实力的标记，很快得到词典编纂者的认可，被录入Oxford、
Random House、Collins等多部权威词典，而法国人创造的spationaut至今无
人问津；再次，taikonaut的出现并不是与astronaut一争高低，也不会造成用
词混乱，而是能够让其指代更加明确，特指Chinese astronaut，使措辞更加
经济、简约。诚然，taikonaut在使用频次上无法与astronaut和cosmonaut抗
衡，但随着中国航天事业的蒸蒸日上，该词的使用逐步呈增长之势，这从
News on the Web[①]语料库出现的频次（截止到2022年7月18日的数据）可见
一斑，如表5-1所示：

表5-1　taikonaut使用频次

条目	2010—2015	2016—2020	2021—2022
taikonaut	35	33	37
taikonauts	40	90	171
总计	75	123	208

　　另一种观点截然相反。随着国民英语水平不断提高，英汉音译及汉字夹
杂英语单词的现象大行其道。在这一潮流的影响下，有些作者和编者不甘落

①网址为：https://www.english-corpora.org/now/。

后，开始积极推广拼音化外译，如"山寨"（shanzhai）、"房奴"（fangnu）、"土豪"（tuhao）、"大妈"（dama）、"碰瓷"（pengci）、"不折腾"（bu zheteng）、"葛优躺"（Ge You slouch）等，这类译名不时出现在论文或汉英词典中。

笔者认为，这种争夺话语权的心切是值得肯定的，但不要因此冲昏头脑，要三思而行。试想这些词语，能值得我们趾高气扬、扬眉吐气吗？相反，有些代表中国的标志性成果，如"和谐号""复兴号"等词在音译探讨方面却无人问津。因此，我们要冷静下来思考一下，哪些需推广，哪些不该推介？音译应该有适应征和禁忌征，不能这样不分青红皂白，要正确把握"价值取向"这一尺度，量"力"而行，努力把中国的文化精髓、重大科技成果推广出去，讲好"中国故事"，传播好"中国声音"，构建好中国话语，弘扬中国正能量，增强中国文化软实力。习近平总书记在中共中央政治局第十二次集体学习时强调，要"把跨越时空、超越国度、富有永恒魅力、具有当代价值的文化精神弘扬起来，把继承传统优秀文化又弘扬时代精神、立足本国又面向世界的当代中国文化创新成果传播出去"①。他在第三十次集体学习时又强调："要下大气力加强国际传播能力建设，形成同我国综合国力和国际地位相匹配的国际话语权，为我国改革发展稳定营造有利外部舆论环境，为推动构建人类命运共同体作出积极贡献。"②

译者要负起促进中国以积极的形象走向世界的使命，树立起良好的国际形象。对于积极且很有特色的文化词或体现技术进步的词语，不妨采用拼音化或借译的方法大力推广，如"汉文化"（Han culture）、"微博"（Weibo）、"玉兔探测器"（Yutu Rover）、"嫦娥四号探测器"（Chang'e-4 probe）等，使之"更加符合传播中国文化的原则，与大国崛起的形势相匹配，并将有助于获取文化资本"（李小华、唐青叶，2021：57）。要谋取文化资本，最便捷、有效的翻译方法是"音译+意译"法。就傅园慧在里约奥运会上说的

---

①源自新华网，网址为：http://news.xinhuanet.com/politics/2013-12/31/c_118788013.htm。
②源自共产党员网，网址为：https://www.12371.cn/2021/06/02/ARTI1622621330618405.shtml。

"我已经用了洪荒之力了！"的翻译而言，与其翻译成"I have used up my primordial power（或mystic energy/primeval force/prehistoric power等）"，不如翻译为"I have strained my every nerve and muscle"更通俗易懂，而且更符合傅园慧想表达的本意，即"形容自己真的用尽了全力"①。但无论使用上述哪一种翻译都无法获取文化资本，只有改成"I have used up my honghuang power"才有可能。有学者主张将"洪荒之力"翻译成德语urkraft，认为德语与英语是相通的（姚德怀，2017：62），这未免有点矫枉过正，导致文化资本荡然无存了。2018年网络流行语"锦鲤"也不例外，许多人将它翻译成koi fish（王寓凡、白天伟，2019：104；曹钺，2019：110），其实koi是日源性英语，和"恋"[koi]同属同音异义词，隐含"爱"之意，与象征"幸运"的"锦鲤"的寓意明显不符。一个颇具中国特色的词语，被如此贴上日语标签，于理不符，还不如模仿lucky dog (duck)，译成lucky carp。

鉴于美国新闻媒体"很多有关中国的报道都将中国妖魔化、丑陋化、荒谬化"（顾静，2005：60），所以对于消极现象要谨慎处置，尽量找到英语对应词进行化解，不留一丝源自中国的痕迹。要清醒地认识到，一旦拼音化定型了，就会烙上中国印，有可能背上"中国源头"之罪名。在新冠肺炎大流行之际，美国高官在毫无确凿证据的情况下，别有用心地妄称"新冠病毒"是Wuhan virus或Chinese virus，企图将病毒标签化、污名化，让我国背上黑锅。对此，我们要坚决反对、积极反驳，并在翻译中吸取教训，引以为戒。对于消极的事物，要谨慎处置，尽量找到英语对应词，巧妙地化解，不残留一点Made in China的痕迹。如："脑残体"（eleet/leetpeak）、"傍大款"（find a sugar daddy）、"烂尾楼"（unfinished building）、"房奴"（mortgage slave）、"山寨"（counterfeit/knockoff/cloned/copycat/lookalike/spoof）、"躺平"（lie flat/slack off/sit back and do nothing ）、"水课"（low-quality course/Mickey Mouse course/gut course/snap course）等。同时，要警惕西方蓄意设置的话语

---

①系傅园慧随里约奥运精英团在香港接受记者采访时说的原话，网址是：https://www.dutenews.com/p/16788.html。

陷阱。例如，西方媒体"屡屡使用wetmarket来描述'华南海鲜市场'，其'杀伤力'不可小觑，因为它给受众的印象是装满准备宰杀的野生动物之所在，几乎就是病毒滋生地的代名词（杨全红、胡萍萍，2021：69）。对于此类用词我们一定要保持清醒的头脑，不能不加分析鉴别地照单全收，以免落入他们设定的圈套。

5.2.2 注重经济简约

注重经济简约与第3章中的省力理据一脉相承，其实质内容是：在确保正确、达意的前提下，剔除任何冗余信息。芟繁就简、简明扼要一直是在写作中奉行的准则。"句有可削，足见其疏；字不得减，乃知其密"[①]，以及"笔力雄健，简约为本，句无杂词，段无冗句"（Strunk & White，1979：3）均强调了这一点。写作崇尚简约之美，而翻译作为文化交流的桥梁，同样应遵循经济原则（程福干，2019：100）。

汉语任何一个词语都可以抽象到概念层，并通过概念义进行解释，但要用简洁的符号表达出来存在一定的难度，因此许多汉英词典翻译部分新词语时采用释译。如：

【例1】变形金刚

译文：anamorphic plastic or metal toy based on a "Star Wars" figures and such like figures with movable parts which can be repositioned to transform it into likenesses of planes，tanks，animals，etc.（惠宇，2004：89）

【例2】代币券

译文：a ticket with a specified value to be used for making payment as a money substitute（吕世生，2012：295）

---

①转引自刘兰英：《中国古代文学词典》。呼和浩特：内蒙古人民出版社，1991：221。

【例3】钉子户

译文：a person or household who refuses to move and bargains for unreasonably high compensation when the land is requisitioned for a construction project（吕世生，2012：314）

这些解释性翻译有助于英美读者理解汉语词语的内涵，对于学习汉语者大有裨益，但与经济原则背道而驰。好翻译贵在准确而又简约，而上述三个新词语的译文显然没有达到这一点，可分别改成transformer、token和holdout。

出于表达需要，有些传统词汇被重新挖掘出来使用，翻译时要观察英语是否有类似的表达方法。如果有，也不宜继续使用冗长的解释。如：

【例4】开脸

译文1：(of a girl on the eve of marriage) clear off the fine hairs on the face and neck and tidy up the hair line at the temples（惠宇，2004：877）

译文2：(of a girl at the time of getting married) change the hair style, clear off the fine hair on the face and neck and trim the hair on the temples（吴光华，2010：924）

译文3：to remove fine hairs from face (as done by the bride-to-be on the wedding eve)（陆谷孙，2015：1174）

【例5】告地状

译文1：beg from people in the street with one's misfortunes written on a piece of paper or placard; beg from passers-by in the street by writing one's misfortunes on the ground（惠宇，2004：535）

译文2：to write one's troubles in chalk on the sidewalk as a means of begging（陆谷孙，2015：690）

【例6】拉钩

译文：(of two people) hook up the little fingers of each other's right hands and give them a pull in token of good faith（杜瑞清，2016：969）

【例7】枕边风

译文：pernicious advice given in bed by a wife to her husband（杜瑞清，2016：2229）

"开脸"是中国古代的一种美容方法，早已传到西方，被归化翻译为threading，LEXICO将其解释为a method of hair removal in which unwanted hairs are plucked out by using a twisted cotton thread[①]。"告地状"在英语中也有类似表达，即screeve，Collins English Dictionary提供的释义是：①to write，often referring to the writing of begging letters；②to draw on the pavement with chalk。[②]"拉钩"在英语中有对应说法，即pinky (pinkie) swear (promise)，其意思是to affirm a promise by linking one's smallest finger (the pinkie) with that of someone else[③]。"枕边风"在英语中即pillow talk，其意思是"private conversation, endearments, or confidences exchanged in bed or in intimate circumstances between spouses or lovers"[④]，与其类似的"枕边训话"则是curtain lecture。这些解释性翻译在生动形象和简约性方面显然逊色于固定的表达，会导致目的语读者花费更高的时间成本。

要是传统词汇非常具有中国特色，不妨以"拼音+解释"的方式推广，其拼音一旦被目的语读者接受，就能变得简约了。

【例8】抓周

译文：give a baby a grabbing test on its first birthday (in which various articles are spread out before it and the one paricicular article it picks up is supposed to indicate its future interest and aspiration)（杜瑞清，2016：2291）

抓周风俗起源于古代中国，后来传到日本和朝鲜。现在，日本音译为

―――――――――――

①释义源自：https://www.lexico.com/definition/threading。
②释义源自：https://www.collinsdictionary.com/dictionary/english/screeve。
③释义源自：https://idioms.thefreedictionary.com/pinkie+swear。
④释义源自：https://www.dictionary.com/browse/pillow-talk。

Erabitori，朝鲜音译成Doljanchi，我们要据理力争，音译为Zhuazhou，必要时附上a traditional Chinese ritual held at a child's first birthday party in which various objects symbolizing different occupations are spread out and the object the baby goes for first is believed to indicate their future career之类的解释，相信目的语读者在明白其意思后会接受音译，从而使简约表达成为可能。

有些解释性翻译尽管比较简洁，但比起地道用法显得不够专业。例如，将"隆鼻"译成have one's nose reshaped or restructured，不如译成have a nose job或get rhinoplasty更加地道。

5.2.3　提防"假朋友"

"假朋友"（false friend）全称为"译者的假朋友"（false friend of a translator），译自法语faux amis du traducteur，是由法国语言学家Maxime Kœssler和Jules Derocquigny在其专著*Les faux amis：ou, Les trahisons du vocabulaire anglais*（1928）中首先提出来的。（Aronoff & Rees-Miller，2003：698）Shuttleworth和Cowie将其解释为a standard term used to describe SL and TL items which have the same or very similar form but different meanings, and which consequently give rise to difficulties in translation（2004：57-58）。从这一释义可以看出，所谓的"假朋友"实际上是指两种语言中具有形式相同或相似但含义迥异的词语。这种形式上的相似性多见于书写相似的语言，如英语与德语、法语、荷兰语等，汉语与日语等。例如：

gymnasium—健身房（英语）；高级文科中学（德语）

gift—礼物（英语）；已婚的，毒药（丹麦语和瑞典语）

手紙—手纸（简体汉语）；信（日语）

汽車—汽车（简体汉语）；火车（日语）

汉英属于不同语系，两者的书写迥然不同，因此两者出现的"假朋友"现象不是形式上相似，而是字面意思雷同而真正含义不一样的情况，如"洗牙"不等于toothwash，后者的意思是a tooth-cleaning liquid[①]。

"假朋友"还可以分为"完全假朋友"和"不完全假朋友"。上述列举的均为是"完全假朋友"。"不完全假朋友"是指用作自由词组时是"真朋友"，而用作固定词组时是"假朋友"的现象。不过这种现象尚未引起译界的重视，许多人往往以固定词组含义来否定自由词组的意思。如表5-2所示：

表5-2　自由与固定词组真、假朋友对照表

词条	自由词组（真朋友）	固定词组（假朋友）
蓝色上衣	blue coat	bluecoat 警察
蓝色长筒袜	blue stockings	bluestocking 女学究
绿色房子	green house	greenhouse 温室
美国丽人	American beauty	American beauty 美国红蔷薇
甜面包	sweet bread	sweetbread （小牛或羔羊的）胰脏

另一种是一部分义项相同，另一部分义项不相同的情况。如表5-3所示：

表5-3　部分义项真、假朋友对照表

汉语词条	英语词条	真朋友	假朋友
猎头	headhunting	物色人才	（英）清除敌手
绿卡	green card	外国人永久居留证	（英）绿色保险卡
热点	hot spot	温度高于周围环境的局部点，一段时期内吸引注意的地方	（英）森林火灾多发区；热闹的娱乐场所；发生动乱的地区
热狗	hot dog	红肠面包	（英）卖弄技巧者
热裤	hot pants	超短裤，性感裤	（英）性欲；色情狂

表示颜色的词语也是诱发"假朋友"的"高危群体"，需予以特别关注，因为它们在不同民族中具有不同文化联想，翻译时要善于辨别同一颜色在汉英语言中的不同含义。例如：

[①]释义源自：https://www.collinsdictionary.com/dictionary/english/toothwash。

【例1】So that's why a lot of the stock market is in true red today.

译文：这就是今天股市全线飘红的原因。[①]

这是一个双语对照的句子，两种语言谁先谁后无关紧要，关键是要看两个句子的含义是否对等。汉语"飘红"是指股票等证券的价格普遍上涨（中编室，2016：1000），之所以这样说，是因为证券交易所的电子显示屏显示价格上涨时用红色，下降时用绿色。英语中in the red表示in debt的意思，所以红色用来表示股票下跌，绿色表示股票上涨，尽管在传统语言中in the black表示盈利。译者因不理解红色在两种语言中所承载的不同含义造成了上述误译。

同时，翻译新词语也要防止虚假的"假朋友"，即利用汉语思维译出很不地道的"假朋友"，这是受到汉语负迁移的影响而犯的翻译错误。如表5-4所示：

表5-4　假朋友与真朋友对照表

汉语词条	假朋友	真朋友
钣金车间	sheet-metal workshop	body shop
搭桥手术	bridge surgery	bypass surgery
对照组	contrast group	control group
酒精测试仪	alcohol detector	breathalyzer
猫眼（门镜）	cat's eye	peephole
扫描笔	scanning pen	pen scanner/wand scanner
傻瓜照相机	foolish camera	point and shoot camera
一步裙	one-step skirt	pencil skirt
隐形眼镜	invisible glasses	contact lenses

王佐良先生曾告诫说："译者在寻找与原文相当的对等词的过程中，就要对两种文化做一番比较，因为真正的对等应该是在各自文化里的含义、作

---

①例句源自：http://m.xinuow.org/a/3168.html。

用、范围、情感色彩和影响等都相当，这当中的陷阱是不少的，仅仅顾名思义就会出毛病。"（1984：2）他的这番话也可以说是针对翻译中的"假朋友"来说的，要避免掉入"假朋友"这一陷阱，必须慧眼识珠，认清"真、假朋友"。翻译中"假朋友"现象固然可恨，因为它们表里不一，以假乱真，让译者误入歧途，但它们也别具价值，可以作为磨砺译才的试金石，去伪存真的过程就是增长见识、发现真理的过程。（施佳胜，2009：81）

5.2.4 保持译名统一

译名统一指的是同一译名在特定语境或文本中前后保持一致，"力求'一名一译'，而不是'一名多译'"（杨明星，2014：105）。翻译目的论认为："译者译出的信息（即译文）必须能够以与译文读者的情景连贯方式得到解释。"（Reiss & Vermeer，1984：113）从理论上说，只有做到一个译名只与一个概念相对应，才能确保语内连贯。不过对于新词、热词翻译来说，要做到译名统一尤为困难，因为新词语的概念不够稳定，有可能因频繁使用出现泛化或丰化现象。但对于外交类新词语来说，必须统一译法，精准译介，并"牢牢掌握中国话语国际传播的第一定义权和最终解释权"（杜占元，2022：8），因为它们"是国家外交新理念的集中体现和重要载体，是国家对外政策的晴雨表和风向标"（杨明星，2014：107）。以"中国梦"为例，它是习近平总书记在 2012 年 11 月 29 日参观《复兴之路》展览时首次提出的，随后在多个场合多次提及。译界为此提供的译文主要有 the Chinese Dream、China Dream、China's Dream 等，这样一词多译会造成混乱，不利于"中国关键词"的对外传播，"引起了一些外国媒体的猜忌和误读，甚至成为它们炒作'中国威胁论'的素材和借口"（杨明星，2014：103）。鉴于习近平总书记在会见第七届世界华侨华人社团联谊大会代表时将"中国梦"阐释为"是国家梦、民族梦，也是每个中华儿女的梦"[①]，所以只有the Chinese Dream才能使三者有机、和谐的统一。通过 News on the Web语料库对三者的用词情况进行查询（截止到 2022 年 7 月 18 日），得到的频次分别为：the Chinese Dream共 1228 次，China Dream共 861 次，China's Dream共 85 次。其中the Chinese Dream独占鳌头，理应成为首选，而且"中国关键词"网站[②]已定论为the Chinese Dream。

为了到达译名统一，应遵守"名从源主"原则，即服从"源头上"最权威部门公布的译名，或遵从名称主人确立并使用已久的既定译名（刘法公，2007：46）。"中国关键词"都是由经验丰富的翻译专家经过仔细推敲后才确定的，具有一定的权威性，应该得到尊重并被选用；至于非时政术语，如果译文出自主人，也应遵从。例如，微信的"朋友圈"在很多论文中被翻译成friends's circle、circle of friends、Moment等，这些译文都没有很好地遵守"名从源主"原则，应该改译为Moments。但作为微信设计者的腾讯公司，提供的译文要始终如一，一以贯之：不要把"微信"一会儿译成WeChat，一会儿音译为Weixin；也不要将"朋友圈"既译成Moments，又译为My Posts。这样一名多译令英语读者难辨其宗。

要保持译名统一，还要做到并列结构的译名在词性上保持一致。例如，在翻译"不动摇、不懈怠、不折腾"时，必须将三者的词性保持一致；微信界面上的"置顶该聊天"要与"取消置顶"（Remove from Top）在词性方面保持高度一致，不要译为Sticky on Top，最好将sticky改成动词。要使译文更加地道对应，两者可分别改为Pin to Top和Unpin from Top。

5.2.5　杜绝拼写错误

拼写是新词语翻译的最后一关，一旦出错有可能功亏一篑，前功尽弃。

---

①详见《五年来，习近平这样多次阐述中国梦》一文，网址为：http://tgxcw.gov.cn/artlink?id=8&artid=178&cid=10。
②网址为：http://keywords.china.org.cn/2019-04/19/content_74700286.html。

新词语翻译本来就是"吃力不讨好的活",好不容易译出来了,要是败在拼写这一环节上,则令人惋惜。笔者撰写拙著时参考了一些专著和词典,发现其中有些拼写错误出现频率偏高。下面仅列举部分实例(如表5-5所示),对事不对人:

表5-5　部分单词误拼列表

汉语	误拼	正拼	说明
青春损失费	dally money	dallymony	由dalliance和palimony合成
脑白金	meladonin	melatonin	正名为"褪黑素"
蹦极	bungy	bungee	bungy是西班牙语,最好用bungee
伟哥	Wingar	Viagra	也称"万艾可"
马杀鸡	message	massage	message的意思是"信息"
吉祥物	mascotto	mascot	——
概念车	conception car	concept car	——
保龄球	balling	bowling	——
纳米	mano	nanometer	——
沙龙	saloon	salon	saloon有"箱式小客车、酒馆"等意思
雪碧	Spribe	Sprite	——
环卫专家	gabalogist	gabologist	——
临终关怀	hospitalpice	hospice care	——
整群抽样	chester sampling	cluster sampling	——

这些仅仅是众多拼写错误的一小部分。拼写错误说明作者或译者的词形知识语音表征在其心理词库中存储得不够清晰。尽管大部分拼写错误可以一笑了之,但这种错误存在于词典中则有可能误导查询者,导致他们以讹传讹。以"摘要"为检索条件,通过中国知网对hospitalpice和chester sampling进行检索(截止到2022年7月18日),发现分别有40篇和84篇。造成这样的结果主要归咎于作者自身对英语单词误拼的识别能力不够强,但与词典编者的疏忽也有一定的关系,因为前者想当然认为词典的译文是准确、权威的。其实,只要译者和编者具有防范意识,借助于Word软件进行检查,许多拼写错误可以被扼杀在摇篮中。

6 新词语和谐求译的现代技术检索手段

随着新词语的不断增加，汉英新词翻译实践和研究成为译界的新热点。一系列汉英新词工具书相继问世，在一定程度上缓解了译者的燃眉之急，但由于新词语的意义和用法纷繁复杂，很难一次性用一个词语译得非常到位，而且新词语的意义还在不断嬗变。相对而言，纸质词典的出版周期较长，故有学者戏言："词典一旦出版即成'过时货'。"（毛荣贵、刘宓庆，1996：36）因此，要做好新词语的和谐翻译，译者不但要拥有很高的"译商"，具有高超的双语理解和驾驭能力，而且要掌握现代技术检索手段，提高自身的"搜商"，即"人类通过某种手段获取新知识的能力"（陈沛，2006：30）。搜商"是知识和时间的商数，其更关注于获取有效知识的效率"（王华树、张成智，2018：27），可以让译者站在整个人类智慧的基础上去解决翻译问题，找到解决翻译问题的线索及答案。就新词语翻译而言，所借助的工具主要是百科全书、在线词典、搜索引擎、语料库等。

6.1 百科全书

百科全书（encyclopedia）是按词典形式分条编排，概括地介绍人类一切知识门类或某一知识门类的大型工具书。过去，百科全书以纸质形式出版，如《大英百科全书》（*Encyclopedia Britannica*）等，但由于纸质版印刷成本高、售价昂贵、查阅不便等不利因素，随着网络的发展，纸质百科全书基本上停止发行，全面转向电子化。

相较于纸质百科全书，网络百科全书由于内容开放、实时更新和查找方便深受大众欢迎，其中最有影响力的是莫过于百度百科和维基百科（Wikipedia），很多汉语新词或热词的译文可以直接在百度百科中查询到。如：

低碳经济 low-carbon economy

翻转课堂 flipped classroom

猴痘 monkeypox

快闪 flash mob

利基市场 niche market

内卷 involution

融媒体 media convergence

软体机器人 soft robot

语言景观 linguistic landscape

智慧城市 smart city

最美逆行者 heroes in harm's way

有的词语必须动用多方资源才能觅到理想的译文。例如，近几年饭店流行一道可以生吃的蔬菜菜品，其茎叶表面上隆起一粒粒小泡，形似水晶，有些饭店叫它"冰菜"，有些菜馆称"冰草"。这种植物的名称是什么，如何翻译？只有联合查询多个百科全书才能找到其译名：查阅百度百科，发现"冰草"应该属于另外一种植物，其学名是*Agropyron cristatum*，是一种禾本科，冰草属多年生草本植物；而"冰菜"才是这种植物的正确俗名，其正名是"冰叶日中花"，学名为*Mesembryanthemum crystallinum*。再循着拉丁语学名查阅Wikipedia，分别找到其英文俗名为crested wheat grass和ice plant，后者才是这种菜品的正确英文俗名。

很多网络百科全书的词条可以随意编辑，难免出现这样或那样的谬误，需认真甄别。如百度百科提供的如下译文：

彩超 color ultrasound①

洗肺 effortless lung cleanse②

饭圈 fanquan③

展厅现象 exhibition hall phenomenon④

"彩超"的规范说法应该是Doppler ultrasonography或color Doppler ultrasound；"洗肺"是"大容量全肺灌洗术"的俗称，可以直接译成lung washing，或采用专业术语whole lung lavage；"饭圈"不宜音译，因为英语中有其对应词fandom，它的意思是"the fans of a particular person, team, fictional series, etc. regarded collectively as a community or subculture"⑤，与"饭圈"完全吻合；"展厅现象"是从showrooming借译过来的，必须还其本来面目。

有些即使正确，但有更规范、贴切的表达。如：

高速公路 expressway/freeway/super highway⑥

飞行检查 unannounced inspection⑦

光盘行动 "clear your plate" campaign⑧

禽流感（人感染禽流感） influenza in birds⑨

我国的高速公路都是收费的，译成expressway/freeway/super highway还不够恰当，因为它们基本上是免费的，最好改为turnpike (a high-speed highway, especially one maintained by tolls⑩)；"飞行检查"实际上就是突

---

①译文源自：https://baike.baidu.com/item/彩超/2818。

②译文源自：https://baike.baidu.com/item/洗肺。

③译文源自：https://baike.baidu.com/item/饭圈/8627336。

④译文源自：https://baike.baidu.com/item/展厅现象/17583174?fr=aladdin。

⑤译文源自：https://www.lexico.com/definition/fandom。

⑥译文源自：https://baike.baidu.com/item/高速公路/276135。

⑦译文源自：https://baike.baidu.com/item/飞行检查/3405865?fr=aladdin。

⑧译文源自：https://baike.baidu.com/item/光盘行动/4306554?fr=aladdin。

⑨译文源自：https://baike.baidu.com/item/人感染禽流感/4245026?fromtitle=禽流感&fromid=233181。

⑩释义源自：https://www.dictionary.com/browse/turnpike。

击检查, spot inspection (an inspection based on a random or representative sample, or one made without prior warning[①])更加匹配; "光盘"是指吃光盘中的食物, 使用clear可能还具有"清理掉盘中食物"的含义, 英语表达前者含义本来就有固定词组clean one's plate (eat up all the food put on one's plate), 故"光盘行动"最好改译成clean-your-plate campaign或plate-cleaning campaign; "禽流感"的规范说法应该是avian influenza或bird flu。

当然, 网络百科全书可以随时更新, 有些错误可能会得到更正, 如"仙人跳"的译名由原来的fairy jump更正为badger game。

6.2 在线词典

在线词典 (online dictionary) 是建立在互联网环境之上, 为配有浏览器的用户提供查询词条释义或用法的数字化参考工具。与传统的纸质词典和电子词典相比, 在线词典具有携带方便、更新快捷、检索便利、编读互动、链接辐射、语料广泛、功能多样、资源共享等优点。如果这些优点能够得到充分利用, 可以成为译者的得力助手。

过去, 由于缺少这一助手, 即便是讨论词典与翻译关系的论文也会出现一些词汇理解错误, 特别是在涉及一些英语俚语或习语时。下面先以《翻译与词典》(江希和, 1981: 42-43) 一文中出现的3个句子为例。

【例1】Nixon's White House operation is like an albatross around his neck.

译文: 尼克松白宫班子的活动, 对他无疑会导致灾难。

【例2】(After she left, I started drinking pretty good, and once, on weekend liberty, I came to LA and got so drunk I somehow ended up at El Toro Marine Base with) a bunch of other drunken jarheads (黑人男子) (instead of at

---

①释义源自: https://www.lexico.com/definition/spot_inspection。

Camp Pendleton where I was stationed.) [1]

【例3】The clubs are mostly bottomless skin houses (脱衣舞剧院) and psychedelic joints, (but there're still some places you can go, some excellent places to eat.)

例1中的an albatross around his neck是一个习语，源自Samuel Taylor Coleridge的诗歌《古舟子咏》（*The Rime of the Ancient Mariner*）。在航海中，有白头翁跟随船只飞行象征着幸运。一水手少不更事，用弓弩射死白头翁，其他船员认为这会带来晦气，于是把白头翁的尸体挂在他的头颈上以示忏悔。查阅在线词典The Free Dictionary的idioms条目，可以找到多部词典为其提供的释义，其中有"something that is burdensome to someone and hinders their progress, especially arising from some misdeed of their own in the past" [2]。

这一释义与例1的历史情况比较吻合。众所周知，在1972年的美国总统大选中，为了窃取民主党竞选策略的情报，以共和党尼克松竞选班子首席安全顾问詹姆斯·麦科德为首的5人潜入华盛顿水门大厦的民主党全国委员会办公室，在安装窃听器、偷拍有关文件时，被大楼保安逮个正着。尼克松因此于1974年8月8日宣布辞职。所以，该句译文可改为：尼克松的白宫班子做了手脚，让他套上沉重的枷锁。

例2和例3均出自小说*The Blue Knight*。为了更好地说明问题，笔者特意在括号内添加被论文省略掉的原文内容。依据在线词典，jarheads是俚语，不是"黑人男子"，而是a US Marine [3]（美国海军士兵），这一含义与上文El Toro Marine Base（埃尔托罗海军基地）吻合，skin houses也不是"脱衣舞剧院"，而是a gambling-house where skin-games are played [4]（诈骗人的赌

---

①括号内的内容系笔者根据原文后补的，例3也一样。

②释义源自：https://idioms.thefreedictionary.com/albatross。

③释义源自：https://www.dictionary.com/browse/jarhead#。

④释义源自：https://www.wordnik.com/words/skin-house。

场），joint是a cheap or disreputable gathering place[①]，那么psychedelic joints便是吸毒场所，因此例3前半部分可以译为：这些俱乐部大都是赌博和吸毒的场所，会让人卷入无底洞。

既然论文是以"翻译与词典"为题，这说明作者充分认识到利用词典的重要性。他之所以还犯这些错误，主要是因为受到当时技术条件的限制。换成今天，笔者坚信他可以借助在线词典避免上述错误。可见，对于译者而言，在线词典虽然不是万能的，但没有它们又是万万不能的。

要做好汉语新词语翻译，必须充分利用好英英词典，对于纸质、网络汉英词典或论坛提供的译文，一定要检查其英译文的含义是否与汉语保持一致。例如，"China.org.cn"将"钓鱼工程"解释为"指在决策阶段被描述为造价很低、见效很快，但在实际建设过程中，建设单位不断变更资金预算，迫使投资部门不断追加投资，最终决算超预算、预算超概算、实际造价大大超出原先计划的那些工程"，提供了boondoggle这一译名，并引用了两个例子：

【例4】Critics are also increasingly viewing nation building in the mostly rural and tribal nation as a social engineering boondoggle.

【例5】But there's also a real threat that the infatuation with biofuels is a political expediency that will turn into a classic government boondoggle, benefiting selected constituencies and providing few genuine public benefits.[②]

查阅"Dictionary.com"，boondoggle的含义是a project funded by the federal government out of political favoritism that is of no real value to the community or the nation[③]，与例子的上下文含义完全吻合，但不能与"钓鱼工程"对上号，倒是能与"形象工程"或"政绩工程"挂上钩。"钓鱼工程"可基于cost overrun (cost in excess of that originally estimated or budgeted, especially in a

---

①释义源自：https://www.merriam-webster.com/dictionary/joint。

②例句源自：http://www.china.org.cn/learning_english/2010-01/27/content_19317330.htm。

③释义源自：https://www.dictionary.com/browse/boondoggle#。

government contract[①]) 译为cost-overrun project。

不过词典也有其不足，它只是提供词语的释义，至于该词语的使用状况如何我们一概不知，因此能在英语词典中查到的词不一定是最佳选择。例如，《新世纪汉英大词典》第二版为"月嫂"提供的译名有confinement nurse、monthly nurse和maternity matron（杜瑞清，2016：2167），其中monthly nurse确实能在LEXICO中查到，其意思是a nurse who attends a mother during the first month after childbirth[②]。这一释义似乎与"月嫂"对应得天衣无缝，但该词语基本上废弃不用，已被*A Dictionary of Archaic and Provincial Words：Obsolete Phrases, Proverbs, and Ancient Customs from the Fourteenth Century*（Halliwell，1901：559）收录。虽然该词语已经停用了，但该行业依然延续，只是改头换面成maternity nurse、confinement nanny、newborn care specialist等名称而已。现在，在月子中心上班的"月嫂"可以译为maternity nurse，在用户家里提供服务的"月嫂"最好译成confinement nanny，雅称为"母婴护理师"的"月嫂"可以译成newborn care specialist。至于它们的使用频次如何，最好查询相关语料库。

6.2.1 汉英词典给出预选对象

改革开放以来，出现的新词语数以万计，想要独立进行逐一翻译是不太现实的，因为个人的能力是有限的，而且真正第一个"吃螃蟹"的人也不多。现在很多在线汉英词典，如金山词霸、有道词典、必应词典、CNKI翻译助手等，查询十分方便，在很大程度上增强了译者翻译的能力。其中，有道网络释义基于有道强大的搜索引擎后台，借助有道搜索的实时网页抓取数据和海量信息存储技术，获得数十亿的海量网页数据，并伴随有道搜索引擎的网页抓取进程不断扩充最新的网页数据，形成了一套没有上限、自动扩

①释义源自：https://www.dictionary.com/browse/cost-overrun。
②释义源自：https://www.lexico.com/en/definition/monthly_nurse。

充、实时更新的词典数据库，轻松囊括互联网上的新词热词[①]；微软必应词典基于微软强大的技术实力和创新能力，其近义词比较、词性百搭、拼音搜索、搭配建议等功能结合互联网"在线词典"及"桌面词典"的优势，依托必应搜索引擎技术，及时发现并收录网络新兴词汇[②]。这些优势是纸质词典望尘莫及的。通过查询这些在线词典，在一般情况下可以找到较新词语的译文。例如，查询"给力"这一词语的翻译，至少可以找到如下译文：awesome、rock(vi)、cool、gelivable、farking等。尽管有些译文不够贴切，但我们至少可以站在别人的肩膀上，在现有的译文中择优选取，或进一步提炼。

6.2.2　双语对照提供活用译文

有时候，光靠汉英词典不能圆满地解决新词语翻译的对等问题。有些新词语在网络汉英词典里能够查到一大串译文，但在翻译过程中落实到某一具体句子时，可能派不上用场，还需要依据语境调整译文。为了弥补这一不足，有些在线词典还提供双语对照句子，有汉英的，也有英汉的，不管采用哪一种形式，都值得借鉴。例如，"给力"一词除了上述译文之外，还有大量其他译法，现择数例。

【例1】这三幅画全部都很难画，但是和我一起工作的团队很给力。

译文：All three pieces were hard work but I worked with a team which really helped.（有道词典）

【例2】如果天气给力的话，我们还可以到后院烧烤。

译文：If the weather is nice, we will have a barbecue at my backyard.（有道词典）

---

①依据百度百科"有道词典"词条改编，网址为：https://baike.baidu.com/item/有道词典/3141698?fr=aladdin。

②源自百度百科"必应词典"词条，网址为：https://baike.baidu.com/item/必应词典。

【例3】不过有的汉字真的很给力。

译文：But some characters really make sense. （有道词典）

【例4】我比较欣赏它改进后的简洁特性，这个改进显然比以往任何一个补丁修复更给力。

译文：While there are a few neat features that I appreciate, this appears to be more of a bug fix than anything else. （有道词典）

【例5】The surprising appearance of Jobs made the event more dramatic and helped put an end to speculation about his poor health.

译文：乔布斯意外现身发布会，不仅让新产品亮相更加"给力"，也击破了有关他健康状况不佳的传言。 （必应词典）[①]

【例6】Today, I forgot to do my French homework，but since it was an online worksheet, I told my teacher my internet wasn't working.

译文：我今天忘记做法语作业，但是因为这个是在线作业，所以我告诉老师我家网速不给力。 （必应词典）

【例7】The owners have been fantastically supportive.

译文：老板的支持是十分给力的。 （必应词典）

【例8】Sooner or later，the ubiquitous pessimist will confront the rational optimist with his two trump cards：Africa and climate.

译文：迟早有一天，理性的乐观主义者将会拿出最给力的两张王牌——非洲和气候来反驳那些普遍存在悲观主义者。 （必应词典）

【例9】But evidence is starting to mount that the Asia-driven luxury engine could be starting to splutter.

译文：但越来越多的证据表明，驱动奢侈品行业增长的亚洲引擎可能开始不那么给力了。（必应词典）

【例10】Thirdly, they perform poorly although they know some social

---

①必应词典习惯以英汉排序，尽管有些句子是汉译英而来的。

etiquette.

译文：三是虽然具备某些礼仪知识，但是执行不够给力。（必应词典）

这些琳琅满目的"给力"和"不给力"译文摆脱了词典中的字面意义的束缚，得到灵活运用。我们对照阅读之后可以从中受到启发，激发自己的翻译灵感。

6.2.3 同义词词典扩大选词余地

不管是汉语还是英语，都存在着大量的同义词。获得某一汉语新词语的对应译文，还可以查阅该译文的同义词，看看是否能够挖掘到另外更好的翻译的可能性，以增强译文措词的多样性，使表达更加丰富多彩，富有表现力。例如，通过有道词典查阅"当电灯泡"可以找到这样一个汉英对照的例子：

【例1】当她男朋友过来时，我就出去了，因为我不想当电灯泡。

译文：When her boyfriend came over, I went out because I didn't want to play gooseberry.[①]

通过Word Hippo[②]查阅gooseberry，可以找到fifth wheel、goosegog、third wheel等词语，其中的fifth (third) wheel被The Free Dictionary分别解释为：

third wheel：someone who has no real place or purpose in a situation, likened to a superfluous extra wheel on a two-wheeled vehicle.

fifth wheel：(American English) an unwanted, extra or unnecessary person.

并列举了这样的例子：

① When Kelly invited me to go to the movies, I didn't know that her boyfriend would be joining us. I felt like a third wheel the entire night.

② No, I don't think I'll join you. Whenever I go out with you guys I just

---

①例句源自：https://dict.youdao.com/result?word=lj%3A当电灯泡&lang=en。

②网址为：https://www.wordhippo.com/。

feel like a fifth wheel.[①]

　　由此，翻译"当电灯泡"就多了几种选择，丰富了该词语翻译的表达方式。

6.2.4　英英词典吐露确切词义和用法

　　汉英词典只能作为翻译时的参考，不可奉若圭臬，切忌不顾语言环境，一味照搬、照套。林语堂先生曾云："单靠字典去翻译，译出来与原文意旨必然相讹。"（转引自毛荣贵、刘宓庆，1996：34）更何况，有些汉英词典提供的译文不一定准确，如果翻译时依样画葫芦，就会造成译文晦涩难懂。得到汉英词典的翻译结果后最好去查一查英英词典，说不定其含义与汉语相差甚远。目前在线英英词典数量繁多，逐一打开词典网站有些不便，可以借助OneLook Search Engine搜索引擎联合查询，将上千本在线英语词典汇集一堂。下面以"银弹外交"的翻译为例。

　　金山词霸、必应词典及多部纸质汉英词典都将"银弹外交"译为silver bullet diplomacy，有些为silver bullet添加了双引号。这样翻译是将汉语的命名理据原封不动地移植到了英语中。那么，英语民族是否会将silver bullet理解成《现代汉语词典》所提供的释义"腐蚀、拉拢人的钱财"（2016：1563）呢？只有查一查英英词典才能见分晓。通过OneLook Search Engine查询 silver bullet，发现有 24 部词典收录该词语，其中LEXICO将它解释为"a bullet made of silver, supposedly the only weapon that could kill a werewolf"，并附有这样的引申义：a simple and seemingly magical solution to a complicated problem[②]。

　　原来silver bullet是一种用银子做成的子弹，可以消灭狼人的特效武器，可喻为极有效的解决方法，可译为"杀手锏"，与"银弹"是一对典型的"假

---

①释义和例句源自：https://idioms.thefreedictionary.com/Third+Wheel。
②释义源自：https://www.lexico.com/definition/silver_bullet。

朋友"。在先入为主的认知机制下，英美国家的人不会将它与"钱财"挂钩，因此"银弹外交"最好译成dollar diplomacy。依据"Dictionary.com"，其含义是：diplomacy or foreign relations strengthened by the power of a nation's financial resources[1]。这与"银弹外交"的含义较为吻合，不会产生突兀感。

同时，通过查阅LEXICO，还发现silver bullet通常用于否定句（often with negative[2]）。这可谓是一举两得，既把握了确切含义，又了解了基本用法，为日后正确使用这一词语进行翻译奠定了基础。

总之，译者既不能脱离词典，也不能完全依赖词典。英语词典的鼻祖Samuel Johnson说得好："词典犹如钟表，最差的聊胜于无，最好的也不能奢望没有误差。"（Nokes，2010：156）汉语新词语的翻译最终还得依靠译者对有关新词语的理解和译者自身的英语表达能力。

6.3　搜索引擎

搜索引擎（search engine）"是指根据一定的策略、运用特定的计算机程序从互联网上采集信息，在对信息进行组织和处理后，为用户提供检索服务，将检索的相关信息展示给用户的系统。搜索引擎是工作于互联网上的一门检索技术，它旨在提高人们获取搜集信息的速度，为人们提供更好的网络使用环境。从功能和原理上搜索引擎大致被分为全文搜索引擎、元搜索引擎、垂直搜索引擎和目录搜索引擎等四大类"（许瑞，2017：20）。其中的全文搜索引擎是名副其实的搜索引擎，因为它通过从互联网上提取的各个网站的信息建立数据库，检索与用户查询条件匹配的相关记录，然后按一定的排列顺序将结果反馈给用户。全文搜索引擎有很多，其中与新词语翻译息息相关的主要是百度和谷歌。巧妙地利用好这两款搜索引擎，可以直接查到许多新词语的译文，达到事半功倍的效果。

---

① 释义源自：https://www.dictionary.com/browse/dollar-diplomacy#。
② 释义源自：https://www.lexico.com/en/definition/silver_bullet。

6.3.1 直接提出问题

新词语一旦流行起来，就有人在网络上发帖求助如何翻译。有些网友也会做出回应，提出自己的看法，其中不乏精彩之译。只有参考别人的译文，才能站在他人的肩膀上，扩大视野，生成更好的译文。例如，不知道"抢红包"如何翻译时，可以在百度搜索框内直接输入"抢红包英语怎么说"，在反馈的结果中，"中国日报网英语点津"提出用snatch/grab red envelopes来表达，用snatch或grab可以体现在微信群中抢红包的兴奋和喜悦[①]。

查到译文后不要急于采用，最好查一查英英词典，看看是否存在改进的余地。"抢红包"是一个动宾结构，其中"红包"系中国及东南亚国家的传统文化，译成red envelope能否被英美国家接受？经查阅，发现有些著名英语词典都将它与red packet等同起来，不管查哪一个词语，都得到这样的释义。如：

Collin English Dictionary：①a sum of money folded inside red paper and given at the Chinese New Year to unmarried younger relatives；② such a gift given at Chinese weddings by the parents to the bride and groom and by the bride and groom to unmarried younger relatives[②]

LEXICO：a traditional Chinese good luck gift of money presented in a red envelope[③]

从被引入的时间来看，red packet先于red envelope，前者是在19世纪，后者为20世纪，这折射出红包包装材料的演变——从红纸转变成红信封。因此"红包"译成red envelope顺应时代的发展，比red packet更胜一筹。

再看动词"抢"，它具有"争先夺得"的含义。snatch和grab的原始义

---

① 源自：https://language2.chinadaily.com.cn/a/201803/02/WS5b21bccea31001b825721d21.html。

② 释义源自：https://www.collinsdictionary.com/dictionary/english/red-packet。

③ 释义源自：https://www.lexico.com/definition/red_packet。

均隐含粗鲁的行为，与"争先取得"明显不符，LEXICO将它们分别解释为：

snatch：quickly seize (something) in a rude or eager way[①]

grab：grasp or seize suddenly and roughly[②]

两者的引申义基本相同，究竟孰优孰劣，难分仲伯：

snatch：quickly secure or obtain (something) when a chance presents itself[③]

grab：obtain or get (something) quickly or opportunistically

不过两者还缺少"争"的内涵，如果换成scramble就能够体现这种含义。LEXICO将scramble解释为struggle or compete with others for something in an eager or uncontrolled and undignified way[④]。

scramble不但表达出"争"的行为（struggle or compete），而且体现出抢红包者急切的心理（eager）及失态的行为（undignified），较为符合抢红包时的特征。因此，"抢红包"翻译成scramble for a red envelope似乎更胜一筹。当然，翻译只有更好，没有最好。

6.3.2 查找双语对照译文

互联网是个"大杂烩"，几乎应有尽有。有很多新词语，尤其是专业术语，是以汉英对照的形式存在于其中的。只要检索方法得当，不管它藏得多深，都能将它揪出来。例如，《现代汉语词典》（第7版）收录了"温水煮青蛙"这个词语，将其解释为：用温水煮青蛙，开始青蛙对渐变的水温能适应，随着水温升高，当它无法忍受时已无力逃生。比喻对逐渐加大的危险缺乏戒备，最终遭受祸殃。（2016：1370）通过谷歌检索框加双引号[⑤]输入

---

①释义源自：https://www.lexico.com/definition/snatch。
②释义源自：https://www.lexico.com/definition/grab。
③释义源自：https://www.lexico.com/definition/snatch。
④释义源自：https://www.lexico.com/definition/scramble。
⑤加双引号表示字词完全匹配。

"温水煮青蛙"，再添加该词语最有可能出现的译文（如frog），可以查到如下译文：warm boiled frog（百度百科、俗语大全、搜狗百科）、boiling the frog（沪江英语）、boiled frogs（科学松鼠会）、boiling frog（简书）。这些译文，究竟哪一个更为规范？通过OneLook Search Engine逐一查询，发现地道的说法应该是boiling frog。The Free Dictionary将它解释为：

A problematic situation that will gradually increase in severity until it reaches calamitous proportions，such that the people involved or affected by it will not notice the danger until it is too late to act. It is a metaphor taken from an anecdotal parable about boiling a frog，in which a frog placed in boiling water will immediately try to save itself，but one placed in cool water that is gradually brought to a boil will not notice the heat until it is boiled to death.[1]

这一含义与《现代汉语词典》的解释比较吻合，应当成为首选的译文。

6.3.3 依据释义或关键词查找对应词

有时候，翻译新词语时从词典中查不到对应的简短表达法，只得到冗长的释义。此时，可以在谷歌搜索框内输入相关释义，说不定能找到更简洁的表达方法或对应词。例如，《新世纪汉英大词典》将"对奖"译成"check and see if one's ticket, etc. has won a prize in a lottery, etc."（惠宇，2004：408），我们可以将这一释义输入谷歌检索框，就能找到check winning numbers、check lottery results等更简约的表达方法；翻译"低头族"时，可以先为其下个定义（people who ignore others while playing with phones），然后通过谷歌搜索即可查到phubbing一词，再根据构词法得出译文phubbers。

也可以为某一个新词的英文表达创设一个语言环境，诱使它在这个环境中出现。例如，翻译"开瓶费"时不知道用哪个单词来表达，可以输入促使

①释义源自：https://encyclopedia.thefreedictionary.com/boiling+frog。

它出现的一组关键词，如charge、restaurant、bottle、liquor等，在显示的相关结果中能找到corkage这一词语。诚然使用这种方法成功率不太高，但至少可以找到与要翻译的文章相似的内容，值得一试。

现在，英语网站出现了逆查词典（reverse dictionary[①]），可以依据释义回查词条，如输入 "a charge made by a restaurant or hotel for serving wine that has been brought in by a customer" 即可以回查到corkage，但输入 "ignore (one's companion or companions) in order to pay attention to one's phone or other mobile device" 就是查不到phub，这说明成功率不是很高。相信随着检索技术的发展，回查的成功率会得到改善。

6.3.4 验证译文质量

对查到的新词语译文感到怀疑，对收集到的多个译文做出选择时无所适从，对自己构思的新词语译文不够有把握，对别人提出的译文感到疑惑……面对诸如此类的情况，不但要有定性分析，而且要有定量分析。"虽然搜索引擎检索的网页不能百分之百说明词语具体使用频率的数字，因为网页并未囊括一切语言的使用情况。更准确的数据需要检索大型、严格随机抽样的、合理分布的语料库才能确定，但是谷歌检索的结果还是可供参考的，其检索到的词语出现的频率信息还是能够说明词语实际使用的总趋势，对词语的选定应该具有较大的参考价值。"（何家宁等，2009：287）谷歌的精确检索可以分两种方式进行，一种是直接输入 "符号+关键词"，另一种是在高级搜索框内输入关键词并选择检索范围。

1.符号+关键词

①给关键词添加双引号，如［"boiling frog"］，表示全词匹配（含顺序）检索，不过得到的结果也有可能被标点符号隔开，如［"boiling, frog"］；

---

①其网址为：https://reversedictionary.org/。

②在上述基础上排除另一个关键词，应空一格加减号，再加关键词 2，如
［"boiling frog"－syndrome］，表示检索到的 "boiling frog" 结果不与 syndrome 搭配；

③在关键词中间添加通配符［*］，如［"boiling * frog"］，搜索到的结果
有 boiling frog、boiling a frog、boiling the frog 等。

2.高级检索（advanced search）

高级检索分为上下两栏。上栏是 "使用以下条件来搜索网页"（Find
pages with...），主要有 "以下所有字词"（all these words）、"与以下字词完
全匹配"（this exact word or phrase）、"以下任意字词"（any of these words）、
"不含以下任意词"（none of these words）等；下栏是 "然后按以下标准缩小
搜索结果范围"（Then narrow your results by...），使用比较频繁的类别是 "语
言"（language）、"地区"（region）、和 "文件类型"（file type）。

巧妙地使用上述两种检索方法，可以较为客观地得出词语的使用频率，
为分析和确定译文提供可靠的依据，避免 "王婆卖瓜自卖自夸" 的现象。下
面列举 3 例分别进行分析。

【例1】彩超

译文：B-type ultrasonic kinescope instrument（吴光华，2010：133）

通过 "与以下字词完全匹配" 检索，得到的结果是：未找到符合
"B-type ultrasonic kinescope instrument" 的结果。作为一个重要的医学仪
器术语，居然找不到一个英语 "用户"，译文是否正确，不言而喻。"彩
超" 的正确译文前文已提到，应该是 color Doppler ultrasound。

【例2】人肉搜索

译文：human-powered search/human flesh search/manpower search/cyber
manhunt

"人肉搜索是一种以互联网为媒介，部分基于人工方式对搜索引擎所提
供信息逐个辨别真伪，部分又基于通过匿名知情人提供数据的方式去搜集关

于特定的人或者事的信息，以查找人物身份或者事件真相的群众运动。"[1]
这种搜索方法和名称都是国人创造的，目前常见的译文有上述4个，其中
human flesh search显然是逐字翻译产物。那么，这4个表达方法究竟哪一个
更受欢迎？只要进行"字词完全匹配"检索，就能见分晓。在2022年7月19
日检索得到的结果是：

human-powered search （231000次）

human flesh search（644000次）

manpower search （25500次）

cyber manhunt（46300次）

这是对所有网页、所有语言、所有地区和文件类型进行检索，难免出现
大而杂的现象。为了得到更可靠的数据，不妨将"语言"设置为"英语"，
"地区"设置为"美国"或"英国"，"文件类型"设置为PDF格式，因为
PDF格式的大多是论文，可以排除网络论坛内容，语言较为正式、规范。检
索的结果为：

human-powered search （〈美〉257次；〈英〉6次）

human flesh search （〈美〉937次；〈英〉58次）

manpower search （〈美〉169次；〈英〉5次）

cyber manhunt （〈美〉46次；〈英〉2次）

不管是大范围还是小范围，human flesh search独占鳌头，理应成为"人
肉搜索"译名的首选对象。

【例3】票房毒药

译文：box office flop/box office bomb/box office poison

大部分网络词典将"票房毒药"翻译为box office flop或box office
bomb。通过"字词完全匹配"检索（截止到2022年7月19日），三者的结果
分别为：

---

[1]源自百度百科"人肉搜索"词条，网址为：https://baike.baidu.com/item/人肉搜索
/9698961。

box office flop（196000次）

box office bomb（155000次）

box office poison（81900次）

光是从出现的频次来看，前两个明显高于box office poison，按道理应该选择box office flop或box office bomb，但有时不能光是看频次，也要考虑到其内涵。依据百度百科，"票房毒药"指"名气很大、演技也得到公认的，但主演的电影在票房上基本都是赔本或者惨淡的演员。"[①] 然而，box office flop和box office bomb都指的是电影，而非演员。WORDISK提供了这样的解释：

a box-office bomb, box-office flop, or box-office failure is a film that is unprofitable or considered highly unsuccessful during its theatrical run. Although any film for which the production, marketing, and distribution costs combined exceed the revenue after release has technically "bombed", the term is more frequently used for major studio releases that were highly anticipated, extensively marketed and expensive to produce that ultimately failed commercially[②]

而box office poison才是指演员，Definithing 提供的释义为：

a former well known actor or director who at one point in their career achieved respectable success but, for some God forsaken reason, has been unable to recapture any of their former glory and continues to make bad movies[③]

①释义源自：https://baike.baidu.com/item/票房毒药。

②释义源自：https://www.worddisk.com/wiki/Box_office_bomb/。

③释义源自：https://definithing.com/box-office-poison/。

"WhatCulture.com"罗列了"10 Actors Who Are Box Office Poison",其开头是:

> All actors have their failures,there's no disputing that,but some actors have failed so prolifically that there's only one term to use to describe them——"box office poison". It's something no actor wants to be labelled as, for it indicates a general lack of popularity with audiences... [①]

从内涵匹配度来看,box office poison与"票房毒药"比较吻合,而且字面意思也完全对等,无疑是"票房毒药"较对应的译名。

可见,搜索引擎已成为译者不可或缺的辅助工具,在查找和检验译文过程中起着帮手的作用。

6.4 语料库

"语料库是按照一定的语言原则,运用随机抽样方法,收集自然出现的连续的语言运用文本或话语片段而建成的具有一定容量的大型电子文本库。"(杨惠中,2002:333)依据《计算机辅助第二语言研究方法与应用》(王立非、梁茂成,2007),语料库根据使用目的大致可以分成:通用语料库(general corpora)和专用语料库(specialized corpora)、笔语语料库(written corpora)和口语语料库(spoken corpora)、共时语料库(synchronic corpora)和历时语料库(diachronic corpora)、单语语料库(monolingual corpora)和多语语料库(multilingual corpora)、可比语料库(comparable corpora)和平行语料库(parallel corpora)、本族语语料库(native speaker corpora)和学习者语料库(learner corpora)、样本语料库(sample corpora)

---

①释义源自:https://whatculture.com/film/10-actors-who-are-box-office-poison。

和监控语料库（monitor corpora）、生语料库（raw corpora）和标注语料库（annotated corpora）。

“在具体的翻译实践中，语料库可以帮助译者提高理解的准确性，通过大量的语料，译者可以精确把握词义、区别词义的褒贬和文体色彩，从而在整体上来把握作者的文体风格、语用习惯和修辞手法，做到科学地确定术语，统一译名。”（罗选民等，2005：56）

在搭配用法统计方面，语料库可以发挥出其独特的优势，是在线词典和谷歌检索无法取代的。搭配用法是译者的短板之一。如果借用大型语料库进行检索，就可以将某一词语的搭配用法一网打尽，从中择优选取。例如，赵江宁、孔维晟在分析“India’s search for the status appropriate to its ever-increasing economic muscle remains faltering and uncertain.”这一句子时，认为句中muscle表示“实力，力量”之意，然后说英语中有show off the muscle，非常生动，用肌肉向别人展示实力，以达到炫耀和威慑的目的，可以译为“秀肌肉”，译文形象生动，给读者耳目一新的感觉。（2017：57）诚然，“秀肌肉”这种说法可能译自英语，但show off the muscle是不是最佳组合，只要通过News on the Web 输入正则表达式“VERB * muscles”，就能见分晓，图6-1是前20条截图（截止到2022年7月19日）。

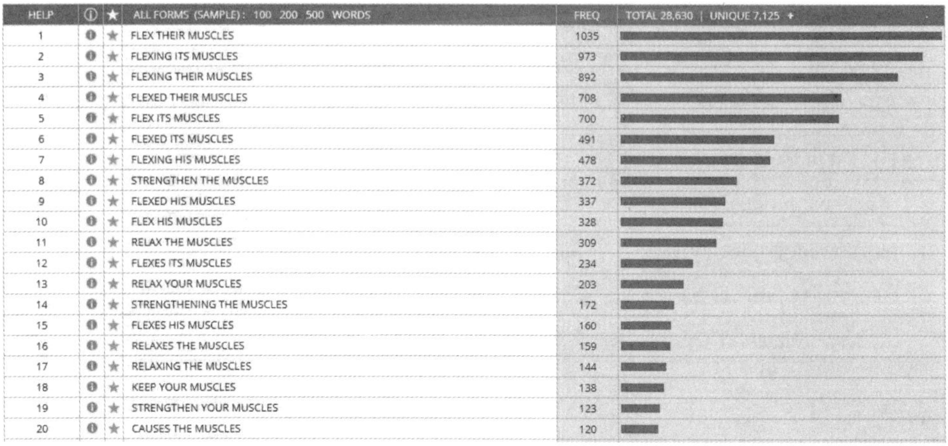

HELP	ⓘ	★	ALL FORMS (SAMPLE): 100 200 500 WORDS	FREQ	TOTAL 28,630 | UNIQUE 7,125 +
1			FLEX THEIR MUSCLES	1035	
2			FLEXING ITS MUSCLES	973	
3			FLEXING THEIR MUSCLES	892	
4			FLEXED THEIR MUSCLES	708	
5			FLEX ITS MUSCLES	700	
6			FLEXED ITS MUSCLES	491	
7			FLEXING HIS MUSCLES	478	
8			STRENGTHEN THE MUSCLES	372	
9			FLEXED HIS MUSCLES	337	
10			FLEX HIS MUSCLES	328	
11			RELAX THE MUSCLES	309	
12			FLEXES ITS MUSCLES	234	
13			RELAX YOUR MUSCLES	203	
14			STRENGTHENING THE MUSCLES	172	
15			FLEXES HIS MUSCLES	160	
16			RELAXES THE MUSCLES	159	
17			RELAXING THE MUSCLES	144	
18			KEEP YOUR MUSCLES	138	
19			STRENGTHEN YOUR MUSCLES	123	
20			CAUSES THE MUSCLES	120	

图6-1　muscles与动词搭配统计截图

光是从数量来看，flex与muscles搭配高居榜首。查阅The Free Dictionary，flex one's muscles的含义是"demonstrate one's influence，power，or strength"[①]，与"秀肌肉"高度吻合，应该是首选对象。

语料库更是检验译文可靠性的试金石。有些新词语译文，光从意思来看，确属上乘之作，但通过语料库检测，有可能适得其反。例如，陆谷孙先生曾为出版社校订中译英稿时，屡屡碰到"拳头产品"的翻译问题。原译者根据某一部汉英词典硬译为fist product，他认为这种译法自然乖谬，于是煞费苦心想出blockbuster product，然后打开电视机收看美国拳击比赛，观看期间脑际突然闪出knockout这个词，觉得译为knockout product意形兼备，甚为妥帖。（1998：46）

陆先生的这一译文令人耳目一新，确属神来之笔，是灵感思维的产物。《新世纪汉英大词典》的编者慧眼识珠，很快收录于其词典（惠宇，2004：1336），将它当作"拳头产品"的首选译文，备选的还有highly competitive product和key product。然而，通过Global Web-Based English（GloWbE）、News on the Web（NOW）、The Intelligent Web-Based Corpus（iWeb）三个在线语料库[②]对上述译文分别进行检索（截止到2022年7月19日），得出的使用频次从小到大如表6-1所示：

表6-1 "拳头产品"译文使用频次统计

译文＼语料库	GloWbE（收词量19亿）	NOW（收词量148亿）	iWeb（收词量140亿）	总词频
1. fist product (s)	1	0	6	7
2. knockout product (s)	2	6	7	15
3. blockbuster product (s)	21	293	120	434
4. competitive product (s)	282	3356	3281	6919
5. key product (s)	255	5813	3041	9109

①释义源自：https://idioms.thefreedictionary.com/muscles。
②三个语料库总网址为：https://www.english-corpora.org/。

从表6-1可以看出，knockout product的词频屈指可数，并没有比fist product占明显优势，陷入叫好不叫座的窘境，这值得我们深刻反思。究其原因，可能是由于借用拳击术语过于残酷或言过其实。基于表6-1的统计，要将"拳头产品"译得通俗易懂，可以使用competitive product或key product；要既保留意象，又能道出实质，不妨采用blockbuster product。

当然也不能一概而论。例如，《国际锐评》是中国国际广播电台环球资讯广播新闻评论节目，其原名为《环球锐评》，2018年4月10日更为现名，也经常在中央电视台《新闻联播》中播出，国内多篇论文涉及其译名，但不够统一，甚至同一作者在不同论文题目中采用了不同译名，令目的语读者捉摸不定。通过News on the Web对这些译名进行查询（截止到2022年7月19日），得到的结果为：

international review（551次）

international commentary（103次）

editorial on international affairs （1次）

candid comments of international current affairs（0次）

commentary on international affairs（0次）

international sharp review（0次）

按照频次，理应选择international review，但逐一打开其内容，竟然发现没有一条与《国际锐评》节目相关，倒是international commentary内容下有2条与它息息相关，故使用后者更加可取。

值得一提的是，在具体选择语料库时，应根据查询的内容确定语料库的选材类别和时间跨度，选错语料库可能得不到查询的结果，也就无法真实地反映语言现实。例如，"动态清零"系我国为新冠肺炎疫情防控提出的总方针，成为2021年度十大新词语之一，"防护服"也因新冠肺炎疫情突如其来变成高频词，*China Daily*为它们提供多种英语译文，这些译文究竟哪一个更加符合目的语读者的心理期望和审美诉求，我们要查询相关语料库才能做出定论。对于前者，应该查询News on the Web、Coronavirus Corpus①等语料库，因为这两者的语料更新至查询日期的前一天，而且选材与"动态清零"关联度比较高。表6-2是2022年7月19日的检索结果：

表6-2　"动态清零"译文使用频次统计

汉语	*China Daily*译文	News on the Web（2010—yesterday）	Coronavirus Corpus（Jan 2020—yesterday）	总词频
动态清零	dynamic clearing policy	5	6	11
	dynamic zero-Covid policy	92	102	194
	dynamic zero infection policy	0	0	0

至于后者，由于它不是新近出现的词语，可以查询多个语料库进行对比。表6-3是2022年7月19日的检索结果：

表6-3　"防护服"译文使用频次统计

汉语	*China Daily*译文	Corpus of Contemporary American English②（1990—2019）	British National Corpus③（1980s—1993）	Coronavirus Corpus（Jan 2020—yesterday）	总词频
防护服	protective suit (s)	153	4	3769	3926
	hazmat suit (s)	135	0	2334	2469
	protective clothing (s)	212	69	1955	2236

从表6-2可以看出，在"动态清零"三种译文中，dynamic zero-Covid policy被更多英语国家媒体所接受；从表6-3可以看出，"防护服"的三种说法均能被接受，在2020年之前，三者的使用频次依次排列为：protective clothing＞protective suit＞hazmat suit。这一结果也与所收录词典的数量保持

---

①网址为：https://www.english-corpora.org/corona/。

②网址为：https://www.english-corpora.org/coca/。

③网址为：https://www.english-corpora.org/bnc/。

一致。依据OneLook Search Engine，三者分别被收录的词典数量为7部、2部和1部。但自从新冠肺炎疫情暴发之后，protective clothing反而失宠了，这可能与clothing用词不够确切有一定的关系。由此可以看出，中国外文局翻译研究院推荐使用dynamic zero-Covid policy[①]和protective suit[②]是非常合乎情理的。

对于译者而言，平行语料库更加值得关注。平行语料库是对两种语言的语句、段落、篇章进行对齐处理后得到的对照语言库。通过考察这些层面的对应关系，可以分析不同语言之间转换的对应关系，掌握翻译转换规律。"与汉英词典和英汉词典相比，平行语料库的语料内容广、语料新、语境丰富，而且检索功能强大，能对双语对译、双语搭配等进行全面调查，有助于揭示双语转换复杂而丰富的对应关系，为选择译语表达手段提供量化等级概念，丰富语言表达能力。"（肖维青，2007：27）通过平行语料库可以检索到顺应语境的一词多译的译例，避免孤立地看待一个译例，造成一叶障目的后果。只有综合对比多个译例，才有可能明察秋毫，从中获取翻译灵感。具体例子与上述双语对照句子基本相同，在此不必赘述。

总而言之，在互联网高度发达、知识爆炸的大数据时代，译者的记忆是有限的，只有掌握计算机技术，提高自己的检索技巧，才能弥补自身记忆之不足。懂得网络检索和查询技术，"就等于有许许多多专家不分昼夜在为译者服务，随时听候他的调遣，既省时又准确"（张健，2012：94）。《中国译典》总编辑奚德通先生曾说过："好翻译是查出来的，而不是翻出来的，要成为翻译高手，你得首先成为一个查询高手。"（转引自孟伟根，2010：54）汉英新词语翻译又何尝不是如此呢？

---

①2022年1月30日发布，网址为：http://www.tac-online.org.cn/index.php?m=content&c=index&a=show&catid=395&id=4139。

②2022年2月5日发布，网址为：http://www.tac-online.org.cn/index.php?m=content&c=index&a=show&catid=395&id=3611。

7 新词语和谐求译的个案研究

本章共收录5篇文章，每篇从一个或多个视角探讨新词语的和谐求译策略。这些文章发表在《中国翻译》《中国科技翻译》《外语研究》《东方翻译》等期刊，现做了删改或补充，并更新了相关数据。尽管这些词语在现在看来缺乏新鲜度，但其翻译策略和思路不会过时，在翻译新近出现的新词语时同样值得借鉴，如有人完全模仿第7.2节"托儿"的翻译思路，以另一新词语翻译为题发表在某翻译类核心期刊上。

7.1 从文化意象错位对接看"枪手"的和谐英译[①]

语言既是信息的载体，也是文化的载体。翻译作为一种语际间的交际，不仅是语言符号转换的过程，也是文化移植和对接的过程。要使两种文化得到成功的移植和对接，译者应该深入了解源语和目的语的文化，正确地处理好文化意象的传递和衔接问题。一方面，可采用直译、增译、加注等方法，尽可能将源语中的文化意象充分、如实、有效地传递给目的语读者，尽量减少文化意象在目的语中的失落、歪曲或变形；另一方面，由于两种语言文化之间的障碍实在太大，如果按照原文机械地译出会导致译文佶屈聱牙、晦涩难懂，可将源语文化意象改头换面，成为目的语读者能接受的意象，使两种

---

①本节内容发表在《中国科技翻译》2007年第1期，有较大篇幅修改。

文化能够畅达地沟通。本节拟从后者讨论"枪手"的英译。

7.1.1 "枪手"常见的英译

21世纪初，"枪手"一词在各类媒体上频频出现。"枪手"替考作为一种社会现象，虽然谈不上大肆泛滥，但在各类考试中时有发生。每每接近各种重大考试期间，大学校园、大街小巷、网络论坛，关于"枪手"的广告经常可见。凡有大型考试的地方，几乎无不留下"枪手"的身影。作为教师，笔者对学生雇佣"枪手"代考现象深恶痛绝，同时出于外语教师职业的敏感，对替人代考"枪手"的英译特别留意，发现其表达方法大致可分为以下几种：

①解释性翻译：one who sits for an examination in place of another person（吴光华，2010：1294）；substitute during examination on false pretenses（林语堂，1972：124）；one who sits for the real candidate in an examination（梁实秋，1971：532）。

②直译：a hired gun（*China Daily*，2004-07-16）；a gunman（*China Daily*，2005-01-11）。

③意译：a substitute（*China Daily*，*Hong Kong Edition*，2003-06-24）；a substitute tester（*China Daily*，*Hong Kong Edition*，2003-10-08）；a substitute examinee，a hired examinee（梁实秋，1971：532）；substitute exam-taker，substitute exam-sitter，examinee substitute（杜瑞清，2016：1334）；fake examinee，exam-taking impostor（廖涛，2008：74）。

7.1.2 译名评述

乍看之下，将"枪手"直译成a hired gun或gunman似乎能将汉语"枪手"这一文化意象原汁原味地传递给英美读者，其实这曲解了原意。依据《现代汉语词典》（2016：1046），此"枪手"非彼"枪手"，两者属于同音同形异义词。前者的含义为枪替手，所谓"枪替"即冒名替别人参加考试；后者指的是持枪（旧时兵器）的兵或射击手。

严格来说，"枪手"一词并非真正的新词，而是旧词复出，死灰复燃。其实，早在清代时就有"枪手"这种说法，如《官场现形记》第五十六回有：

【例1】 正逢着抚台考官，这位大人乃是个一窍不通的，只得请了枪手，代为枪替。[①]

据徐慧兰考证，将代考者称为"枪手"的原因大致为：古人写诗作文所用的毛笔，形状类似红缨枪，因代考并非光彩之事，而代考者均为注重颜面的文人，他们便将"笔"比喻成"枪"，将代人执笔称为"枪替"；同时，依据在唐代就已经虚化成"擅长某种技能的人或做某种事的人"的"……手"，人们在"枪替"后缀以"手"，以"枪替手"表示"枪替的人"，简称为"枪手"。（2005：79)也许是由于年代久远，人们似乎忘记"枪"是"笔"的喻称，以至于将枪替的"枪手"与"射击手"相提并论，如《中国教育报》出现过这样的评论：

【例2】悄然而生的"枪手"现象发人深思。"枪声"响处，站起来的是一批假冒伪劣人才，刮起的一股投机取巧之风，倒下去的是"枪手"自己的人格，被践踏的是公平竞争的原则。（秦征绪，2002：3）

枪替的"枪手"与"枪声"原本是风马牛不相及，可作者将此混为一谈。即使退一步说，枪替的"枪手"果真源自射击的"枪手"，也不能用a hired gun或gunman来表达。查阅Random House Unabridged Dictionary，我们可以发现hired gun有四种含义：

①a person hired to kill someone, as a gunfighter or professional killer;

---

①例句源自：http://new.060s.com/article/2016/04/20/2113589.16.htm。

②a person hired to bear arms and fight for another, as a bodyguard or mercenary;

③a person, as a politician or lobbyist, skilled at attaining power for others;

④a person hired to resolve difficult problems or disputes or to handle complex legal or business problems.[①]

这四种含义无一能够与枪替的"枪手"对上号，而gunman则是：

①a person armed with or expert in the use of a gun, especially one ready to use a gun unlawfully;

②a person who makes guns.[②]

由这两条释义不难看出，gunman实际上是杀手或造枪者，用来形容代考的"枪手"未免有点危言耸听。也许有人认为，*Longman Dictionary of Contemporary English*中词条gun的释义中似乎有一条能与替考"枪手"沾上边，即someone who is temporarily put in a position to do a particular job（Summers，1995：634）。其实，只要仔细研读这条释义，不难发现，此义至多可译为"临时顶班者"，与替考的"枪手"尚有一定的差距。更何况，此义只是在1995年版中昙花一现，在随后的版本中难觅其踪影。

更重要的是，将"代考者"形象地称为"枪手"蕴含着特定的文化意象。昔日李鬼冒李逵，是无能者对杰出者的假冒，那不叫"枪手"，只有能者给无能者（至少是能考者给非能考者）做替身才叫作"枪手"。因此，从这种意义上说，"枪手"蕴含着应试能手之意，它折射出一定的文化内涵，可以从《清朝野史大观》得到印证：

【例3】至同治庚午科，江宁有刘汝霖者，时文高手也，为人代作而中。嗣是每科富贵子弟皆刘之生计矣，刘成进士始已。继起者为陈光宇，为

---

①释义源自：https://www.lexico.com/definition/hired_gun。
②释义源自：https://www.dictionary.com/browse/gunman#。

周钺，皆江宁枪手之卓卓者，所代中不知凡几。[①]

鉴于此，我们翻译"枪手"一词时，不能忽视它凝聚的文化内涵，要打破原有的思维定式，寻找最佳切入点以达到喻体的意象和谐。"丢弃隐喻表达特征的翻译，曲解原文隐喻寓意的翻译，错接原文隐喻文化意象的翻译，都是失败的翻译。"（刘法公，2007：47）

综观上述译文，我们不难发现，它们无一能够传神地表达"枪手"这一特殊文化内涵，倒是不乏"闭门"造出的译文，如在众多的英语语料库中，从未出现过hired examinee、examinee substitute、exam-taking impostor等的身影。更令人啼笑皆非的是出现了身份颠倒的译文。"枪手"替人"做嫁衣"，尽管他知识渊博，成绩佼佼，但他始终无法改变自己临时替代的角色——考生。然而，上述译文出现了substitute tester，非法的"枪手"摇身一变，成为一名合法的"测试者"。也许作者使用此词是模仿substitute test-taker，殊不知test一词后加"-er"或"-ee"有主、被动之分，结果东施效颦，弄巧成拙。只有将tester改成testee，才能扭转其身份，使之"改正归邪"。

鉴于上述分析，笔者认为很有必要对"枪手"一词的翻译进行重新探讨，协调文化因素传递之间的关系，寻找切入点以求两者实现最佳的结合效果。

7.1.3　通过文化意象错位对接达成 "枪手"和谐英译

人类的思维虽然具有共性，但由于受到客观自然环境和社会环境的影响，同样的思想内容所用的思维方式和语言表达方法却有很大的差异。用语言学家的话来说："世界上各族人看到的同一客观现象，不同的民族语言会给它刷上不同的颜色。"（谢天振，1999：182）这种"不同的颜色"显现了各民族自己的文化特点和历史烙印，造就了文化意象具有民族的归属性这一

---

①例句源自：https://www.seeol.com/story-20152.html。

特色。"文化意象具有民族的归属性，也就注定了翻译过程中有时必须选择不同的文化意象来传递英汉语言所要求的同一文化内涵。"（徐珺、刘法公，2004：50）当我们发现源语使用一种意象表达，而在目的语中又找不到相同的意象表达时，我们就可以通过对两种语言的研究、分析和对比，努力将原文的意象换成目的语读者熟悉并且语用效果一致的另一种意象来表达，这不仅无可厚非，而且能起到传义达神之效果。例如，英语中的习语drink like a fish，由于源语文化意象在语言表现形式上非常独特，无法以同样的文化意象在汉语中再现，所以我们可以大胆地舍弃源语文化意象，改用我们所熟悉的汉语的文化意象，即译成：像牛一样俯身而饮——牛饮。虽然"牛头不对鱼嘴"，但两者能相映成趣，既传达了含义，又使两种语言的文化风貌成功实现对接。

在"枪手"一词的英译上，我们也可采用这种"牛头对鱼嘴"的方法，通过意象的转换，达到文化上的融合。其实在这一点上，请人代考者已经走在我们的前列。据《春城晚报》2004年6月19日的一篇报道，某记者在一厕所的墙壁上，看到铅笔"留言"："找CET-4 ringer（枪手） 2000元。"虽然他（她）的英语成绩平平，过不了CET-4的门槛，但在此词的表达上倒是挺有水平的，非常讲究文化意象的衔接。这可能得益于《大学英语·精读》第二册教材。该教材第八单元课文有：

【例1】The purpose of the campaign was to catch "ringers", students who take tests for other students.（瞿象俊，1997：115）

尽管教材生词表将ringer解释为any person who pretends to be another（冒名顶替者），但读到此句的人都会脱口而出："要形象表达代考的'枪手'之意，非它莫属。"

首先，从表面来看，两者有许多相似之处：两者用词非常简约；它们都可以加引号；汉语"手"字的意思是"擅长某种技能的人或做某事的人"，如"选手""拖拉机手""多面手"等，而英语"-er"的意思为"做……的人"，所构成的一些名词也可指有某一方面专长的人，如singer（歌手）、designer

（设计师）等。

其次，两者的文化意象虽异，但能起到殊途同归之功效。汉语将替考者形象地称为"枪手"，蕴含"高手"之意，可以利用"高手"来圆你的考试梦。英语ringer一词源于赛马比赛，说的是奸诈的马主人事先准备两匹长相完全相同的赛马，先派上慢马参赛，诱使参赌者认为此马必输无疑从而加大赌注，然后悄悄换上好马（ringer），赢得比赛，从中获利。英语将代考者比作ringer，旨在表达代考者犹如一匹黑马，帮你出奇制胜。两者可谓是异曲同工，相映成辉。

遗憾的是，ringer一词作为"枪手"的最佳译文并没有引起国内英汉词典编纂者的重视。笔者翻阅了30余部大大小小的英汉词典，没有一部将ringer翻译成"枪手"。在英语词典中，Webster可以说是捷足先登，在*Random House Webster's College Dictionary*（Random House，2001：1138）中，我们发现ringer这一词条的第三大点有如下解释：

①a racehorse, athlete or the like entered in a competition under false representation as to identity or ability；

②any person or thing that is fraudulent; an impostor；

③a substitute; a replacement.

Random House Webster's Unabridged Dictionary在此基础上增加了更加直截了当的释义：

④a student paid by another to take an exam.[1]

这一系列词义的演变符合认知规律。在赛马比赛中，使用调包计早有所闻，而且早在1882年Manitoba Free Press给出了定义：

【例2】A horse that is taken through the country and trotted under a false name and pedigree is called a "ringer".[2]

1982年3月29日，英国就曝光过此类丑闻。一匹叫作Good Hand的好马充

---

①释义源自：https://www.dictionary.com/browse/ringer#。

②释义源自：https://www.phrases.org.uk/meanings/dead-ringer.html。

当ringer，接替Flockton Grey参与Leicester Racecourse比赛。此事被曝光后，赛马主人Ken Richardson赔款2.5万英镑，被罚款2万英镑，禁赛25年，判处有期徒刑9个月。[①]

前有古人，后有来者。这种以桃代李的伎俩蔓延到其他行业。在体育界，凡是顶替别人、虚报年龄、冒充残疾人或智力低下的人参加比赛的都可以称为ringer。美国导演Barry W. Blaustein还以*The Ringer*为片名拍摄了一部电影，说的是一个名叫Steve Barker的人，为了支付其雇员的昂贵断指再植手术费，在其叔叔的怂恿下冒充智力低下的人参加残运会，以谋取一笔高额奖金和赌注。在音乐界，有些业余乐团为了提高人气或竞争力，特雇佣专业乐师来打动观众或评委。如：

【例3】We hired three ringers for the commencement concert.[②]

有了上述背景，将代考者戏称为ringer自然是水到渠成。从这一系列含义的演变可以看出，都围绕着"以好充次，以优代劣"这一主线，符合人们的认知规律，不会造成突兀感。尽管有些词典将ringer注明是slang，但它还是受到美国大学教师的青睐，许多大学的网页出现过该词。如：

【例4】University of California, Travis

How to keep a "ringer" from taking a test for another

*Watch for: Ringer taking test for enrolled student (who may be present or not during the exam)—ringer may do own test, then copy Scantron for friend. Ringer may do real exam while student does a fake exam; when done, they switch papers, the enrolled student writes own name and submits test, while student's exam is discarded or turned in with false name (red flag: exam with a phony name).[③]

---

①依据Academic Dictionaries and Encyclopedias的Flockton Grey词条，网址为：https://en-academic.com/dic.nsf/enwiki/1624984/。
②例句源自：https://www.dictionary.com/browse/ringer#。
③例句源自：https://www.isu.edu/media/libraries/academic-affairs/01_21_UC_Davis_Prevent_Cheating. pdf。

【例5】University of Maryland

If you learn that a "ringer" may be taking an exam for another student, quietly approach him/her and ask for identification.[1]

【例6】University of Pennsylvania

Check Penn Cards as students come into the exam to make sure that a student does not have a ringer take the exam for them.[2]

【例7】Stony Brook University

Ringers: taking an exam for someone else, or permitting someone else to take one's exam.[3]

【例8】The Ohio State University

Serving as or asking another student to serve as a substitute (a "ringer") while taking an exam.[4]

有些学者还把ringer写入专著或编入汉英词典中。如:

【例9】I must admit the first thought I had was that she had cheated, perhaps by sending a ringer in to take her exams.（Neil，2001：193）

【例10】枪 take an examination as a ringer; serve as a substitute for sb at an examination or contest (under false representation as to identy)（Schmidt，2015：180）

值得注意的是，ringer也能够登上大雅之堂，如美国海军陆战队征兵指南出现过它的身影：

【例11】Detection of ringers. A procedure to assist in the identifcation

---

①例句源自：https://zh.scribd.com/document/128155301/University-of-Maryland-Teaching-Resource- Guide-2011-2012。

②例句源自：https://www.ctl.upenn.edu/penn-students-advice-about-promoting-integrity。

③例句源自：https://www.stonybrook.edu/commcms/ceas-undergrad/academic_integrity/policies_and_ procedures。

④例句源自：https://comm.osu.edu/sites/comm.osu.edu/files/SP18%20Comm%203440%20 Syllabus%20 Knobloch-Westerwick.pdf.

of individuals processed by the Recruiting Service and the MEPS has been established to prevent applicants form obtaining a substitute (ringer) to take the mental and/or physical examination. (US Marine Corps Recruiting Service, 1984：7-F-10)

鉴于那么多正式文本使用ringer，而廖涛（2008：73-74）却对它的接受性产生怀疑。为了弄个水落石出，笔者特向上述中的Stony Brook University的Gilbert N. Hanson教授发了一封电子邮件，询问ringer在美国的接受情况。他回复说：

The term is used by whoever writes the description of "academic dishonesty", which I was required to place in the syllabus. I would think that a "ringer" is a fairly well-known term.

由此可见，ringer被喻作"枪手"的接受性至少在美国英语中是毋庸置疑的。如今，美国英语成为英语主流，将"枪手"译成ringer能够"顺流而行"。

当然，"文化意象是在文化环境下生成的一种文化符号，具有语境依赖性。"（邱文生，2004：135）因此，文化意象的确定与语义推理要顺应语境，语境改变了，文化意象和语义有可能随之改变。目前，"枪手"的业务正在不断地拓展，逐步发展到代写论文、代写情书、代为早跑，甚至代为听课等花样。这些"枪手"的翻译又要另当别论。

论文"枪手"素有"捉刀人"之说，许多汉英词典为后者提供的译名有ghostwriter和ghost，不过后者有歧义，建议使用前者。现在，尽管论文剽窃的现象得到整治，但"捉刀"的歪风难以遏制，多位学者以"如何识别'枪手'论文"为题撰写论文，在标题中将"枪手论文"译为ghost paper（关珠珠等，2018：61），"医学枪手论文"译为medical ghostwriting paper（邹强，2020：1435）。这些译名似乎不够恰当，要综合考虑歧义、语法等因素，建议分别改成ghostwritten paper和ghostwritten medical paper，"医学论文枪手"当然可以简化为medical ghostwritter。

情书"枪手"可依此类推译为a love-letter ghostwriter。跑步（听课）"枪手"只要他露个面，签个到就行了，不需要他有多大的学问，其中"枪手"一词完全是替代者的代名词，没有多大的文化内涵，译成substitute、replacement、proxy、stand-in、surrogate就能达到较好的效果，当然也可用ringer，因为Webster词典的ringer词条也有这两条释义。至于"明星枪手"，它是2007年8月教育部公布的171个汉语新词之一，其含义演变较为另类，意思是"帮助明星进行商业炒作的人"①，可译为star's promoter。

7.1.4　小结

由于英、汉两大民族在地理环境、政治制度、宗教信仰、风俗习惯、人文历史等方面不一样，难免会在文化上出现错位、空缺和冲突等现象。作为译者，本着对翻译事业的热爱和对读者的负责态度，应知难而上，殚精竭虑，充分地解读源语所承载的文化信息，认真地与目的语文化进行比较和分析，尽可能将源语文化信息移植到目的语中，使之在目的语中重放光彩，让两种文化成功实现对接。

7.2　"托儿"与shill的模因差异呼唤多维度和谐翻译策略②

"托儿"原本是旧时北京一带的江湖黑话，专指那些为骗子充当帮手，以种种花招诱人上当的角色。中华人民共和国成立后，该词随着"托儿"现象销声匿迹而淡出人们的视线。20世纪90年代，它却以旧瓶装新酒形式卷土重来。于是，这一昔日为世人不齿的角色，在短短的几年内发展壮大，并蔓延到社会各个行业，俨然成为三百六十行之外一个新兴的行业。"托儿"一词的英译也引起翻译者的重视，余静分析了汉英词典及报纸中出现的

---

①释义源自：http://xh.5156edu.com/html5/371932.html。
②本节内容发表在《中国翻译》2009年第5期，有较大篇幅修改。

各种译文（human bait，cheat，Tuo-er，fake customer，decoy，come-on，salesperson's decoy，tout），认为这些译文，无论是音译，还是解释性翻译，"都不如shill一词来得生动贴切"。（2004：88-89）

从原始意义来看，两者确实比较"般配"，但随着国内"托儿"家族迅速繁衍，人丁不断兴旺，"托儿"与shill的模因变异出现严重的错位，"托儿"译成shill在相关语境中的顺应性遭受极大的挑战，两者的等值翻译问题不得重新提到"译事日程"。

7.2.1 shill与"托儿"的模因差异

关于模因概念，第2章已经述及。研究者认为，模因的传播是动态的，每一种模因既是对过去模因的复制和继承，又是在复制和传播的过程中产生一定的变异，在变异中求得发展。语言模因在复制、传播的过程中往往与不同的语境结合，出现新的集合，组成新的模因复合体。（何自然，2005：58-61）语言是通过模因不断传播和演变而丰富发展起来的。

作为传递语言信息的基本单位，"托儿"和shill的原始含义基本相同，但由于它们不是通过翻译而得到传播的外来模因，两者各自为政，没有沿着完全相同的轨道进行繁衍，势必产生分离现象，导致两者在大多数情况下不能达到等值。

依据Academic Dictionaries and Encyclopedias，shill的基本含义是：

A shill is an associate of a person selling goods or services or a political group，who pretends no association to the seller/group and assumes the air of an enthusiastic customer. The intention of the shill is，using crowd psychology，to encourage others unaware of the set-up to purchase said goods or services or support the political group's ideological claims. Shills are often employed by confidence artists.[①]

shill主要传播到赌博、销售、拍卖、传媒、医药等行业，出现与卖主串通抬高拍价的shill bidder，扮演成买主怂恿别人购买的shill buyer，被出版社收买为其新书叫好的book shill，与赌主勾结冒充赌徒招徕生意的casino shill/gambling shill，鼓动病人买某种药品的pharma shill，受雇于某一公司在网上发帖子为其产品叫好的shill poster，等等。尽管shill在模因过程中出现新的集合，但它保留着原始的模因定型，继承原始模因的基本特征：受雇于人并隐身为其宣传者。

相比之下，汉语"托儿"的模因传播要比shill广得多，它与不同的语境结合，出现新的集合，组成新的模因复合体，从原先的充当骗子的帮手，发展到商场托儿、车托儿、医托儿、学托儿、酒托儿、婚托儿、话托儿、腐败托儿、房托儿等等，甚至同一"托儿"可衍生出不同的含义，与原始的模因定型有很大的出入。

7.2.2 "托儿"英译的多维度思索

由于"托儿"在模因传播中与shill出现严重的错位，促使我们打破原有的思维定式，从多维视角重新审视"托儿"的和谐英译。

7.2.2.1 从语境顺应看"托儿"的英译

"托儿"本属消亡的方言模因，但因社会变化的需要被重新挖掘出来，形成强势模因，得到广泛的复制和传播。在动态使用过程中，语言使用者在一定的语用目的的支配下，以语境作为参照而赋予它新的意义，即"浮现意义"。作为译者，应在历时和共时的动态语言发展中努力寻求翻译策略，自觉地运用关联顺应的语用思维去洞悉话语的浮现意义，进行灵活的变通，以便生成适境、贴切的译语，流畅地再现源语的真正意图。

---

①释义源自：https://en-academic.com/dic.nsf/enwiki/34443。

【例1】到现在，他也不很清楚，他们介绍的女子会不会是婚托儿。怎么才能知道，是不是托儿呢？（西健，2006：29）

"婚托儿"，婚姻介绍所专门雇来与人约会相亲的人，是"托儿"一族的重要成员。其中最出名的莫过于陈佩斯执导的舞台剧《托儿》。剧情如下：

> 陈晓开了一家婚姻介绍所，为吸引求婚者，找了不少"婚托儿"，他的妻子小凤也是其中的一员。常言道："常在河边走，哪有不湿鞋？"有一天，小凤忘了自己的身份，爱上了一名风流倜傥的华侨。"鱼饵"脱钩了，和鱼儿一起戏弄垂钓者。[①]

此"托儿"是Human Bait，是The Cheat，是Tuo-er，还是余静（2004：88-89）推荐的shill？谁能说了算？是英汉词典，还是汉英词典？恐怕都不是，唯独语境最有话语权。"语境在翻译中作为意义确定的话语土壤，始终是规约译文语义的正确性，以整合其语用适合性的前提。"（徐伟彬，2007：28）检验译文等值与否有两法：①将译文置于相关语境下看英美国家的人是否能够接受同等信息；②观察英美国家的人处于这种语境下是怎样表达的。可能后者比前者来得简捷，请看：

The Match lawsuit was filed earlier this month in U.S. District Court in Los Angeles by plaintiff Matthew Evans，who contends he went out with a woman he met through the site who turned out to be nothing more than "date bait" working for the company.[②]

date与bait巧妙地结合，不正是我们要找的"婚托儿"吗？

【例2】近日在一些地方，有的医院打着"为妇女免费彩超检查"等旗号招揽市民，而免费检查的结果是这些妇女都有不同程度的妇科病，都需要治疗。对此，安徽医科大学妇产科教授沙玉成一针见血地指出：这些免费检

---

①剧情内容参考了新浪新闻，网址为：http://ent.sina.com.cn/h/2002-01-27/71194.html。
②例句源自：http://hoaxes.org/weblog/comments/date_bait。

查是"托儿",起着诱导妇女接受过度治疗,获取不义之财的目的。[①]

"托儿"往往受人之托,采取蒙骗的手法,花言巧语来忽悠善良的人们。实际上,他们扮演着"诱饵"的角色,引诱人们上当受骗。因此,此"托儿"要是引申为"诱饵"便能与下文中的"诱导"呼应,译成bait也毫不逊色。

【例3】别让标题成为"托儿"[②]

此处"托儿"为何物?光是阅读该标题,我们可能会如坠云雾,不知所云。但读到正文"时下,媒体竞争趋烈,新闻标题成了抢夺读者眼球的利器",我们就会幡然领悟。如果拘泥于词典,将它译成shill,译文显然与正文格格不入;要是我们根据语境大胆地进行"重建式解码"(recasting),译成eye-catcher,就可以与正文和谐了。

【例4】"说吧,你是谁的托儿?"坐在记者后排的中年男人凑了上来低声说,"你给我们的节目叫好,我也给你的叫好,大家互相帮忙,争取都能上春晚。"(袁蕾,2006:3)

确切地说,此类托儿叫作"掌托儿""笑托儿"或"话托儿"。他们受雇于导演或演员,藏匿于观众席中,以带动或制造热烈气氛。或许译成shill也能凑合着使用,但比起plant,其形象性和适境性就会黯然失色。请看Random House Webster's Unabridged Dictionary对plant的解释:

a person, placed in an audience, whose rehearsed or prepared reactions, comments, etc., appear spontaneous to the rest of the audience[③]

【例5】演出开始前,有那么几位熟头熟脸的人悄没声地走进剧院,然后

---

① 例句源自:http://dzwsb.hnol.net/article/200510/20051021153903479171.html。
② 例句源自:《中华新闻报》,2004-02-11。
③ 释义源自:https://www.dictionary.com/browse/plant#。

一头扎进观众堆儿里，和广大观众一起前仰后合地笑着给陈佩斯当了回"托儿"。（高文宁，2002：4）

如今，"托儿"一般被当作贬义词使用，但在这里，揣摩作者的心理世界，我们可以断定这个词语不带贬义，应该说它是一种修辞手段，属"捧场"的代名词。因此，选用claque或rooter便可达到顺应的目的。

【例6】对于新闻报道来说，"托儿"现象更是不容忽视。有些看起来似乎很完美的动态报道，实际上我们很容易从中找到"托儿"的影子。（孙愈中，2005：20）

利用扮演者拍摄出假新闻，在新闻行业已不是什么新鲜事，这种扮演者自然让人想到simulator一词。

【例7】在春晚小品《不差钱》中，赵本山俨然成了徒弟小沈阳和毛毛的"绿叶"，而作为央视资深的主持人也一样只有做"陪衬"的份儿。主持人对此却依然很得意："这托也不是谁都能当的，我一直很佩服赵本山，他用自己的艺术感觉造就了'本山文化'，别人没法取代他，当我得知有这个机会选择让我给他当托时，我特别高兴。"①

这里的"托"是"陪衬"或"搭档"的代名词，如果顺应性地使用foil或partner来传译，就可以获得较佳的关联认知效果。

【例8】"腐败托儿"，世风助长腐败新掩体。（罗钦文，2002：25）

所谓"腐败托儿"，指的是穿梭于行贿人与受贿人之间，为其牵线搭桥、介绍贿赂的"红娘"。依据这一定义，大胆地拼装出bribe broker或bribe intermediary，应该不会让目的语读者大跌眼镜吧。

现在人们开始把商业社会中新兴的这种特殊的中间人一概戏称为"托儿"，如专门负责代办车辆检测、上牌等手续的"车托儿"，游离在专业招生机构之外介绍落榜学生就学的"学托儿"，帮人打官司的"律托儿"，专门从事跑扶贫款项的"扶贫托儿"，代办丧事的"丧托儿"，等等。英语中有类

---

①例句源自：http://ent.sina.com.cn/v/m/2009-02-03/06102360851.shtml。

似意思的单词很多，如agent、middleman、deputy、mediator、intermediary、go-between等，我们可以根据语境从中择优选取。

另外值得注意的是，由于模因变异和语境的助燃作用，甚至同样的"托儿"也有不同的解读。

【例9】埃里温白兰地酒厂的老板是俄罗斯商人，为了推销自己的白兰地，向欧洲派去了一百名机敏的年轻人，他们衣着讲究，举止高雅，他们的唯一的任务是到那些高档的餐厅，专门点名要"纪念日"白兰地，如果商家回答说没有时，他们一定会吃惊地睁大眼睛，大声说道："怎么？连这种酒都没有?!" 这些年轻人和我们今天商场上的"托儿"没有什么区别，堪称"酒托儿"。①

【例10】在网上寻找"猎物"的王婷是有职业的，她的职业叫"酒托儿"，就是专门利用女性优势为某些酒吧揽客的人，是都市新七十二行中很隐秘的一行。（匿名，2006：74）

【例11】他有些上当受骗的感觉，自己就整个是一托儿啊，不就是个盛酒的桶吗，这个林局长真的阴，把我老王当成酒托儿耍。②

这三个例子正是印证了英国著名语言学家Firth说过的一句话："Each word when used in a new context is a new word。"（1957：190）例9中的"酒托儿"与一般商场的"托儿"没有两样，可称为 alcoholic shill；例10 的"酒托儿"与B-girl（a woman employed by a bar，nightclub，etc.，to act as a companion to male customers and induce them to buy drinks③）有点相似，前加 secret 一词就可凸显她的隐秘性；例11 的"酒托儿"分明是个酒代，即代人饮酒的人（surrogate/designated drinker）。

类似这样一词多义的词语还有"车托儿"和"学托儿"。前者可以指受雇坐车以招徕乘客者（shillaber），是英语最早的"托儿"一族；也可以指

---

①例句源自：http://www.jiuq.com/zixun/?action-viewnews-itemid-1869。
②例句源自：http://article. rongshuxia.com/viewart.rs?aid=2865510。
③释义源自：https://www.dictionary.com/browse/b-girl?s=t。

在汽车销售、上牌、年审、被交警查扣过程中充当中间角色的人（middle man）；或被汽车生产厂商收买在网上发帖为其产品叫好的隐身者（car shill）。后者既可以指介绍落榜学生就学的中间人（admission agent），也可以指教师为应付听课特意事先安排好发言的学生（a "planted" student）。

"托儿"词义的演变告诉我们，要探讨一个强势模因词的翻译，关键在于探讨该词在特定语境中的语义嬗变及其应对策略，而不是拘泥于字面意义的等值。

7.2.2.2 从语言变化美看"托儿"的英译

我国是一个统一的多民族国家，各地方言丰富多彩，在世界语言中令人瞩目。北京话称为"托儿"，东北话叫作"牵驴的"，上海话可以是"撬边"或"起篷头"，南京或重庆一带人称之为"媒子"，太原话叫作"拉黑牛的"。

英语中的"托儿"也是色彩斑斓的。英语虽是多个民族通用的语言，但各民族使用该语言时也会出现个体差异。"托儿"在英国可称为plant，在美国叫作shill。同时，英语中有俚语、行话和方言等，它们为"托儿"增添了不少的同义词或近义词，如capper、stick、timber、straight man、booster、bonnet、shillaber、accomplice、stooge、steerer、confederate、roper、come-on、decoy、stall[①]等。这些繁多的同义词或近义词为我们的翻译提供了更多的选择。为了避免译文语言的刻板、单调，我们可以交替运用这些同义词，使平淡的语言变得绚丽多彩。同时，利用同义词意义上的同中有异，相互补充，使内容表达得更周密、更充分、更圆满。大胆探索语言的变化美，才有可能获得最佳的表达效果。（吕煦，2004：30）

7.2.2.3 从委婉语谈"托儿"的英译

委婉语是语言使用者考虑到社会文化、社会心理等因素，为了避免对听者或读者造成伤害，通过使用一个礼貌的表达法及其他语言或非语言手段来代替一个直接的、普通的说法。（孔庆成，1993：26）委婉语其中的一

---

①这些同义或近义词是笔者依据多部在线词典（含俚语词典）汇总而成的，其中有些含这种意思的单词只有在俚语词典中才能查到。

个功能是起到褒扬的作用，即用中性或褒义的词语代替含有贬义色彩的词语。从交际的角度看，委婉语的这种褒扬功能实际上是说话人对对方的一种抬举（uplift）；从心理上看，对于社会上的一些人，这种抬举、褒扬、夸饰能满足他们的虚荣心和自尊心。在当今西方社会，人们对职业的社会地位极其敏感，许多职业都有一个悦耳中听的美称，如dustman（垃圾工人）被称为garbologist（垃圾专家），barber（理发师）被称为hairstylist（美发师），farmer（农民）被称为agriculture technician（农业技术员），tree trimmer（树枝修剪工）被称为tree surgeon（树木整形专家），butcher（屠夫）也有了别称meat technologist（肉类技术专家），等等。

英语中的"托儿"们也毫不示弱，他们摇身一变，脱胎换骨成front-worker（前线工作者）或outside man（局外人），好像自己是个正正经经的人，与这种骗人的把戏沾不上边，冲淡人们对他们各种不愉快的联想。鉴于此，我们在翻译时，也要"措辞谨慎，做到恰当得体，在面子上下功夫，既维护积极面子，又维护消极面子，因为世界上的人类交往中没有'不要面子的交际'"（贾玉新，1997：303）。

7.2.3 小结

新词语是观察社会生活的晴雨表，是反映现实生活的一面镜子。（于红，2004：129）"托儿"一词的死灰复燃表明社会道德在某一方面有所失衡，因此，大谈"托儿"的翻译本是一件不太光彩的事，但不容否定的是，"托儿"一词是当代汉语最富有繁衍能力的强势模因之一，它在复制、传播过程中出现的演变考验译者的语境认知能力，训练译者灵活应变顺应语境的技能，为其他类似词语的翻译提供了很好的启示和借鉴。

7.3　"土豪"新义和谐求译之原则①

土豪，这个原本带有特定历史意涵和贬义色彩的旧词语，经过网民的翻新，以旧瓶换新酒的方式卷土重来，在短短的几个月时间里，在新浪微博出现两亿多条，成为2013年十大流行语之一。"土豪"新义的翻译也引起网友热议，网上流传十几种译文，如Beverly Hillbillies、billionbilly、new money、newly rich、provincial tycoon、rich redneck、riChinese、rural rich、slumdog millionaire、upstart、vulgar tycoon等。不光是国内网络，就连英美媒体也投来关注的目光。英国BBC "Trending" 栏目于2013年10月31日介绍了"土豪"一词，直接使用"土豪"的拼音②；总部设在美国的CNBC财经电视台的 "Inside Wealth" 节目也在2013年11月15日以 "China Has a Word for Its Crass New Rich" 为题报道了该词语的流行现象③。面对众多的译文，究竟孰优孰劣，还是有深究的必要。

7.3.1　"土豪"新义流行的模因论诠释

在网络时代，网民造词的方式趋向多元化。在标新立异的心理驱动下，他们通过别解修辞方式对原有的词语进行异乎寻常的解释，以达到诙谐、幽默、调侃、讽刺之目的，如"空调"（空头调控）、"病房"（有病的房子）等。基于同样的套路，他们对"土豪"进行解构与新的建构（土=土气；豪=富豪），用来指代奢华而庸俗的富豪，"意味着广有钱财而品位不高，追求奢侈而审美不足，炫耀消费而内涵不够"（李捷，2014：4）。由于新"土豪"映照社会现实，又可让一些人发泄一下仇富的心理，再依仗旧"土豪"留给人们的记忆力，迅速在网络上蹿红，成为一个极具传播力的网络新词。

---

①本节内容发表在《东方翻译》2014年第2期，部分内容有修改。
②源自：http://www.bbc.co.uk/news/magazine-24677113。
③源自：http://video.cnbc.com/gallery/?video=3000218858。

从模因论视角来看,"土豪"的传播和复制方式典型表现为何自然先生概括的"基因型"和"表现型"(2005:58)。前者是以纵向递进的方式进行的,即采用不同的形式来传达类似的信息。改革开放以来,富人被授予"暴发户""万元户""大款""款爷"等称呼,从某种意义上来说,均为新"土豪"的前身,可从中觅到其影子。尽管这些名称在模因传播的过程中出现形式变异,与原始形式有天壤之别,但都保持了原始的信息,每一个名称都见证了时世的变迁,印记了不同时代的特征。

后者是以横向并联的形式进行的,表现为突变和重组。突变是因为模因在传播过程中发生偏差,出现了信息增值或衰减。它们可以是因社会变化或客观交际需要而变味,也可以是为顺应上下文而衍生出新的含义。新"土豪"本身就是从旧"土豪"模因突变而形成的。模因重组指的是模因宿主将新模因和人们熟悉的模因组合在一起,形成新的模因复合体。复合体含有熟悉的模因,有助于人们破解复合体的内涵,从熟悉中感悟出新意。目前,"土豪金""土豪大妈""土豪朋友""土豪婚礼""土豪建筑""土豪剧""土豪心态""土豪文化"等一系列复合词应运而生,直接导致其翻译复杂化。

7.3.2 "土豪"新义的翻译原则

7.3.2.1 不宜拼音定型化

现在,一旦某一汉语词语以拼音形式出现在英美媒体或被英语词典收录,大家就会沾沾自喜,并如数家珍地列举一连串曾经出现过的词语,如chengguan(城管)、dama(大妈)、ernai(二奶)、fenqing(愤青)、guanggun(光棍)、guanxi(关系)、hanban(汉办)、hongbao(红包)、hukou(户口)、laogai(劳改)、shuanggui(双规)等。又闻"土豪"有望以拼音形式收入《牛津词典》的消息,有人喜形于色,认为"这是中国在全球影响力日益提升的一种表现,也是中国文化输出的一个重要契机"(信仁,2013:12),甚至发出这样感慨:"新兴大国,没有什么比往英文输出词

汇更能体现话语权'上升'。"（果冻，2013：2）

　　国内译界为了争夺这种话语权也萌发出推广拼音化翻译的苗头，发表过多篇主张音译的论文。叶红卫提出将"山寨"译为shanzhai，理由是：音译词具有特有的语义涵盖量，能以不变应万变。（2009：57-58）朱安博认为"房奴"音译为fangnu原汁原味，最能体现源语文化特性，不必刻意迎合西方，非要找到一个所谓的"对应"。（2010：53-56）朱纯深和张俊峰认为"不折腾"音译成bu zheteng具陌生化效果，也会使目的语读者觉得陌生而关注其意。（2011：68-72）孔令翠和刘巧玲认为将"碰瓷"译为pengci可以打破目的语常规的翻译，引发读者好奇心，并对目的语语言文化价值观施加反我族主义的压力，构建与争夺话语权。（2018：131）

　　凡事都要三思而行，要分清是非，不要被争夺话语权的念头冲昏头脑。要知道，在上述词汇中，除了hanban（汉办）、hukou（户口）等少数几个词之外，还有什么词能使我们扬眉吐气？很多都是以负面新闻见诸报端，甚至尊称的"大妈"（dama）也被西方解读为"那些热情但冲动、精力充沛但经常盲从、擅长利益计算但缺乏能力眼光的群体"（王蔚，2013：5），"更多被赋予了一哄而上、保守贪婪、世俗盲目的负面信息"（禾之、王裳，2013：2）。

　　tuhao（土豪）也同样难逃厄运。BBC介绍该词时配上一张黑人面部特写的照片，照片中的他满脸胡楂，开口大笑，满口金牙，耳坠铃铛，俗不可耐。在他们看来，这就是中国土豪真实的写照。《纽约时报》将tuhao定义为"挥金如土、品位低俗、粗鲁而富有"（王梦婕，2013：3）之类者。"外媒对它的瞩目，更多聚焦于镀金时代中国的种种社会问题"（王梦婕，2013：3）。因此，有网民认为："'土豪'有望入《牛津词典》，貌似展现了中国文化在世界上的影响力越来越强，却不能令人引以为豪，它所延伸的负面含义不能不令国人汗颜和警醒。"（江楠，2013：7）鉴于这些情况，我们应该保持清醒的头脑，不要盲目效仿音译的方法。

　　更何况音译带来的后果不是译者能掌控的，可能会事与愿违，因为音译只会将词语的解释权拱手让给英美国家的人，致使其含义变得不可预估。在这一方面不是没有先例可鉴的。guanxi（关系）最先由网络版《牛津词典》收录，然后编入纸质版词典，当初尚能客观地反映为（in China）the system of social networks and influential relationships that facilitate business and other dealings（Stevenson et al., 2010：632），但到了Collins English Dictionary中，它被歪曲成"a Chinese social concept based on the exchange of favours, in which personal relationships are considered more important than laws and written agreements"[①]。其中的畸变恐怕是国人始料不及的。那么，一旦tuhao进入英语词典，谁能保证它免遭guanxi一样的厄运？这样的担忧不是杞人忧天，也不是耸人听闻，定义、解读皆人为，tuhao一旦落入有偏见的词典编辑者手中，就有被添枝加叶的可能性。相反，要是"土豪"像"洗脑"（brainwashing）一样进行直译，哪怕词典编者怎样添油加醋，也烙不上"中国印"，除非是刨根问底的词源词典。

7.3.2.2 不宜一词贯穿化

钱锺书先生曾说过："盖字有愈用愈宽者，亦复有愈用愈狭者，不可株守初意也。"（2001：285）新词语的使用情况也不例外。现在，一旦某一个新词语流行开来，许多作者想方设法与其沾上边、攀上亲，以示自己跟上了时代。导致其含义为了迁就更多的场合和对象变得含混、泛化或丰化，翻译时不宜吊在同一棵树上，要依据语境进行分析、解读和传译。

【例1】无论土豪有多土，我们仍会迎合他们的品位，毕竟几乎所有的旅游公司都想和土豪做朋友。（董萍，2013：9）

试译：No matter how vulgar vulgarians may seem, we will still cater for their tastes, for after all, almost all the travel agencies want to make friends with them.

土豪以"财"示豪，但也以"土"出众。上例明显突出土豪的"土"，翻译时应该有所体现，若又能与"财"挂上钩，那是求之不得了。在众多争

---

①释义来源：https://www.collinsdictionary.com/dictionary/english/guanxi。

夺"土豪"席位的词语中，vulgarian脱颖而出。我们都熟悉它的"土"，殊不知这都是"财"惹的祸。不信，请看词典提供的释义：

①a vulgar person, especially one whose vulgarity is the more conspicuous because of wealth, prominence, or pretensions to good breeding（Flexner, 1987：2133）

②a person who makes an ostentatious display of wealth and is often poorly educated or lacking in refinement[①]

基于词典的释义，使用vulgarian来形容"土豪"，可谓是"土财皆备"了。

【例2】老实说，中国土豪的消费行为连中东"土豪"都相形见绌。[②]

试译：Honestly, Chinese conspicuous consumers even overshadow Middle East nouveau-riches (parvenus).

中国土豪的消费行为表现为崇尚物质、追求奢华、乐意消费、喜欢炫富。这自然会让人想起美国经济和社会科学家Thorstein Bunde Veblen为此创造的一个术语——conspicuous consumption，其释义是：

Conspicuous consumption is the spending of money on and the acquiring of luxury goods and services to publicly display economic power—either the buyer's income or the buyer's accumulated wealth. Sociologically, to the conspicuous consumer, such a public display of discretionary economic power is a means either of attaining or of maintaining a given social status.[③]

另外还有一种更加爱出风头的消费行为（invidious consumption），表现为"the deliberate conspicuous consumption of goods and services intended to provoke the envy of other people, as a means of displaying the buyer's superior

---

① 释义源自：https://www.thefreedictionary.com/vulgarian。
② 例句源自：http://blog.sina.com.cn/s/blog_6b2047cc0102ewnq.html。
③ 释义源自：https://www.definitions.net/definition/conspicuous+consumption。

socio-economic status"①。翻译时考虑到在英语比较句型中的比较对象需要保持一致的行文习惯，可将consumption转换成consumer。相比中国土豪，中东土豪可能更加财大气粗，他们之所以相形失色可能是因为其趋向理性消费，尽管尚未完全脱离"土"的本色。为了避免因用词重复而出现的审美疲劳，可以换用法语nouveau-riche或parvenu。它们的含义分别为：

nouveau-riche: people who have recently acquired wealth, typically those perceived as ostentatious lacking in good taste（Stevenson et al., 2010: 1201）

parvenu: person who has recently or suddenly acquired wealth, importance, position, or the like, but has not yet developed the conventionally appropriate manners, dress, surroundings, etc.（Flexner, 1987: 1416）

不要认为使用法语单词太"奇葩"，它们早就成为英语家族的成员了。

【例3】自iPhone 5s上市以来，"土豪金"风靡一时，从电子产品到豪车，再到家居市场，金色俨然成为今季主打色。（彭冰、柳姗姗，2013: 4）

试译：Since iPhone 5s came to market, bling gold has been all the rage as if it is the main color in this season, from electronic products to luxurious cars or home furnishings.

苹果iPhone 5s手机打破iPhone历来黑、白两色主宰的格局，加入香槟金色。由于金色比较醒目，又与老款产品划清界限，给人心理上带来优越感，故备受土豪青睐，价格一度炒作到上万元，被网民戏称为"土豪金"。现在"土豪金"从电子产品扩大到汽车、建筑、家居产品等，成为"闪光浮华"的代名词。翻译时只要译出其象征意义即能达到目的，如使用bling、flashy、garish、glitzy等词。

【例4】恒大必胜，一起来做土豪吧。②

试译：Evergrande will be grand forever. Be a top dog with TUHAO ONLINE.

---

①释义源自：https://www.definitions.net/definition/conspicuous+consumption。
②系"土豪OL"手游广告语。

这是恒大主场对决首尔FC队时打出的大条幅，实为开心网推出的"土豪OL"手机游戏的广告语，其中的"土豪"字样就是该手游的logo。开心网欲借"土豪"的文字热，以抓眼球的亮相方式为其游戏大造声势。"一起来做土豪吧"具有双关含义，既表达对恒大足球队取胜的愿望，企盼它高投入能获得好成果，又乘机大肆宣传"土豪OL"游戏，可谓是一箭双雕。这里的"土豪"更多被赋予积极的意味，翻译时不可掉以轻心。由于英语不存在类似的双关语，要译出双关含义，只得"拖泥带水"。先使用"Be a top dog"表达对恒大获胜的信念，后添加"with TUHAO ONLINE"，目的是让"土豪OL"沾上"喜气"。"土豪OL"译为TUHAO ONLINE是因为其logo附有这样译文。一般说来，专有名词的翻译必须名从主人。

【例5】大米也"土豪"，100元一斤。（张旭、吴昉，2013：4）

试译：Rice has also become a luxury—100 yuan a half kilo.

【例6】从人均持有量看，最土豪的前三甲省市为上海、浙江、江苏。（赵明超，2014：5）

试译：In terms of per capita holdings, the top three are Shanghai, Zhejiang and Jiangsu.

现在有些作者为了吸引读者的眼球，刻意使用时髦用语，致使有些表达显得牵强附会。如例5中的大米居然"土豪"了，例6中"前三甲"还加上"最土豪"。两者都被硬邦邦地贴上"土豪"标签，给人一种生拉硬扯的感觉，不如直接译出喻义或省略不译。

上述例子都披着"土豪"的外衣，但所表达的含义迥然不同，英语中没有与之完全匹配的万应灵药，翻译时应因地制宜，对症下药。采用音译固然让译者省事，但读者会犯难。面对上述种种"土豪"，缺乏中国文化的英美读者很难领会其中的含义。况且，音译词脱离了源语文化土壤的滋润，在目的语中可能只停留在原始意义上，没有按照源语的发展轨道延伸；或者入乡随俗，沿着目的语自身的轨道演变，不管出现哪一种情况都会导致两者互译时不等值。

同时，我们还要看到，现在"土豪"称呼已经泛滥，原本叫作"富豪""暴发户"的都冠之以"土豪"。英语中表示"富豪""暴发户"含义的词语比比皆是，如billionaire、Croesus、Dives、fat cat、magnate、millionaire、moneybags、nabob、plutocrat、tycoon、upstart等。为了避免译语的刻板、单调，我们可以根据语境、语域、语义韵、语支、意象等因素交替运用这些同义词，必要时加上具有"粗俗的"含义的形容词，如boorish、bounderish、crass、ill-bred、indecent、lowbred、uncouth、underbred、unmannerly、unrefined、unpolished、vulgar等；或具有"炫耀的"之意的形容词，如flashy、garish、glitzy、flamboyant、ostentatious等，使平淡的语言变得绚丽多彩。

7.3.3 小结

网络时代是新词迭出的时代。只要具有足够的敏感性，拥有一定的语言运用和词语创造力，就有可能创造出广为流传的新词语。但值得注意的是，现在网络上流行着一些不阳光、不健康甚至低级庸俗的词语。若要提高我国的文化品位，"我们需要创造更加优秀、更加健康的文化，为世界文化做出贡献，我们要在传统与现代、东方与西方的坐标中，以文明、开放、阳光的形象，出现在世界舞台上"（贾梦雨，2013：5）。

作为文化传播的使者，译者应自觉传播正能量，抵制负能量，多创造和推广类似taikonaut之类的词语，少滥造和使用类似tuhao之类的音译词。

7.4 "学区（房）"和谐求译的三维度考量①

近年来，学区房受到购房者的追捧，价格一路飙升，成为媒体和街头巷

---

①本节内容系笔者执笔，以第二作者身份发表在《外语研究》2015年第3期，部分内容有修改。

尾热议的话题。"学区房"一词的翻译也进入译界的视线。杨勇萍捷足先登，率先提出将"学区房"翻译为：apartment in a good school district。（2012：68）孙文静紧随其后，认为"学区房"是中国特有的概念，"学区"不是所有学校附近的区域，而是指一些重点学校附近的区域，要在学区前面加上一个表述重点的词，即译成：key school district housing。（2013：131）刘世芝不甘示弱，搜集整理出school nearby apartments/houses等译文。（2014：72）张健和黄樱后来居上，认为汉语"学区"与英语school district在内涵上存在差异，school's catchment area才是"学区"的意思，建议将"学区房"译成housing/home in a school's catchment area或housing/home in the vicinity of a sought-after school。（2014：67-69）《新世纪汉英大词典》（第二版）增收了"学区房"，并提供了三个译名：school distirict house、school district property、elite school property。（杜瑞清，2016：1954）现在，学术论文题目中的"学区房"大多数被译为school district housing，有的干脆避而不译，如"学区房的溢价究竟有多大：利用'租买不同权'和配对回归的实证估计"（The Capitalization of School Quality in Home Value：a Matching Regression Approach with Housing Price Rent Comparison）（胡婉旸等，2014：1195-1214）、"名校及其分校质量对学区房的溢价效应：声望效应与升学效应"（The Premium Effect of Elite Schools and their Affilliated Schools：Enrollment Effect and Prestige Effect）（黄斌等，2019：138）等。

笔者认为，上述英译文均不符合汉语"学区房"的真正内涵，而且大多数不够简练。"学区房"系"学区"派生而成的，因此要谈"学区房"的英译，不得不追溯到"学区"的英译。但无论涉及哪一个翻译，都要从概念内涵、地区性变异、经济原则三个维度来考量。

7.4.1 从概念内涵来考量

查阅手头几部大型英汉和汉英词典，我们发现，只要收录school district

或"学区"的词典都将两者画上等号，如《英汉辞海》（王同亿，1990：4681）、《英汉大词典》（陆谷孙，1993：1659）、《21世纪大英汉词典》（李华驹，2003：1906）、《汉英大词典》（吴光华，2010：1856）、《新世纪汉英大词典》（惠宇，2004：1842）、《新世纪汉英大词典》（第二版）（杜瑞清，2016：1954）等。这是不足为奇的，因为汉语词典一般将"学区"定义为一个"区"，如"根据中、小学分布情况所划分的管理区，目的是便于学生上学和对学校的业务领导"（罗竹风，1989：247），英语词典也将school district定义为一个area，如："an area with specified limits, established for administering a local public school or schools"（Guralnik，1972：1274），"an area in one state of the US that includes a number of schools which are governed together"（Summers，1995：1274），等等。

然而，*The New Oxford Dictionary of English*并不盲从，该词典将school district定义为一个unit，即a unit for the local administration of schools。不过遗憾的是，该词典双解版（新牛津英汉双语大词典编译委员会，2007：1903）似乎没有察觉到定义词的变化，依然解释为：学区。实际上，从核心定义词的变化我们可以发现，school district具有双重的功能：既是一个area，又是一个unit。关于这一点，可以从*Webster's Third New International Dictionary*找到答案，其释义为：an area within a state sometimes coinciding with a township but having its own board and power of taxation and serving as the smallest unit for administration of public-school system（Grove，1976：2031）。由这一释义不难看出，它既是一个地理区域很大的学区，涵盖多个学校，又是一个基层行政机构，与镇级行政管理区域不一定一致，承担着公立学校的管理义务，具有自己的董事会，享有税收权。从其行政职能来看，它相当于英国的Local Education Authority（地方教育局），应译为：学区教育局。

相比之下，汉语"学区"基本上局限于地域化，其范围可大可小，大至某区教育部门管理的整个地区，小到某一个中、小学定向招生的区域，而

"学区房"中的"学区"则属于后者，专指那些优质中小学对口招生的区域。

看来"学区"与school district是真假参半的"朋友"。在表达总学区概念时，两者是志同道合的"真朋友"；在表达分学区的概念和行政职能时，它们又是貌合神离的"假朋友"。分清了真假"朋友"，我们就能容易地识别出上述译文是否可以与"学区房"构成"真朋友"。

将"学区房"译成apartment in a good school district、key school district housing、school distirict house和school district property似乎有点"小材大用"。如上所述，美国的school district是指整个大学区，里面分成若干个与相应学校对口的分学区。一个school district办学质量不太可能出现一边倒的情况，通常是好中有差，差中有好。这就意味着即使位于总体上好的school district，也不一定能上好学校；而处于整体上差的school district，也不见得要上差学校。美国小孩能否上好学校主要是看分学区。汉语"学区房"中的"学区"，在范畴上与school district有很大的出入，前者小，后者大，硬将它们配对似有"小脚丫穿大鞋子"之嫌。

将"学区房"译成housing/home in a school's catchment area、school nearby apartments/houses，或housing/home in the vicinity of a sought-after school，似乎没有体现出学区的优质性。"学区房"之所以不同于一般的房产，是因为拥有者的小孩被授予优质学校的入学权。前一译文只是告诉我们该房产属某学区，至于与该学区对口学校的质量如何，不得而知。后面两个译文只是说该房产位于学校或名校附近，而位于学校或名校附近的房产不见得属于该校学区。学区的划分是非常复杂的，不单单考虑学校向四周辐射的距离，而且要顾及学校容量、行政区划分、历史沿革、交通状况等因素，不能简单地归结为距离的远近。有时仅一墙之隔，其归属就"天壤之别"。

将"学区房"译成school district property和elite school property似乎搞错了对象。依据Law Insider的定义，前者是any property owned by or under the control of the School District^①（学区教育局拥有或管辖的财产），后者的含义可以此类推为any property owned by or under the control of the elite school，两者与"学区房"沾不上边，不能张冠李戴。

鉴于school district与"学区"、上述译文与"学区房"的内涵不完全吻合，也无法调和，只能另辟蹊径。

7.4.2　从区域变异来考量

英语作为一种全球性语言，由于其使用范围极其广泛，不可避免地出现地区性变异，导致不同英语国家的人相互交流时可能会出现误解。翻译时，尤其是口译时，要有区域意识，做到入乡随俗，针对不同的对象选择不同的词语，提高译语的接受度。那么，英语中表达"学区"的词语是否存在类似的地区性变异？

张健和黄樱为"学区"提供的译文是catchment area。（2014：69）但查阅LEXICO中的"US DICTIONARY"条目，我们发现catchment area有两条释义：

①the area from which rainfall flows into a river，lake，or reservoir；

②(mainly British) the area of a city，town，etc.，from which a hospital's patients or school's students are drawn.^②

由第②条释义可见，它是英国英语，这表明美国英语也有自己的表达方法。那么这种表达方法究竟是怎样的？

只要进入美国各地School District网站，就能查询到它所管辖的学区划分的信息。例如，访问得克萨斯州Mansfield Independent School District网站^③，逐级点入Schools→Attendance Zones，我们就能看到该区域学区划片

---

①释义源自：https://www.lawinsider.com/dictionary/school-district-property。

②释义源自：https://www.lexico.com/en/definition/catchment_area。

③网址为：https://www.mansfieldisd.org/index.cfm。

的地图，有Elementary School Attendance Zones Map、Intermediate & Middle School Attendance Zones Map和High School Attendance Zones Map。这里的attendance zone就等于catchment area。

enrollment的含义虽然与attendance迥然不同，但与zone 结合，可以与attendance zone并行不悖，如：

【例1】Attendance Zones

York County is divided into four enrollment zones：Tabb，Grafton，York & Bruton. The location of a student's permanent residence determines the school he/she will attend. [①]

更有意思的是，school zone和home zone本来井水不犯河水，前者一般用作交通标识语，相当于"前方学校"的意思；后者是指车辆限速通行的生活区，但在新西兰，两者居然可以鬼使神差般地扯在一起，表达"学区"意思。如：

【例2】Students living within the determined school zone will have absolute right to enrolment at Stonefields School ... All students who live within the home zone described below shall be entitled to enrol at Stonefields School. [②]

两者虽为"南辕"和"北辙"，但能殊途同归。这可能是由于视角不一样，一个是从校方角度来考虑，另一个是从学生角度来衡量。

在英国和英联邦国家，还可以使用enrolment或admission，如：

【例3】The school has an enrolment zone, which governs admissions to the school. If you live within the zone boundary your child has a right to attend Albany School. [③]

【例4】No change is proposed to the school's formal admission zone.

---

①例句源自：http://yorkcountyschools.org/parents/enrollment/attendanceZones.aspx。
②例句源自：http://www.stonefields.school.nz/page/Enrolments/。
③例句源自：http://www.albany.school.nz/index.php/student-enrolments/enrolment-zone.html。

Details of the admission zone can be obtained by contacting school.[①]

看来英语表达"学区"含义的词语丰富多彩，令汉语自叹不如。考虑到 area 和 zone 的差异性不是很大，在很多情况下可以通用，那么表达"学区"含义的词语可以有 catchment area/zone、attendance zone/area、enrollment zone/area、admission zone/area、school zone/area、home zone/area 等。由于"学区房"不同于一般的房产，要将其意思表达完整并突出其优质性，可译为 housing in a good catchment area/attendance zone 等。不过从简洁性来看，似乎还不够理想。

面对那么多的表达方法，翻译时要有的放矢。如果不清楚受众的情况，为了保险起见，在确保不会引起误解的情况下，可根据它们的使用量来取舍。通过谷歌搜索引擎对它们逐一进行检索（截止到2022年7月19日），得出的结果从高到低依次排列为：

attendance zone （23100000次）

catchment area （16700000次）

school zone （7180000次）

school area （4890000次）

home area （3970000次）

attendance area （1650000次）

home zone （1590000次）

catchment zone （211000次）

admission area （148000次）

admission zone （45900次）

enrolment zone （33600次）

enrolment area （21700次）

enrollment area （20500次）

①例句源自：http://www.laurencejackson.org/docs/schoolinfo/policies/admission20 15.pdf.

enrollment zone　　　　　（6370次）

attendance zone和catchment area无疑成为"学区"翻译首选的对象。

7.4.3　从经济原则来考量

经济原则（the economy principle），亦称省力原则（the principle of least effort），简单来说，就是"以最小的代价换取最大的收益"（姜望琪，2005：87）。该原则认为："一句话中应该不含多余的信息，句中的每一成分都必须有存在的理由，并且在传输的信息总量不变的情况下，应该让文本越简洁越好，以便减少读者在解码语言信息上所花费的时间和精力。"（吕晶，2007：5）如何使交际达到经济原则，须从交际双方进行考量。对于说/作者而言，能用一个词表述想要表达的完整意思当然是最经济的，然而对听/读者来说是最费力的，因为他必须对这个词的所有可能的意义进行逐一验证从而判断出说/作者想要表达的意思；相反，对于听/读者而言，理解一个形式和意义完全对应、无歧义的词无疑是最省力的，但对说/作者来说可能是最费力的，因为他必须掌握所有可能用到的词汇才有可能物色到一个表达单一意思的词语。因此，交际双方既对立又统一，只有相互协调和妥协，将言语活动中力量的消耗降低至最低的限度，才能达到最省力的效果。

在上述表达"学区"之意的词语中，catchment area似乎最不符合经济原则，因为它除了解释为"学区"之外，还可以表达"集水区""医院定点社区"等意思。此外，在计算机英语中，还可引申为"汇聚带"的意思。如：

【例1】In the context of communication networks, a catchment area describes the geographical boundries of a network's components, including its connecting lines.[①]

面对这四种含义，听话人需逐一排除无关含义，要付出更多的心智努力

---

①释义源自：http://searchnetworking. techtarget. com/definition/catchment-area。

才能得出"学区"的意思。相比之下，attendance zone、enrollment zone、admission zone能达到形式和意义的对等，不需要听话人付出太多的认知努力就能将它们与"学区"等同起来。

另外，由于惰性使然，人们在言语活动中有意或无意地减少力量的消耗，使用简短的、约定俗成的语言单位，以最小的努力达到最大的交际效果。如果原来词语比较长，可以截取全称中最有区别性特征的成分，以局部代替整体，如三峡水库→三峡、中国南极长城站→长城站等。英语也不例外，如potato chips→chips（炸薯条）、diabetes mellitus→diabetes（糖尿病）、remote control→remote（遥控器）等。

在上述表示"学区"的词语中，zone和area也可以从catchment、attendance、enrollment、admission、school、home等词游离出来，以最短的语言单位传递出最大的信息量，达到言语配置的最优化，同时也抹平了地区性的差异。如：

【例2】The Ministry of Education states that when a School has a zone, the family must reside within that zone for 1 year to be entitled to remain at the School.[①]

【例3】Ocean Reef Senior High School is a local intake school where boundaries exist and students in the compulsory ages must be admitted if they are permanently resident within the area.[②]

相比之下，zone比area更灵活、更丰富，可以形成更多的创造性搭配，如in-zone/zoned students（学区内学生）、unzoned/out-of-zone students（学区外学生）、cross-zone students（跨学区学生）、in-zone/zoned schools（学区内学校）、unzoned/out-of-zone schools（学区外学校）、school zone finder/locator（学区查询）等。

基于zone，还可以将"学区房"表达为housing zoned for a good school、

----

①例句源自：http://www.stonefields.school.nz/page/Enrolments/。

②例句源自：http://www.oceanreef.wa.edu.au/about-us/enrollments。

good school-zoned housing、in-zone housing for a good school，但同样不够简洁，在实际应用中可结合上下文灵活地变更和瘦身。如：

【例4】This Milton School zoned home makes living easy and has all the amenities your family deserves.[①]

【例5】For some，paying the tuition fees at an independent school can be less expensive than buying an in-zone house to attend a popular state school.[②]

【例6】It is an annual migration that principals say has become more intense in recent years and influences in-zone house prices.[③]

　　语言表达就是这样舍繁求简，凡事都要一一表达出来，那么言语交际将是不堪重负的过程。由省力带来的话语的不连贯可交给常识和上下文来处理。"听者有责任在完全听懂说话人发话意图以前去恢复那些欠缺的环节或者未被说出的信息来使话语连贯"（蒋勇，2007：111），因为人"不但能够复原未被说出的信息以使话语连贯，还能够依据个人的经验以及世界知识跳过或弥合这种缺乏连贯性的语言直接理解说话人的意图"（蒋勇，2007：112）。例4直接与名校挂钩，例5可以在句子中找到名校的影子，例6能够从人们的移居对房价的影响察觉到这是非同一般的学区。所有这一切，可以促使zoned home和in-zone house的"学区房"含义表达得简洁而又连贯。

7.4.4　小结

　　本节讨论"学区（房）"的翻译也似乎有点小儿科，但为其他词语的翻译提供了很好的借鉴和启示：①英汉语言中的一些词语的初始义本来是一致的，但各自都是沿着自己的语言轨道演变，有可能导致英汉含义出现分离的

---

①例句源自：http://www.vaneatonromero.com/L14252715。

②例句源自：http://www.nzs.com/new-zealand-articles/education/independent-schools.html。

③例句源自：http://www.stuff.co.nz/national/education/8053114/Families-move-to-get-in-school-zone。

现象，翻译时不能蹈常袭故，要推陈出新；②翻译过程中词语的选择要考虑到英语的地区性变异，防止不必要的误解；③词语翻译要尽可能简明扼要，能用一个词语表达清楚的就不需要第二个；④新词语英译要充分利用检索工具做好对应词的物色工作，善于利用检索工具有时候会带来意想不到的收获。

7.5　"副+名"构式的压制、识解、比照及和谐求译[①]

关于副词的定义及用法，《辞海：语言文字分册》有这样的定论："表示动作、行为、发展变化、性质、状态的程度、范围、时间等的词。副词能修饰动词、形容词，不能修饰名词，不能充当谓语，常用作状语、补语，有些还有关联作用。"（复旦大学中文系等，1979：20）30 年后的第六版彩图本《辞海》（陈至立，2009：656）还是"涛声依旧"。但语言不像千年磐石亘古不变。在现代汉语中，副词限制或修饰名词的现象比比皆是，俨然成为一种固定的搭配用法，它分成两种形式：一种是副词对名词加以范围上的限制，如"单单书这一项就有 72411 页"（仇华飞，2000：69）；另一种是副词充当程度副词修饰名词，如"很诗意""蛮书生""特中国"等。前一种现象在英语中只会有过之无不及，如 wages alone、chiefly officials、especially men、mainly revision、M&S Simply Food、notably Americans、only books、particularly women 等，若是译者掌握了这一用法，翻译时就有资可鉴，不会一筹莫展。而后一种由于结构新颖、内涵丰富、语符简约，有时哪怕搜肠刮肚，也找不到相应的表达方法。鉴于国内译界对这一现象讨论较少，笔者认为值得一探。

7.5.1　汉语"副+名"构式压制

"压制"（coercion）原为法律术语，指的是一方通过威胁、恐吓、权

---

①本节内容发表在《东方翻译》2013年第5期，部分内容有修改。

力等方式迫使另一方从事非意愿的行为。它被引入构式语法后成为语言学的一个重要术语。语言学中的压制，概括来说就是：当词项语义与其要填充的构式发生语义冲突时，构式会迫使词项做出让步，使之改变语义来满足构式的需求。具体来说，在省力和认知凸显的驱使下，词项通常以完形的整体形式进入构式，这样会不可避免地与构式产生摩擦，构式会利用自身固化的语言形式，消解词项意义的冲突或修补错误的匹配，抑制或去除与其不兼容的部分，凸显相一致的含义。（Goldberg，1995：159；De Swart，1998：347-385；Michaelis，2004：2-3；董成如、杨才元，2009：42）例如，在英语"程度副词+形容词"构式中，一般要求形容词为无界的形容词，当有界形容词出现在该构式中时，其有界性会受到抑制，无界意义得到凸显。如：

【例1】Although old, he is still very much alive. （Procter，1978：22）（他虽然年龄大了，但充满活力。有界意义"活的"隐匿，无界含义"活力的"显现）

压制可以分成两种类型：向心的（endocentric）和离心的（exocentric）。前者是中心语对构式的其他成分施加的压制，后者为非中心语或者构式整体起着压制的作用。（Michaelis，2004：7-8；袁野，2010：146）就上述"程度副词+形容词"构式而言，它既可以是向心的，即副词充当中心语激发构式对处于形容词位置的词项进行语义或词性方面的压制；也可以是离心的，即形容词反过来将处于程度副词位置的非程度副词的词项压制成程度副词。后一种现象虽然违背了语法的"金科玉律"，但构式内部各成分的含义能够彼此包含和兼容，语义韵和谐，因而不会被打入冷宫。如：

【例2】biting/freezing/chilling/blistering/shivering/piercing/icy cold (严寒刺骨的)；baking/boiling/ broiling/burning/piping/sizzling/scorching/steaming/blazing/blistering/flaming/roasting hot (炙热的)；soaking/ sopping/dripping/wringing wet (湿透的)；dark/deep red (深红色的)；light/pale red (浅红色的)；barking/blazing/ hopping/raving/steaming/hurling/boiling/raging mad (疯狂的)；dazzling/shining/gleaming/glaring/blinding white (白得耀眼的)

【例3】a lovely warm day (挺暖和的一天)；a nice short speech (一次蛮短的讲话)；a good long journey (一段漫长的行程)

通过这样的压制，增强了构式各成分之间的结合力和亲和力，使语言表达显得丰富多彩，富有表达力。若循规蹈矩，将上述biting等词换成very，语言表达就会黯然失色。原来压制能具有这样神奇的魔力！

与英语不同的是，汉语中则是名词进入"程度副词+形容词"构式中的形容词位置。充当中心语的副词表现得十分强势，触发构式对名词加以压制，衰减其指称功能，提升其性状特征。处于弱势的名词只好乖乖地听从构式的安排，在词义和功能上向形容词方向游移，以"削足适履"的方式来顺应该构式。构式中的副词通常是已知的成分，为屈指可数的程度副词，如"很""非常""特""十分"等，充当构式标；名词是未知的成分，多为具有性状义的名词，如"诗意""官僚""青春"等，充任构式槽。同一构式标与不同构式槽结合或不同构式标与相同构式槽组合，可以拼装出绚丽多彩的表达方式。

当然，有作用力，也有反作用力，有压迫就有反抗。有时名词非常顽强，反而把常用作程度副词的词语压制成形容词。如：

【例4】非常时期（异乎寻常的时期）、特别场合（非同一般的场合）

【例5】the veriest fool alive （世上头号大傻瓜）

7.5.2 汉语"副+名"构式识解

能进入"副+名"构式的名词，可以是抽象名词、普通名词和专有名词，但不是这三类所有的名词都能进入该构式，有一定条件限制，即要求名词具备一定的性状程度量。抽象名词通常抽象程度较高，与形容词的性状义具有认知的相通性，前加"有""具有""充满""符合""合乎"等动词，可以激发类似形容词的性状义，因此它们最容易进入"副+名"构式。如：

【例1】活力→充满活力→很活力、新潮→符合新潮→很新潮、逻辑→

合乎逻辑→很逻辑

有些抽象名词的使用十分频繁，逐步生成稳定的性状义，具备形容词的典型功能，充当兼类词。如：

【例2】傲气、霸道、诚心、痴情、大气、反感、光辉、理想、前卫、柔性、文明

普通名词和专有名词实体性较强，本来要借助于"性""气""味""腔""调""样""特性""特征""风度""风范""气质""气概""精神""样式""习性""活力"等名词标记，"化"等动词标记，以及"的"等形容词标记才能凸显其性状义。但由于这些标记的"盔甲"过于笨重，在模因机制的作用下，具备特征义的普通名词和享有较高社会认知度的专有名词也竞相效仿抽象名词，纷纷卸掉"盔甲"。如：

【例3】很具有雷锋的精神→很雷锋、很女人化→很女人、很笨蛋的→很笨蛋

"解甲"后的名词轻装上阵，直接听从副词的指挥，副词则充当名词性状义的语义算子（semantic operator），起着激发其性状义的作用。尽管这样精简了，但名词的性状锐气不减，而且更加言简意赅，体现出语言的简洁美、模糊美、整体美和形象美。如：

【例4】大厨是个日本人，长得很奶油，有东方西方结合的双重味道，三十岁上下。①

"奶油"是从牛奶中提取的半固体食用脂肪，具有白色、微黄、柔软、滑润等特征，但在例4中把它用来描述人，集合各种性状义，勾起我们无限的遐想。若用"脸蛋白皙、眉目清秀、性格阴柔、行为幼稚"等多义项一起表达，显得啰嗦、零散；要是选择其中一个，则难以涵盖其整体的形象。"很奶油"能用很少的笔墨，把一个人的形象描绘得淋漓尽致。

性状义可以分为内在性状义和附加性状义。前者是内嵌在名词的概念义

---

①例句源自：http://blog.sina.com.cn/s/blog_5c56b9950100b66u.html~type=v5_one&label=rela_prevarticle。

中，是名词本身所固有的，一般不需要特别的背景知识诱导；后者是黏附在名词指称事物之上，通过联想获得的，具有一定的主观性、人文性、民族性和多彩性。这一切可能会导致性状义的多样性，要提取哪一种，有赖于背景知识的引导。例如：

【例5】他很高，一直很阳光，我喜欢看他的笑容。（言可，2002：46）

【例6】现在采购很阳光、很公平，有心做生意的话，请你参加我们的网络竞标。（陈惜辉，2012：5）

例5中"阳光"有了"身高"和"笑容"的指引，"积极开朗、充满活力的"性状义被激活，其他性状因子被阻断；同样，例6有了"采购"和"公平"的明示，"公开、透明的"性状义得到凸显，其他性状因子受到抑制。

7.5.3 英语"副+名"构式比照

吕叔湘先生在谈到中西语言学结合时使用过颇为形象的比喻："我们不能老谈隔壁人家的事情，而不联系自己家里的事情。"（陈平，1991，吕叔湘序：2）对于汉译外工作者来说，套用吕先生的话，就是不但要熟悉自己家里的事情，而且要通晓邻居家的事情。英汉两大"家族"存在着很大的语言差异，"通晓语言差异性肯定有助于我们领悟和把握语言特色，有助于提高翻译的技能技巧水平，但在研究差异性的同时，不应该忽视语言之间的互补性"（陈德彰，2011，刘宓庆序：5）。因此，我们既要知己知彼，又要知异知补，努力借补化异，为汉英语言畅达的沟通搭建桥梁。

英语虽然属于屈折语言，富于形态变化，而且语法学家也一再强调副词不能修饰名词，但在"副+名"搭配上可以与汉语一争高低。现拾遗如下：

①在"be+n.+enough"构式中，名词在副词enough强大的程度量攻势下，丧失抗衡之力，只得放下"屠刀"（不定冠词），立地"成佛"（由指称义蜕变成性状义），其含义与同源形容词别无两样，完全可由后者代

劳。如：

【例1】I was fool (=foolish) enough to believe him.（Procter，1978：364）（我够傻，竟然信了他。）

【例2】Are you man (=manly) enough for this dangerous work？（Procter，1978：364）（你是否够男子汉去完成这一危险工作？）

②突出特征义的副词，如uniquely、typically、characteristically、peculiarly、naturally等，置于专有名词前，可增强该专有名词的典型特征。如：

【例1】Uniquely Singapore（非常新加坡）①

【例2】This picturesque scene is so typically New Zealand—mountains and a blue lake with sheep in the foreground.②（背景为绵延的山脉和蔚蓝的湖泊，前景是成群的绵羊，这风景如画的景色太新西兰了。）

【例3】NaturallyJOJO③（纯自然JOJO）

③程度副词so也可以修饰专有名词甚至普通名词，对其进行语义上的压制，阉割名词的指称功能，凸显它的性状义。如：

【例1】Yeah, that is so Obama!（≈cool）（Bylinina，2011：23）（耶，那太奥巴马了！）

【例2】It is SO New York City in the 1970s!（Bylinina，2011：23）（这太像20世纪70年代时候的纽约了！）

【例3】Don't be so hothead.④（不要太急性子。）

在"压制惯性"（王寅，2009：3）的顺势作用下，名词甚至可以临时活用成形容词，与真正的形容词并列搭配。如：

【例4】The martini always seems so James Bond，so "Sex in the City"，

①系新加坡原旅游品牌名，现更名为YourSingapore。
②例句源自：http://www.christchurchdailyphoto.com/2013/07/29/a-weekend-getaway-to-lake-tekapo/。
③系美国一品牌名，生产服装、背包、腕表、眼镜等产品。
④例句源自：美剧*Sullivan and Son*，第一季第二集。

so elegant.（Bylinina，2011：23）（这马丁尼酒似乎总是那么詹姆斯·邦德、那么"都市欲望"、那么金波玉液。）

④英语抽象名词前加of，就像汉语抽象名词前加"有""具有""充满"等动词一样，可以将名词转变成形容词，再在名词前添加的形容词也自然相当于程度副词。如：

【例1】This matter is of great importance.（=greatly important；此事至关重要。）（陆谷孙，2007：1352）

此时，抽象名词改用普通名词的单数形式，of前加上something、everything、enough、a bit、a great deal、much、more、a lot等词语，在不用添加任何形容词的情况下，也可以促使名词性状化，出现层级之分。如：

【例2】He is a great deal of a talker.（他很善谈。）（厦门大学外文系，1985：239）

【例3】You need to be a bit of a politician to succeed in this company.（Hornby，1997：1137）（要想在这家公司步步登高，就需要耍点政治手腕。）

⑤quite、rather等副词置于带有冠词的名词前，可以表现出强势姿态，将名词压制成形容词。quite与名词搭配通常弥漫出积极的语义韵，而rather与名词搭档多半营造出消极的语义氛围。如：

【例1】She was quite the thing in heels and stockings and lipstick.[①]（quite the thing=quite socially acceptable；她的后跟、袜子和口红配得相当得体。）

【例2】She's rather a fool.（Procter，1978：914）（她相当傻。）

quite也可以处于弱势，被名词反压成形容词，含有remarkable、exceptional等意思。如：

【例3】She's quite a girl.（Procter，1978：905）（quite a girl=a

---

①例句源自：https://www.encyclopedia.com/humanities/dictionaries-thesauruses-pictures-and-press- releases/quite -0。

remarkable girl；她是个出类拔萃的女孩。）

7.5.4　"副+名"构式和谐求译

　　了解了英汉"副+名"构式各自的特征，就可以做到胸有成竹，且在翻译时能够举一反三，触类旁通，破解该构式下的大部分翻译难题。

7.5.4.1　英有我效

　　既然英语存在类似的表达方法，那是求之不得的事情，何乐而不为？我们不妨奉行拿来主义。如：

　　【例1】虽说我不太淑女，但我也不敢公然与老师作对。（蔡嘉艺，2010：21）

　　试译：Though I am not much of a lady, I dare not bang the drum against my teacher.

　　【例2】他板着面孔，满口义正词严，让我感觉他有点官僚。（任建民，1999：205）

　　试译：His straight face as well as righteous and solemn words struck me as a bit of a bureaucrat.

　　【例3】这一切等等，确是十分"堂吉诃德"的了。（鲁迅，1980：161）

　　试译：All these, etc. are typically Don Quixote.

　　如此直接借用的方法在很多情况下管用，但要具备一个条件，即两者的性状义必须吻合。上述例子中汉英名词的性状义都比较般配，套用英语"副+名"构式也就显得较为地道、自然。但要注意的是，有时同一个名词可释放出多个性状义，由于汉英认知角度不一样，两者可能有所出入，应仔细甄别。例如，一提到"很麦当劳"，我们就立刻联想起"油炸食品、特色服务、严格标准、经营理念"等性状义，但是英语"so McDonald's"还可激活"unfashionable"性状因子。如：

Matching shirt and hat is so McDonald's.（Bylinina，2011：23）

7.5.4.2　英无我变

强扭的瓜不甜，生搬的译文不畅。在套用现成方法行不通的情况下，则应另辟蹊径，你（汉语）走你的阳关道，我（英语）走我的独木桥。

1.将名词转换成性状义相同的形容词

【例1】首先，开屏播放器的操作十分"傻瓜"。（杜雅丽，2008：7）

试译：First，the operation of Coopen player is as easy as shelling peas.

【例2】（他们）到县城已经很夜了。（刘志桂，2008：356）

试译：It was quite late at night when they got to the town.

性状义本是形容词的属性，在名词无法履行这一使命的情况下，求助于具备类似性状义的形容词也是明智的选择。

2.借用具有类似性状义的名词

"副+名"构式中名词"为理解与名词所指事物相关的属性[1]提供心理通道"（黄洁，2009：13）。能否打通这一心理通道决定着该构式翻译的成败。汉英两种语言的文化差异导致许多词语的性状义或寓意迥异。如果拘泥于实体义，未必能有效地从实体义过渡到性状义，势必会导致英译文佶屈聱牙，晦涩难懂。在事难两全的情况下，只得舍形取义，得"意"忘"形"。如：

【例1】她说："我极喜古筝的声音，非常古典，非常高山流水。"（严沁，1999：8）

试译："I enjoy music of guzheng very much，for it is quite a classic and melody，" she said.

【例2】王四海为人很"四海"，善于应酬交际。（汪曾祺，1998：429）

试译：Wang Sihai is as much of a people person as his Chinese name signifies，and good at interacting with others.

---

[1]即性状义。

【例3】陆清风是她们的专属经纪人，长的很奶油小生，声音比女生还嗲。①

试译：Lu Qingfeng is their exclusive broker, who is such an effeminate Adonis that he has a voice softer than a girl's.

"高山流水""四海""奶油小生"，这些均是汉语独特的表层符号，直接转成英语必然会碰壁，只有摆脱表层视觉结构的束缚，通过深层性状义的转换，才能传达其核心的含义。

3.采用反本还原法

【例1】时尚杂志都很生活。（张百领，2008：115）（→很注重生活化时尚服饰）

试译：All fashion magazines devote themselves to down-to-earth fashion styles.

【例2】女朋友的名字很诗意叫梅子。（傅嘉，2000：63）（→很富有诗意）

试译：His girlfriend is called Meizi, a name of rich poetry.

【例3】我得个小奖品，是个哨，我回到座位便呜呜地吹了两下，很嬉皮士。（里宾，2002：41）（→样子很像嬉皮士）

试译：I won a modest prize, which was a whistle. I blew it twice after coming back to my seat, quite like a hippie.

在计无所出的情况下，不妨化简从繁，还原反本，翻译时和盘托出。

7.5.4.3　通权达变

翻译可以模仿，但切忌生搬硬套，要见机行事，随机应变，做到"兵来将挡，水来土掩"。

1.同一个名词不同处理法

【例1】老板很铁公鸡，吝啬得一毛不拔。②

①例句源自：http://www.bookbao.com/view/201102/21/id_XMTQ 5NTEx.html。
②例句源自：http://www.dzxsw.net/book/123987/324292. html。

试译：The stingy boss is a complete iron rooster, unwilling to part with even a feather.

【例2】（他）穿衣吃饭、为人处世，都显得非常铁公鸡。[①]

试译：He is a great deal of a penny-pincher on clothes, food or social life.

【例3】莫飞扬想都没想脱口而出："因为你太铁公鸡了！"[②]

试译："Because you're as tight as the bark on a tree," Mo Feiyang blurt out.

上述"铁公鸡"有三种不同译法。例1以上下文为铺垫，旨在将汉语"铁公鸡"的意象原汁原味地传递出去；例2将"铁公鸡"的形象人物化（a penny-pincher），再通过a great deal of放大其性状义；例3直接利用英语自身的明喻方法。采用何种译文，视翻译的目的而定。

2.同一个副词不同处理法

【例1】他的长相很中国，行为很美国。（杨海明、李振中，2004：63）

试译：He is typically Chinese in appearance but all-American in behavior.

【例2】汉莎啤酒，很德国，很德国。[③]

试译：Hansa Beer is purely and simply German.

例1"很中国"已经使用typically一词，"很美国"再使用该词会显得单调、乏味，不妨改用all-American，况且它更符合"很美国"的行为特征。请看 *Longman Dictionary of Contemporary English* 提供的释义：having qualities that are considered to be typically American and that American people admire, such as being healthy and working hard（Summers，1995：33）。例2"很德国"的反复使用固然是一种修辞手法，可达到强调之目的，但使用

---

① 例句源自：http://stonelean.i.sohu.com/blog/view/84674 484.htm。
② 例句源自：http://wapread.189.cn/goChapterContent.action?bookId=100000153579109&chapter Id=3。
③ 例句源自：山东卫视广告语。

同义词重叠的固定词组进行渲染也毫不逊色。

3.同一个构式不同处理法

【例1】深圳已经很香港了。（陶一桃，2008：9）

试译：Shenzhen has become so Hong Kong.

【例2】你知道那常年捂在运动鞋里的脚没准已很香港。（刘帆洲，2004：5）

试译：You know those feet buried in sneakers all the year around may have been seriously affected by athlete's foot.

不同的语境会激发名词不同的性状因子。例1中"很香港"引发"具有香港特色的"性状因子，而例2中"很香港"引发"脚气"性状因子。

7.5.5　小结

现在国内很多外语类期刊似乎有点"不务正业"，刊载许多研究汉语语言现象的论文，与其名称不相吻合。其实，这也是一种可喜的现象，因为它扭转了吕叔湘先生所说的"两家事"的重心，有利于促进汉语言研究的深入发展，弘扬祖国的语言文化。作为译者，也要积极吸取这方面的成果，并自觉地将此与"隔壁人家的事情"结合起来，以便相互借鉴，取长补短，相得益彰，更好地解决翻译中出现的"鸿沟""死穴""真空"等问题。

"副+名"构式生成能力极强，且言简旨丰，可以考验译者双语掌握的水平和随机应变的能力。只有知己又知彼、知上又知下、知同又知异、知异又知补，达到深层次翻译，才能圆滑变通，在"山重水复疑无路"时，产生"柳暗花明又一村"的奇迹。同时，此构式的翻译对其他新构式（如"被××"等）的翻译具有一定的借鉴和启示作用。

参考文献

专著部分

ARONOFF M,REES-MILLER J, 2003.The handbook of linguistics[M]. Oxford:Blackwell Publishers.

BLACKMORE S,1999.The meme machine[M].Oxford:Oxford University Press.

CHESTERMAN A,2016.Memes of translation:the spread of ideas in translation theory[M].Rev.ed.Amsterdam:John Benjamins Publishing Company.

DAWKINS R,1976.The selfish gene[M].New York:Oxford University Press.

DAWKINS R,1981.自私的基因[M].卢允中,等,译.北京:科学出版社.

DE WAARD J,NIDA E A, 1986.From one language to another:functional equivalence in Bible translating[M].Nashville:Thomas Nelson Publishers.

FAUCONNIER G,2010.Ten lectures on cognitive construction of meaning[M].北京:外语教学与研究出版社.

FIRTH J R,1957.Papers in linguistics[M].Oxford:Oxford University Press.

GENTZLER E, 2001.Contemporary translation theories[M].Rev. ed.Clevedon:Multilingual Matters Ltd.

GOLDBERG A E,1995.Constructions:a construction grammar approach to argument structure[M].Chicago:The University of Chicago Press.

METCALF A,2002.Predicting new words:the secrets of their success[M].

244

Boston:Houghton Mifflin Company.

NEIL F C,2001.Heavenly errors:misconceptions about the real nature of the Universe[M].New York:Columbia University Press.

NEWMARK P,2001a.A textbook of translation[M].上海:上海外语教育出版社.

NEWMARK P,2001b.Approaches to translations[M].上海:上海外语教育出版社.

NOKES D,2010.Samuel Johnson:a life[M].New York:Henry Holt and Company.

NORD C,2001.Translating as a purposeful activity—functionalist approach explained[M].上海:上海外语教育出版社.

PIERCE G, 2018.Introducing translational studies[M].Essex:ED-Tech Press.

RICHARDS I A, 1965.The philosophy of rhetoric[M].New York:Oxford University Press.

SHAO YUNYUN, 2021.The Chinese botanical gardens[M].Beijing:Science Press.

SKEHAN P,1998.A cognitive approach to language learning[M].Oxford:Oxford University Press.

STRUNK W JR,WHITE E B,1979.The elements of style[M].New York:Macmillan.

STUBBS M,1996.Text and corpus analysis[M].Oxford:Blackwell Publishers Ltd.

ULLMANN S,1962.Semantics: an introduction to the science of meaning[M].Oxford:Basil Blackwell.

爱默生,1993.自然沉思录[M].博凡,译.上海:上海社会科学出版社.

别林斯基,1980.艺术的概念[M].满涛,译.上海:上海译文出版社.

布达哥夫,1956.语言学概论[M].吕同仑,高晶斋,周黎扬,译.北京:时代出版社.

曹起,2012.新时期汉语言变异研究[M].北京:中国社会科学出版社.

曹炜,2004.现代汉语词汇研究[M].北京:北京大学出版社.

曹炜,2001.现代汉语词义学[M].上海:学林出版社.

陈德彰,2011.热词新语翻译谭[M].北京:中国对外翻译出版公司.

陈沛,2006.搜商:人类的第三种能力[M].北京:清华大学出版社.

陈平,1991.当代语言学研究:理论·方法与事实[M].重庆:重庆出版社.

陈望道,1997.修辞学发凡[M].上海:上海教育出版社.

冯友兰,2019.冯友兰哲思录[M].北京:天地出版社.

符淮青,2004.现代汉语词汇[M].北京:北京大学出版社.

高名凯,刘正埮,1958.现代汉语外来词研究[M].北京:文字改革出版社.

葛本仪,2004.现代汉语词汇学M].修订本.济南:山东人民出版社.

龚光明,2005.翻译思维学[M].上海:上海社会科学院出版社.

桂诗春,杨惠中,2002.中国学习者英语语料库[M].上海:上海外语教育出版社.

何家宁,刘绍龙,陈伟,2009.英汉词语互译研究[M].武汉:武汉大学出版社.

洪堡特,1997.论人类语言结构的差异及其对人类精神发展的影响[M].姚小平,
    译.北京:商务印书馆.

黄忠廉,2000.翻译本质论[M].武汉:华中师范大学出版社.

贾玉新,1997.跨文化交际学[M].上海:上海外语教育出版社.

介子平,2018.民国旧事[M].深圳:海天出版社.

李芳兰,2016.现代汉语语义韵的理论探索与习得研究:语料库语言学视角[M].
    北京:中央编译出版社.

李镜儿,2008.现代汉语拟声词研究[M].上海:学林出版社.

李军华,2010.汉语委婉语研究[M].北京:中国社会科学出版社.

李润新,1998.论第二语言教学与第二文化教学[M].北京:外语教学与研究出版
    社.

李彦,2019.图形创意设计[M].长沙:湖南师范大学出版社.

李宇明,2002.语法研究录[M].北京:商务印书馆.

林艳,2009.英汉词汇理据性与应用研究[M].北京:中国书籍出版社.

刘禀诚,聂桂兰,2009.汉语新词语构造理据研究[M].南昌:江西人民出版社.

刘法公,2008.隐语汉英翻译原则研究[M].北京:国防工业出版社.

刘吉艳,2010.汉语新词语群研究[M].上海:学林出版社.

刘金龙,2011.汉语报刊超IN新词语英译例话[M].北京:国防工业出版社.

刘宓庆,2003.翻译教学:实务与理论[M].北京:中国对外翻译出版公司.

刘叔新,1990.汉语描写词汇学[M].北京:商务印书馆.

刘叔新,2005.汉语描写词汇学[M].重排本.北京:商务印书馆.

刘玉梅,2015.现代汉语新词语构造机理研究[M].北京:中国社会科学出版社.

鲁迅,1980.二心集[M].北京:人民文学出版社.

鲁迅,2014.鲁迅作品精华:第3卷[M].选评本.上海:生活·读书·新知三联书店.

陆国强,1983.现代英语词汇学[M].上海:上海外语教育出版社.

吕世生,滕建辉,周键,等,2012.汉语新词语英译概览[M].天津:南开大学出版社.

吕叔湘,2001.语文近著[M].上海:上海外语教育出版社,2001.

吕煦,2004.实用英语修辞[M].北京:清华大学出版社.

马西尼,1997.现代汉语词汇的形成:十九世纪汉语外来词研究[M].上海:汉语大词典出版社.

孟庆升,2003.新编英汉翻译教程[M].沈阳:辽宁大学出版社.

尤金,2001.语言文化与翻译[M].严九生,译.呼和浩特:内蒙古大学出版社.

钱锺书,2001.管锥编:一卷[M].上海:生活·读书·新知三联书店.

瞿象俊,1997.大学英语·精读:第二册[M].第2版.上海:上海外语教育出版社.

任建民,1999.雪龙闯北极:中国首次北极科考探险纪实[M].北京:中国财政经济出版社.

萨丕尔,德华,1985.语言论:言语研究导论[M].陆卓元,译.北京:商务印书馆.

沈光浩,2015.汉语派生式新词语研究[M].北京:中国社会科学出版社.

沈孟璎,1987.新词·新语·新义[M].福州:福建教育出版社.

束定芳,2000.隐喻学研究[M].上海:上海外语教育出版社.

苏宝荣,2011.词的结构、功能与语文辞书释义[M].上海:上海辞书出版社.

苏向红,2010.当代汉语词语模研究[M].杭州:浙江大学出版社.

孙致礼,2003.新编英汉翻译教程[M].上海:上海教育出版社.

索绪尔,1999.普通语言学教程[M].高名凯,译.北京:商务印书馆.

陶岳炼,2008.英汉互借词研究[M].北京:知识产权出版社.

汪曾祺,1998.汪曾祺文集:下册[M].南京:江苏文艺出版社.

247

汪榕培,王之江,2013.英语词汇学[M].上海:上海外语教育出版社.

王艾录,司富珍,2002.语言理据研究[M].北京:中国社会科学出版社.

王艾录,李二占,2015.汉字的国学理据[M].北京:中国言实出版社.

王红梅,2013.当代汉语新词语专题研究[M].太原:山西人民出版社.

王立非,梁茂成,2007.计算机辅助第二语言研究方法与应用[M].北京:外语教学与研究出版社.

王寅,2011.构式语法研究:上卷:理论思索[M].上海:上海外语教育出版社.

王宗炎,1997.英汉语文研究纵横谈[M].北京:北京大学出版社.

王佐良,1989.翻译:思考与试笔[M].北京:外语教学与研究出版社.

卫乃兴,2002.词语搭配的界定与研究体系[M].上海:上海交通大学出版社.

吴礼权,2016.现代汉语修辞学[M].上海:复旦大学出版社.

吴平,李克议,艾华,2001.英汉修辞手段比较[M].合肥:安徽教育出版社.

吴伟雄,2000.好易学英汉笔译[M].北京:世界图书出版公司.

武占坤,王勤,1983.现代汉语词汇概要[M].呼和浩特:内蒙古人民出版社.

谢君,2022.字母词的称名学研究及其对词典编纂的启示[M].厦门:厦门大学出版社.

谢天振,1999.译介学[M].上海:上海外语教育出版社.

徐朝晖,2013.当代流行语研究[M].广州:暨南大学出版社.

许余龙,1997.对比语言学[M].上海:上海外语教育出版社.

许渊冲,2005.译笔生花[M].郑州:齐心出版社.

严沁,1999.无怨[M].北京:中国文联出版社.

杨华,2002.汉语新词语研究[M].哈尔滨:黑龙江教育出版社.

杨惠中,2002.语料库语言学导论[M].上海:上海外语教育出版社.

杨绛,1992.杂忆与杂写[M].广州:花城出版社.

杨全红,2003a.汉英词语翻译探微[M].上海:汉语大词典出版社.

杨振兰,2009.新时期汉语新词语语义研究[M].济南:齐鲁书社.

姚汉铭,1998.新词语·社会·文化[M].上海:上海辞书出版社.

易超,2007.和谐哲学原理[M].重庆:重庆大学出版社.

原新梅,2018.汉语字母词语研究[M].北京:中国社会科学出版社.

张健,2001.报刊新词英译纵横[M].上海:上海科技教育出版社.

张健,2012.传媒新词英译研究[M].上海:上海外语教育出版社.

张小平,2008.当代汉语词汇发展变化研究[M].济南:齐鲁书社.

赵宏,2013.英汉词汇理据对比研究[M].上海:上海外语教育出版社.

赵彦春,2007.翻译诗学散论[M].青岛:青岛出版社.

郑海凌,2000.文学翻译学[M].郑州:文心出版社.

周慧敏,2004.与时俱进的创新思维方式[M].上海:上海人民出版社.

周荐,2014.汉语词汇结构论[M].修订本.北京:人民教育出版社.

朱志方,1998.社会决策论[M].武汉:武汉大学出版社.

宗守云,2007.新词语的立体透视:理论研究与个案分析[M].桂林:广西师范大学出版社.

邹玉华,2012.现代汉语字母词研究[M].北京:语文出版社.

词典部分

BUSSMANN H,2000.Routledge dictionary of language and linguistics[Z].北京:外语教学与研究出版社.

FLEXNER S B,1987.The Random House dictionary of the English language[Z].New York:Random House.

GROVE P B,1971.Webster's third new international dictionary[Z].Springfield:G.& C. Merriam Company.

GURALNIK D B,1972.Webster's new world dictionary of the American language[Z].New York:The World Publishing Company.

HALLIWELL J O,1901.A dictionary of archaic and provincial words:obsolete phrases, proverbs, and ancient customs from the fourteenth century:vol. Ⅱ [Z].

London:Gibbings and Company Limited.

HORNBY A S,1997.牛津高阶英汉双解词典[Z].第4版.北京:商务印书馆.

MATTHEWS P H,2000.Oxford concise dictionary of linguistics[Z].上海:上海外语教育出版社.

MOSS N,1973.What's the difference? A British/American dictionary[Z].New York:Harper & Row.

PROCTER P,1978.Longman dictionary of contemporary English[Z].London:Longman Group Limited.

RANDOM HOUSE,2001.Random House Webster's college dictionary[Z].New York:Random House Inc.

RAWSON H,1981.A Dictionary of euphemisms and other doubletalk[Z].New York:Crown Publishers.

REISS K,VERMEER H J,1984.Grundlegung einer allgemeinen Translationstheorie[M].Tübingen:M. Niemeyer.

SCHMIDT M W,2015.The HSK guide to vocabulary, Chinese characters, and grammar points:for all the six levels of the Chinese language proficiency exam[Z].Berlin:Disserta Verlag.

SHUTTLEWORTH M,COWIE M,2004.Dictionary of translation studies[Z].上海:上海外语教育出版社.

SINCLAIR J,1987.Collins Cobuild English language dictionary[Z].London:Collins Publishers.

STEVENSON A,LINDBERG C A,2010.New Oxford American dictionary[Z].New York:Oxford University Press.

SUMMERS D,1995.Longman dictionary of contemporary English[Z].北京:外语教学与研究出版社.

陈至立,2009.辞海[Z].上海:上海辞书出版社.

杜瑞清,2016.新世纪汉英大词典:缩印本[Z]. 2版.北京:外语教学与研究出版社.

方梦之,2011.中国译学大辞典[Z].上海:上海外语教育出版社.

冯春田,梁苑,杨淑敏,1995.王力语言学词典[Z].济南:山东教育出版社.

复旦大学中文系,等,1979.辞海:语言文字分册[Z].上海:上海人民出版社.

何九盈,王宁,董琨,2015.辞源[Z].北京:商务印书馆.

侯敏,2014.实用字母词词典[Z].北京:商务印书馆.

惠宇,2004.新世纪汉英大词典:缩印本[Z].北京:外语教学与研究出版社.

亢世勇,刘海润,2003.新词语大词典（1978—2002）[Z].上海:上海辞书出版社.

亢世勇,刘海润,2015.新世纪新词语大词典（2000年—2015年）[Z].上海:上海
　辞书出版社.

李华驹,2003.21世纪大英汉词典[Z].北京:中国人民大学出版社.

梁实秋,1971.最新实用汉英辞典[Z].台北:远东图书公司.

林尹,高明,1973.中文大辞典[Z].台北:中国文化大学出版部.

林语堂,1972.当代汉英词典[Z].香港:香港中文大学出版社.

刘涌泉,2009.汉语字母词词典[Z].增订版.北京:外语教学与研究出版社.

刘涌泉,2001.字母词词典[Z].上海:上海辞书出版社.

陆谷孙,1993.英汉大词典[Z].上海:上海译文出版社.

陆谷孙,2015.中华汉英大词典[Z].上海:复旦大学出版社.

罗竹风,1989.汉语大词典:第4卷[Z].上海:上海辞书出版社.

戚雨村,董达武,许以理,1993.语言学百科词典[Z].上海:上海辞书出版社.

厦门大学外文系,1985.综合英语成语词典[Z].福州:福建人民出版社.

沈孟璎,2002.实用字母词词典[Z].上海:汉语大词典出版社.

宋子然,2014.100年汉语新词新语大辞典（1912年—2011年）[Z].上海:上海辞
　书出版社.

王德春,许宝华,2003.大辞海:语言学卷[Z].上海:上海辞书出版社.

王今铮,王钢,孙延璋,等,1985.简明语言学词典[Z].呼和浩特:内蒙古人民出
　版社.

王同亿,1990.英汉辞海[Z].北京:国防工业出版社.

王宗训,1996.新编拉汉英植物名称[Z].北京:航空工业出版社.

吴光华,2010.汉英大词典[Z].上海:上海译文出版社.

新牛津英汉双语大词典编译委员会,2007.新牛津英汉双语大词典[Z].上海:上海外语教育出版社.

于根元,1994.现代汉语新词词典:1978—1990[Z].北京:北京语言学院出版社.

余富林,2012.中国媒体常用字母词词典[Z].上海:上海大学出版社.

中国社会科学院语言研究所词典编辑室,2005.现代汉语词典[Z].北京:商务印书馆.

中国社会科学院语言研究所词典编辑室,2012.现代汉语词典[Z].北京:商务印书馆.

中国社会科学院语言研究所词典编辑室,2016.现代汉语词典[Z].北京:商务印书馆.

朱家枬,2001.拉汉英种子植物名称[Z].北京:科学出版社.

论文部分

BYLININA E,2011.This is so NP![J].The baltic international yearbook of cognition,logic and communication (6):1–30.

DE SWART H,1998.Aspect shift and coercion[J].Natural language and linguistic theory (2):347–385.

HEYLIGHEN F,1998.What makes a meme successful? Selection criteria for cultural evolution[C]//Proceedings of the 15th International Congress on Cybernetics.Namur:s.n.

LOUW B,2000.Contextual Prosodic Theory:bringing semantic prosodies to life[C]//HEFFER C,SAUNTON H,FOX G.Words in context:a tribute to John Sinclair on his retirement.Birmingham:ELR:48–94.

LOUW B,1993.Irony in the text or insincerity in the writer? The diagnostic potential of semantic prosodies[C]//BAKER M,FRANCIS G,TOGNINI-BONELLI E.Text and technology: in honour of John Sinclair.Amsterdam:John Benjamins:157–177.

MARTIN R M,2010.On paradigms and cognitive translatology[C]//SHREVE G M,ANGELONE E.Translation and cognition.Amsterdam:John Benjamins:169–187.

MICHAELIS L A,2004.Type shifting in construction grammar:an integrated approach to aspectual coercion[J].Cognitive linguistics (1):1–67.

NESSELHAUF N,2003.The use of collocations by advanced learners of English and some implications for teaching[J].Applied linguistics (2):223–242.

蔡嘉艺,2010.夏小柔的"雀巢"大战[J].课堂内外 (初中版) (1):21.

曹灵美,唐艳芳,2017.典籍英译中的"中国话语"研究:以赛珍珠《水浒传》英译为例[J].外语教学 (4):89–92.

曹顺庆,郭明浩,2013.话语权与中国文学史研究[J].南京大学学报 (哲学·人文科学·社会科学版) (5):75–88,159.

曹钺,2019.当代青年"锦鲤"文化症候解读:基于网络模因的发展谱系与意涵网络[J].当代青年研究 (6):110–115.

曹志彪,2010."拍拖"寻根[J].咬文嚼字 (9):32–33.

陈佳璇,2007.字母词概念的重新界定[J].修辞学习 (3):58–59,64.

陈锴,2012.委婉语之新旧说[J].文学界 (理论版) (8):82–83.

陈琳霞,何自然,2006.语言模因现象探析[J].外语教学与研究 (2):108–114,160.

程福干,2019.论翻译经济原则[J].河西学院学报 (1):100–105.

仇华飞,2000.二十世纪上半叶美国汉学研究管窥[J].档案与史学 (4):66–71.

董成如,杨才元,2009.构式对词项压制的探索[J].外语学刊 (5):42–46.

杜运辉,吕伟,2010."和合"与"和谐"辨析[J].高校理论战线 (4):51–58.

杜占元,2022.推动国家翻译能力建设 服务党和国家工作大局:在中国译协第八届理事会第一次会议上的讲话[J].中国翻译 (3):5–10.

方克立,2007.关于和谐文化研究的几点看法[J].高校理论战线 (5):4–8.

冯全功,2010.试论和谐翻译[J].天津外国语学院学报 (4):38–43.

傅嘉,2000.寻找与等待[J].小说界 (2):63–75.

顾静,2005.透视美国新闻期刊对中国特色词汇的翻译[J].上海翻译 (1):57–60.

关珠珠,李雅楠,郭锦秋,2018.医学期刊编辑初审过程中对"枪手"论文的识别 [J].编辑学报 (1):61–63.

何赟,2017.四种在线翻译词典的比较与应用[J].中国科技翻译 (3):18–21.

何自然,2005.语言中的模因[J].语言科学 (4):58–61.

胡婉旸,郑思齐,王锐,2014.学区房的溢价究竟有多大:利用"租买不同权"和 配对回归的实证估计[J].经济学 (3):1195–1214.

黄斌,云如先,范雯,2019.名校及其分校质量对学区房的溢价效应:声望效应与 升学效应[J].北京大学教育评论 (4):138–159,188.

黄洁,2009.副名结构转喻操作的语义压制动因[J].解放军外国语学院学报 (1):9–13.

江希和,1981.翻译与词典[J].中国翻译 (5):42–44.

姜望琪,2005.Zipf与省力原则[J].同济大学学报 (社会科学版) (1):87–95.

蒋勇,2007.省力原则与语言的选择[J].贵州师范大学学报 (社会科学版) (4):109–112.

柯贤宾,秦思,2008.商业标识语体系中"X吧"的缺环分析[J].三峡大学学报 (5):71–74.

孔令翠,刘巧玲,2019.翻译亦营销:基于SWOT分析法的外宣翻译策略研究[J].外 国语文 (1):127–133.

孔庆成,1993.委婉语言现象的立体透视[J].外国语 (2):26–30.

黎昌友,2009.网络语言旧词新义中新义与旧义的关系[J].社科纵横 (8):107–108.

李冬,1988.汉英词语理据比较[J].外国语 (6):3–6.

李二占,王艾录,2011.语言理据学中的三个基本概念:理据义、理据性和理据论

[J].西安外国语大学学报 (3):15–18.

李二占,王砚,2011.语言任意性和理据性深层关系探析[J].天津外国语大学学报 (1):15–21.

李小华,唐青叶,2021.中国特色扶贫术语英译的策略、原则与方法[J].上海翻译 (5):55–59.

李振杰,1987.近十年汉语中新词新义的产生[J].语言教学与研究 (2):82–88.

里宾,2002.做一个情感草场的女猎手[J].时代风采 (1):40–41.

廖涛,2008.也谈"枪手"的英译[J].上海翻译 (3):73–74.

林巍,2022.中西医学潮流辨析[J].中国翻译 (3):184–186.

刘法公,2007.谈汉英隐喻翻译中的喻体意象转换[J].中国翻译 (6):47–51.

刘法公,2009.组织机构汉英译名统一的"名从源主"论[J].外语与外语教学 (12):46–49.

刘瑾,2015.从和谐文化观看沙博理翻译[J].外国语文研究 (5):63–69.

刘宓庆,1991.汉英对比研究的理论问题[J].外国语 (5):44–48.

刘世芝,2014.当代汉语热词英译选:二[J].中小学英语教学与研究 (5):72–73.

刘志桂,2008.跳茶[J].农业考古 (2):350–361.

陆丙甫,郭中,2005.语言符号理据性面面观[J].外国语 (6):32–39.

陆谷孙,1998.我与译文[J].中国翻译 (1):46–47.

陆云,2002.语词的文化理据与翻译[J].语言与翻译 (2):38–41.

罗宏,2007.和合共处树和谐[J].施工企业管理 (7):34.

罗钦文,2002."腐败托儿"世风助长腐败新掩体[J].新闻周刊 (9):25.

罗新璋,1984.我国自成体系的翻译理论[C]//罗新璋.翻译论集.北京:商务印书馆:1–19.

罗选民,董娜,黎土旺,2005.语料库与翻译研究:兼评Maeve Olohan的《翻译研究语料库入门》[J].外语与外语教学 (12):52–56.

吕晶,2007.语言经济原则观照下政治文本汉英翻译中冗余信息的消除[D].广州:广东外贸外国语大学.

吕叔湘,1984a.大家来关心新词新义[J].辞书研究 (1):8–14.

吕叔湘,1984b.翻译工作和"杂学"[C]//中国翻译工作者协会《翻译通讯》编辑部.翻译研究论文集 (1949—1983).北京:外语教学与研究出版社:58–63.

吕志雄,1997.正话反说与反话正说[J].现代交际 (1):30.

毛华奋,1999.论新时期流行新词语及其翻译[J].台州师专学报 (2):48–51.

毛荣贵,刘宓庆,1996.翻译与词典[J].外国语 (2):33–37.

孟伟根,2010.有些翻译不能"翻"只能"查"[J].绍兴文理学院学报 (4):54–57.

米继军."和合学"辨正:与张立文先生商榷[J].学术前沿,2005 (7):15–26.

莫运国,2010.和合学视角下的翻译研究[J].南昌大学学报 (人文社会科学版) (2):157–160.

匿名,2006.酒托儿[J].商业文化 (13):74.

钱纪芳,2008.和合翻译观照下的服装文字语言翻译[D].上海:上海外国语大学.

钱纪芳,2010.试论和合翻译思想的文化底蕴[J].南昌大学学报 (人文社会科学版) (6):126–130.

邱文生,2004.语境与文化意象的理解和传译[J].安徽大学学报 (哲学社会科学版) (3):135–140.

任开兴,王爱琴,2013.试论词语翻译的和谐美[J].中国科技翻译 (2):55–58.

任开兴,王爱琴,2014.音译推广需谨慎:谈"土豪"新义的英译[J].东方翻译 (2):62–66.

任开兴,2013."副+名"构式的压制、识解、比照和传译[J].东方翻译 (5):19–24.

任开兴,2012.从"授人以鱼"到"授人以渔":关于时尚新词语英译的再思考[J].中国翻译 (5):113–117.

任开兴,2007.从文化意象对接看"枪手"的英译[J].中国科技翻译 (1):43–45,17.

任开兴,2009.从英汉模因差异看"托儿"英译的多维度思索[J].中国翻译

(5):82–85.

任开兴,2020.汉语新词语英译的八大关键问题[J].台州学院学报 (4):52–58.

任开兴,2006.利用思维逻辑链对医学英语汉译的规约和校正[J].福建医科大学学报 (社会科学版) (2):92–96.

任开兴,2018.取法乎上,方得正译：为"茉莉"和jasmine的译名正名[J].中国翻译 (3):96–100.

任开兴,2010.语言模因论观照下词语的变异与翻译[J].中国科技翻译 (3):5–9,12.

施佳胜,2009.从"第二十届韩素音青年翻译竞赛"汉译英参考译文看翻译中的"伪友"现象[J].中国翻译 (4):79–82,96.

孙胜菲,齐辉, 2007.变形链球菌在婴幼儿牙齿表面定植时间的研究[J].世界中西医结合杂志 (5):297–298.

孙文静,2013.汉语新词语及其英译中存在的问题[J].郑州航空工业管理学院学报 (社会科学版) (2):129–132.

孙愈中,2005.警惕"托儿"现象[J].新闻记者 (3):20.

唐义均,2012.论汉英翻译中的语义韵问题[J].中国翻译 (5):109–113.

田雨薇,2016.波铁布尼亚的语言哲学观[J].读书文摘 (20):28.

王改燕,2022.语境词义的临时性和可构建性的哲学思考与文本词语能力的培养[J].西安外国语大学学报 (1):69–73.

王华树,张成智,2018.大数据时代译者的搜索能力探究[J].中国科技翻译 (4):26–29.

王吉良,2005.英汉仿译的极限：兼谈Brainstorming的中文译名"头脑风暴"[J].淮北煤炭师范学院学报 (哲学社会科学版) (6):125–127.

王韶婧,2013.论我国植物人民事行为能力制度的建构[J].山东大学学报 (哲学社会科学版) (1):72–78.

王维东,2011.网络热词汉译英之探[J].中国翻译 (1):73–77.

王晔,2007.从"和谐说"看俄语影片的汉译[J].北京第二外国语学院学报 (外语版) (8):14–18,6.

王寅,2009.汉语"副名构造"的认知构造语法分析法：基于"压制、突显、传承、整合"的角度[J].外国语文 (4):1–8.

王寅凡,白天伟,2019.形意之变:网络青年亚文化形成与异化:以"锦鲤"现象为例[J].当代青年研究 (6):104–109.

王佐良,1984.翻译中的文化比较[J].中国翻译 (1):2–6.

吴志杰,2012.构建和合翻译学的设想[J].外语教学 (2):106–109.

伍小龙,丁卫民,2002.英汉思维方式比较与语言翻译[J].华南师范大学学报 (社会科学版) (2):96–102.

西健, 2006.吴教授征婚[J].厦门文学 (11):29–34.

向明友,2002.论言语配置的新经济原则[J].外语教学与研究 (5):309–316.

肖维青,2007.平行语料库与应用翻译研究[J].中国科技翻译 (3):25–28.

信娜,2015.术语翻译思维单位转换说[J].中国科技翻译 (1):52–55,20.

邢声远,1991.毛织物名称由来探微[J].北京纺织 (1):56–57.

徐慧兰,2005."枪手"谈[J].高等函授学报 (哲学社会科学版) (1):79.

徐珺,刘法公,2004.英汉喻体文化内涵对接与比喻性词语的翻译[J].外语研究 (5):50–53，80.

徐莉娜,2003.委婉语翻译的语用和语篇策略[J].中国翻译 (6):15–19.

徐伟彬,2007.翻译的正确性与语用适合性[J].上海翻译 (2):27–29.

许国璋,1988.语言符号的任意性问题：语言哲学探索之一[J].外语教学与研究 (3):1–10.

许钧,1994.思维·语言·翻译[J].语言与翻译 (3):80–87.

许瑞,2017.搜索引擎技术的发展现状与前景[J].中国新技术新产品 (4):20–21.

严辰松,2000.语言理据探究[J].解放军外国语学院学报 (6):1–6.

严慧仙,任开兴,2015."学区 (房)"英译的多维度考量[J].外语研究 (3):77–80.

言可,2002.窝在虹桥[J].上海文学 (7):46–51.

杨海明,李振中,2004.名词性状因子的构成与"副+名"框架提取的动因分析

[J].语言科学 (3):62-72.

杨华堂,2002.关于brainstorming及其他名词的翻译[J].甘肃高师学报 (1):43-44.

杨洁,2021.翻译理据论[J].语言与翻译 (3):54-59.

杨明星,2014.中国外交新词对外翻译的原则与策略[J].中国翻译 (3):103-107.

杨全红,胡萍萍,2021.新冠肺炎有关话语及其翻译[J].上海翻译 (6):67-71.

杨全红,2003b.汉英新词翻译:一项费力难讨好的活儿[J].中国翻译 (5):70-73.

杨勇萍,2012.汉语新词的英译[J].太原大学教育学院学报 (2):68-71.

姚德怀,2017."洪荒之力"="Urkraft"[J].中国科技翻译 (1):62.

姚志勇,2001.从文化心理的视角谈形象性语言的翻译[J].语言与翻译 (4):33-37.

叶红卫,2009.谈"山寨"的翻译[J].上海翻译 (3):57-58.

于红,2004.现代汉语新词语考察[J].南京师大学报 (社会科学版) (2):129-133.

余富斌,2001.文化心理与委婉语功过说[J].江西师范大学学报 (2):99-103.

余静,2004.小议"托儿"的英译[J].中国翻译 (5):88-89.

袁野,2010.构式压制、转喻和广义转喻框架[J].外国语言文学 (3):145-152.

张百领,2008."副词+名词"现象透析[J].东岳论丛 (6):115-117.

张从益,2009.和合学途径的翻译研究[J].外语学刊 (3):94-96.

张健,黄樱,2014.新热词英译漫谈:学区房[J].东方翻译 (2):67-69.

张克定,2001.语言符号衍生义理据探索[J].解放军外国语学院学报 (6):9-12.

张立文,2007.国学与和合学[J].北京行政学院学报 (4):86-89.

张顺生,2006."校长"还是"副校长":vice-chancellor汉译探微[J].中国翻译 (6):72-74.

张卫东,2009.构建和谐社会的始点:树立人本和合观[J].太原大学学报 (2):44-47.

张武保,1999.Brainstorming及其汉语译名[J].外语教学 (4):28-30.

张莹,2003.从觅母的角度谈异化翻译的趋势[J].深圳大学学报 (人文社会科学版) (6):109–113.

张永言,1981.关于词的"内部形式"[J].语言研究 (0):9–14,82.

张志慧,任开兴,2019.追寻中国锦鲤 切磋英语译名[J].中国科技翻译 (2):58–60.

张志毅,1990.词的理据[J].语言教学与研究 (3):115–132.

赵江宁.孔维晟,2017.英语新闻特写的文化翻译策略[J].阜阳师范学院学报 (社会科学版) (3):50–53.

郑海凌,1999.翻译标准新说:和谐说[J].中国翻译 (4):2–6.

周洪波,2010.汉语新词语的动态研究[D].北京:中国传媒大学.

朱安博,2010."房奴"英译的文化解读[J].中国科技翻译 (3):53–56.

朱纯深,张俊峰,2011."不折腾"的不翻译:零翻译、陌生化与话语解释权[J].中国翻译 (1):68–72.

朱湘军,2008.从权力与话语看翻译之强势[J].外国语 (6):41–45.

卓振英,李贵苍,2011.典籍英译中的逻辑调适[J].中国翻译 (4):47–50.

邹嘉彦,游汝杰,2008.汉语新词与流行语的采录和界定[J].语言研究 (2):53–61.

邹强,2020.医学"枪手"论文的特征及识别分析[J].中国科技期刊研究 (12):1431–1435.

其他部分

ARMITSTEAD C，2017.Dawkins sees off Darwin in vote for most influential science book[N].The guardian,2017–07–20.

DAWKINS R,2006.It's all in the genes[N].The Sunday times,2006–03–12.

ERARD M,2006.Analyzing Eggcorns and Snowclones, and challenging Strunk and White[N].The New York times,2006–06–20 (4).

KARDACH J,2022.Tech History:How Bluetooth got its name[EB/OL]. (2008–03–05.)[2022–06–03].https://www.eetimes.com/tech-history-how-bluetooth-got-its-name/.

US MARINE CORPS RECRUITING SERVICE,1984.Guidebook for RS operations:vol. Ⅲ[A].Washington:United States Marine Corps.

曹剑波,2018.语境思维的魅力[N].社会科学报,2018-03-08 (5).

陈惜辉,2012.惠州探索运用信息化手段加强反腐倡廉建设:科技助力全方位监管[N].中国纪检监察报,2012-06-05 (5).

丁彤,2009.久违了的笑[N].上海证券报,2009-03-19 (8).

董萍,2013.掘金土豪旅游市场:旅游业迎合富人高端定制成卖点[N].时代周报,2013-10 (9).

杜雅丽,2008.新媒体平台:电脑桌面媒体创意独特[N].国际商报,2008-03-27 (7).

高文宁,2002.为陈佩斯捧场 葛优王刚给《托儿》当托儿[N].北京晨报,2002-03-03 (4).

果冻,2013.别让"土豪"沦为文化仇富的代名词[N].南方都市报,2013-10-18 (2).

禾之,王裳,2013.网络汉语"入侵"纯正英语?[N].信息时报,2013-11-25 (2).

贾梦雨,2013.BBC关注"Tuhao"中文热词进入英语意味着什么[N].新华日报,2013-11-14 (5).

江楠,2013.专家:语言输出不能总是"土特产"[N].新京报,2013-11-22 (7).

李松,2015.部分资本下乡打土地政策"擦边球"[N].经济参考报,2015-10-22 (7).

李拯,2014."土豪"拷问社会价值[N].人民日报,2014-01-21 (4).

刘帆洲,2004.解放碑步行街与沙坪坝步行街[N].重庆晚报,2004-02-29 (5).

彭冰,柳姗姗,2013."土豪金"走俏:"面子消费"何时休[N].工人日报,2013-11-29 (4).

秦征绪,2002.校园"枪手":不该出现的风景[N].中国教育报,2002-03-10 (3).

陶一桃,2008.借鉴香港经验完善基础性制度安排[N].深圳特区报,2008-02-26 (9).

王梦婕,2013."土豪"释放了什么信号[N].青年商旅报,2013-01-15 (3).

王蔚,2013.中国"大妈"成英语新词汇[N].新民晚报,2013-08-21 (5).

信仁,2013."tuhao (土豪)"进入英语世界[N].光明日报,2013-12-28 (12).

袁蕾,2006.你到底是谁的托儿？——春晚预审现场[N].南方周末,2006-01-05 (3).

张红萍,2015.如此定义女性美 大咖言谈太奇葩[N].中国妇女报,2015-01-15 (4).

张立美,2014."错别字简历"写出语文教育大问题[N].青岛日报,2014-09-17 (6).

张旭,吴昉,2013.大米也"土豪" 100元一斤[N].江南时报,2013-11-18 (4).

赵明超,2014.阿里大数据揭秘 谁在疯抢余额宝[N].上海证券报,2014-01-09 (5).